人的資源管理入門

Human Resource Management

安　熙卓 著

文眞堂

はしがき

　本書は，2011年に『韓国企業の人的資源管理―その特質と変容』（文眞堂）を出版して以来，日本で単著として出版されるのは，これが2冊目である。専門書を書き下ろすのにあまりにも時間がかかりすぎて，ここにきてやっとテキストを出版することになった。これまで人的資源管理（人事管理，労務管理，人事・労務管理等）の本がたくさん出版されているが，その内容は，理論的なものから実務的なものまでそれぞれの研究者のスタイルで書かれている。テキストとして優れた本がたくさん出版されているにも拘わらず，あえてテキストを書くことになったのは，人的資源管理を専門分野とする筆者のスタイルでテキストを書きたかったのが率直な気持ちである。

　本書は，人的資源管理を初めて学ぶ大学の学部生や大学院生ならびに社会人のための入門書である。人的資源管理の基本的な知識を習得させることを目的として，人的資源管理の全般にわたって平易に書いたつもりである。人的資源管理は，経営学の他分野と比較して時代や環境変化の影響を受けやすい学問であると考えられる。近年，企業を取り巻く経営環境，とりわけグローバル化，少子・高齢化，雇用の流動化，就業・雇用形態の多様化などの構造変化は顕著となり，人的資源管理上の対応が求められるようになってきており，課題も多い。本書では人にかかわる諸問題を取り上げているが，女性，外国人，高齢者の人的資源管理については触れていない。これらについては次の機会に譲ることにする。

　本書の執筆に当たっては，読者に人的資源管理の理論だけでなく，できるだけ現実的な諸問題について，企業がどのような取り組みと施策を講じているのか，部分的ではあるがフォローするよう努力した。また，人的資源管理の個別制度や施策の実際の運営において実務に役立てるよう心がけた。しかし，内容面においては不満がないわけではない。人的資源管理の実態を知るうえで統計資料や個別企業の事例は大変有用であるが，紙面の制約上，本書ではほとんど

省いた。

　本書の特徴は，次の3点である。第1点は，セメスター制，半期15回の授業を意識して書いていること，第2点は，各章末にその章の理解を試すための演習問題を設けていること，第3点は，各章末に引用・参考文献を掲げて卒論やレポート作成などに役立てるように工夫していることである。

　本書がこれから社会人として企業などで働くことになる学部・大学院生や人事担当の実務家の皆さんに人的資源管理の理論やその仕組みを理解するうえで，一助になれれば幸いである。

　私事で恐縮であるが，最愛の娘（智裕）には仕事が忙しいといっていつも1人にさせていた。とても寂しかっただろうと思うが，あまり言わなかった。この場を借りて本当にごめんねと謝りたい。娘はいま中学3年で2012年4月からタイのインターナショナルスクールに通っている。海外留学を決断したのは，これからのグローバル時代に出遅れることなく，留学経験が将来，娘のキャリアを築いていくうえで少しでも役立てればと親の切ない思いがあったからである。娘の留学においては，後輩の夫婦（劉承周・柳貞任）にあらゆる面で大変お世話になった。今も親身になって教育面で多大なるご協力をいただいている。心から感謝したい。また，今は亡き母をはじめとし，陰で支えてくれた両親にも感謝したい。

　最後に，出版事情が厳しい中，快く本書の出版をお引き受け頂いた文眞堂の前野隆専務取締役，編集や校正に至るまで終始お世話になった山崎勝徳氏に心から感謝の意を表したい。

　2014年3月

　　　　　　　　　　　　　　　　　　　　　　　　　　　　安　　熙　卓

目　次

第1部　人的資源管理の総論 ……………………………………… 1

第1章　人的資源管理とは ………………………………………… 3

1．人的資源とは ……………………………………………………… 3
2．人的資源管理の用語 ……………………………………………… 5
3．人的資源管理の目的 ……………………………………………… 7
4．人的資源管理の対象と主体 ……………………………………… 10
　(1)　対象 ……………………………………………………………… 10
　(2)　主体 ……………………………………………………………… 11
5．人事部門の組織と活動 …………………………………………… 12
　(1)　人事部門の組織 ………………………………………………… 12
　(2)　人事部門の活動 ………………………………………………… 13
　(3)　人事部門の役割 ………………………………………………… 15
6．人的資源管理の領域 ……………………………………………… 15
　■演習問題 …………………………………………………………… 20

第2章　人的資源管理論の展開 …………………………………… 21

1．科学的管理論 ……………………………………………………… 21
　(1)　科学的管理論の登場 …………………………………………… 21
　(2)　科学的管理法の原則 …………………………………………… 22
　(3)　科学的管理法の内容 …………………………………………… 22

2．人間関係論 …… 26
- (1) 人間関係論の登場 …… 26
- (2) ホーソン実験 …… 27

3．行動科学論 …… 32
- (1) 行動科学論の登場 …… 32
- (2) 行動科学に基づく諸理論 …… 32

4．人的資源管理論 …… 38

■演習問題 …… 41

第3章　人事制度と人的資源管理 …… 42

1．人事制度とは …… 42
2．人事制度の種類 …… 43
3．職能資格制度 …… 44
- (1) 職能資格制度とは …… 44
- (2) 職能資格制度の設計 …… 47
- (3) 職能資格制度の運用上の特徴 …… 47

4．職務等級制度 …… 49
- (1) 職務等級制度とは …… 49
- (2) 職務分析 …… 51
- (3) 職務評価 …… 52

5．役割等級制度 …… 54
- (1) 役割等級制度とは …… 54
- (2) 役割等級制度の設計 …… 55
- (3) 役割等級の区分と基準 …… 55

6．ブロードバンド型人事制度 …… 57

7．日本における人事制度の変遷 …… 58
- (1) 生活主義人事制度 …… 58
- (2) 年功主義人事制度 …… 59
- (3) 能力主義人事制度 …… 59
- (4) 成果主義人事制度 …… 60

■演習問題 ··· 62

第2部　人的資源管理の各論

第4章　募集・採用管理 ··· 67

1．募集・採用とは ··· 67
2．採用方針と要員計画 ··· 68
　(1)　採用方針 ··· 68
　(2)　要員計画 ··· 68
3．募集チャンネル ··· 70
　(1)　募集活動の規制 ··· 70
　(2)　募集方法 ··· 70
4．採用選抜と選考方法 ··· 74
　(1)　採用選抜とは ··· 74
　(2)　採用基準 ··· 77
　(3)　選考方法の種類 ··· 78
　(4)　採用内定者のフォロー ··· 81
5．採用管理の動向 ··· 82
　(1)　採用時期・採用対象の多様化 ··· 82
　(2)　職種別採用 ··· 83
　(3)　コンピテンシー採用 ··· 84
　(4)　グローバル人材の採用 ··· 84
6．早期離職防止のための採用戦略 ··· 85
　(1)　インターシップ制度 ··· 86
　(2)　新卒紹介予定派遣 ··· 86
　(3)　RJP ··· 87
7．男女雇用機会均等法と募集・採用 ··· 88
■演習問題 ··· 90

第5章　配置・異動管理 ··· 92

1．配置・異動とは ……………………………………………………… 92
2．初任配属と異動の種類 ……………………………………………… 93
3．企業グループ内の人事異動 ………………………………………… 95
　(1)　出向 ……………………………………………………………… 95
　(2)　転籍 ……………………………………………………………… 96
　(3)　出向・転籍の基本原則 ………………………………………… 97
4．日米の配置・異動の特徴 …………………………………………… 97
5．配置・異動の新しい仕組み ………………………………………… 100
　(1)　自己申告制度 …………………………………………………… 100
　(2)　社内公募制度 …………………………………………………… 101
　(3)　社内 FA 制度 …………………………………………………… 102
　(4)　社内ベンチャー制度 …………………………………………… 104
　(5)　複線型人事制度 ………………………………………………… 104
■演習問題 ………………………………………………………………… 107

第6章　昇進・昇格管理 …………………………………………… 109

1．昇進・昇格とは ……………………………………………………… 109
　(1)　昇進と昇格の違い ……………………………………………… 109
　(2)　昇進・昇格の目的 ……………………………………………… 111
　(3)　昇進・昇格管理の基本政策 …………………………………… 112
2．昇進・昇格の運用と法的規制 ……………………………………… 113
　(1)　昇進・昇格の基準・運用 ……………………………………… 113
　(2)　昇進・昇格と男女雇用機会均等法 …………………………… 118
3．昇進選抜と日本の昇進構造 ………………………………………… 119
　(1)　昇進選抜の類型 ………………………………………………… 119
　(2)　日本の昇進構造 ………………………………………………… 120
4．日米の昇進管理の比較 ……………………………………………… 122
5．役職ポスト不足への企業の対応 …………………………………… 123
6．昇進・昇格管理の近年の動向 ……………………………………… 126
■演習問題 ………………………………………………………………… 128

第7章　退職管理 …… 130

1. 退職と解雇 …… 130
   (1) 退職の種類 …… 130
   (2) 解雇の種類 …… 131
   (3) 整理解雇の4要件 …… 132
2. 定年制と年齢差別 …… 133
   (1) 定年制とは …… 133
   (2) 年齢差別 …… 134
3. 高齢化と定年延長 …… 137
   (1) 高齢化の現状 …… 137
   (2) 高齢者雇用安定法の改正と定年延長 …… 138
4. 60歳以降の雇用延長 …… 139
5. 定年延長に伴う企業の対応と課題 …… 140
6. 雇用調整とアウトプレースメント …… 142
   (1) 雇用調整の形態 …… 142
   (2) アウトプレースメント …… 144

■演習問題 …… 146

第8章　教育訓練管理 …… 147

1. 教育訓練とは …… 147
2. 教育訓練の体系 …… 148
   (1) OJT（職場内訓練） …… 148
   (2) Off-JT（職場外訓練） …… 149
   (3) 自己啓発 …… 150
3. 教育訓練の計画と効果測定 …… 152
4. 教育訓練の技法 …… 155
5. 教育訓練の新たな動向 …… 157
   (1) 選択型研修 …… 157
   (2) 選抜型研修 …… 159

(3)　e ラーニング ……………………………………………………… 160
　6．キャリア開発と CDP ……………………………………………… 161
　　(1)　キャリア開発とは ……………………………………………… 161
　　(2)　キャリア開発と CDP …………………………………………… 162
　　(3)　ビジネスキャリア制度 ………………………………………… 164
　7．グローバル人材の育成 …………………………………………… 164
　　(1)　グローバル人材とは …………………………………………… 164
　　(2)　グローバル人材育成の必要性 ………………………………… 165
　　(3)　グローバル人材育成の事例 …………………………………… 165
　■演習問題………………………………………………………………… 167

第9章　人事評価管理 ……………………………………………… 169

　1．人事評価とは ……………………………………………………… 169
　2．人事評価の活用目的と種類 ……………………………………… 170
　　(1)　人事評価の活用目的 …………………………………………… 170
　　(2)　人事評価の種類 ………………………………………………… 171
　3．評価要素と評価プロセス ………………………………………… 172
　　(1)　評価要素の選択 ………………………………………………… 172
　　(2)　人事評価の実施プロセス ……………………………………… 174
　4．絶対評価と相対評価 ……………………………………………… 175
　5．多面評価制度 ……………………………………………………… 177
　6．目標管理制度とコンピテンシー評価 …………………………… 178
　　(1)　目標管理とは …………………………………………………… 179
　　(2)　目標管理による業績評価 ……………………………………… 180
　　(3)　目標管理の運用 ………………………………………………… 182
　　(4)　コンピテンシー評価 …………………………………………… 184
　7．評価者訓練と評価誤差 …………………………………………… 187
　　(1)　評価者訓練の意義 ……………………………………………… 187
　　(2)　評価誤差と対応策 ……………………………………………… 188
　■演習問題………………………………………………………………… 191

第 10 章　賃金管理 …………………………………………………… 192

1．賃金とは …………………………………………………………… 192
　⑴　賃金の定義 …………………………………………………… 192
　⑵　賃金の性格 …………………………………………………… 193
　⑶　賃金決定の原則 ……………………………………………… 194
2．賃金水準 …………………………………………………………… 195
　⑴　賃金水準とは ………………………………………………… 195
　⑵　賃金水準の決定基準 ………………………………………… 196
　⑶　定期昇給とベース・アップ ………………………………… 196
3．賃金体系 …………………………………………………………… 199
　⑴　賃金体系とは ………………………………………………… 199
　⑵　基本給体系の類型 …………………………………………… 200
　⑶　基本給の構成項目と決め方 ………………………………… 201
　⑷　諸手当 ………………………………………………………… 204
　⑸　賞与 …………………………………………………………… 206
　⑹　退職金 ………………………………………………………… 208
4．賃金形態 …………………………………………………………… 211
5．成果主義賃金制度 ………………………………………………… 212
　⑴　成果主義とは ………………………………………………… 212
　⑵　年俸制 ………………………………………………………… 214
6．アメリカの賃金制度の変化 ……………………………………… 216
■演習問題 ……………………………………………………………… 217

第 11 章　福利厚生管理 ………………………………………………… 219

1．福利厚生とは ……………………………………………………… 219
2．福利厚生の種類 …………………………………………………… 220
3．カフェテリア・プラン …………………………………………… 222
　⑴　カフェテリア・プランとは ………………………………… 222
　⑵　カフェテリア・プラン導入事例 …………………………… 223

x　目　次

　　4．福利厚生の近年の動向 ……………………………………………… *225*
　　5．ワーク・ライフ・バランス ………………………………………… *229*
　　　⑴　ワーク・ライフ・バランスとは ……………………………… *229*
　　　⑵　ファミリー・フレンドリー企業 ……………………………… *230*
　　6．ワーク・ライフ・バランス支援のための法律 …………………… *233*
　■演習問題 ……………………………………………………………………… *234*

第12章　労働時間管理 …………………………………………… *235*

　　1．労働時間とは ………………………………………………………… *235*
　　2．労働時間の歴史 ……………………………………………………… *236*
　　3．労働時間の適用除外者と割増賃金 ………………………………… *238*
　　　⑴　労働時間の適用除外者 ………………………………………… *238*
　　　⑵　時間外労働の割増賃金 ………………………………………… *239*
　　4．休日と休暇 …………………………………………………………… *241*
　　　⑴　休日 ……………………………………………………………… *241*
　　　⑵　休暇 ……………………………………………………………… *241*
　　5．労働時間の短縮 ……………………………………………………… *243*
　　　⑴　労働時間短縮の背景 …………………………………………… *243*
　　　⑵　労働時間短縮の取り組み ……………………………………… *245*
　　6．労働時間の柔軟化 …………………………………………………… *245*
　　　⑴　変形労働時間制 ………………………………………………… *246*
　　　⑵　みなし労働時間制 ……………………………………………… *248*
　　7．ワークシェアリング ………………………………………………… *250*
　　　⑴　ワークシェアリングとは ……………………………………… *250*
　　　⑵　ワークシェアリングの類型 …………………………………… *251*
　■演習問題 ……………………………………………………………………… *254*

第13章　労使関係管理 …………………………………………… *255*

　　1．労使関係とは ………………………………………………………… *255*
　　2．労働組合の組織形態とショップ制 ………………………………… *257*

(1) 労働組合の組織形態 ……………………………………… *257*
　(2) ショップ制 ………………………………………………… *259*
　(3) 組合費の徴収方法 ………………………………………… *260*
3．労働組合の設立と不当労働行為 ……………………………… *260*
　(1) 労働組合の設立条件 ……………………………………… *260*
　(2) 不当労働行為の類型 ……………………………………… *261*
4．日本の労使関係 ………………………………………………… *263*
　(1) 労働組合の組織 …………………………………………… *263*
　(2) 使用者団体 ………………………………………………… *266*
　(3) 日本の労使関係の特徴 …………………………………… *266*
5．団体交渉と労使協議制 ………………………………………… *267*
　(1) 団体交渉とは ……………………………………………… *267*
　(2) 団体交渉の諸形態 ………………………………………… *269*
　(3) 春闘 ………………………………………………………… *271*
　(4) 労使協議制 ………………………………………………… *271*
6．労働争議の形態と調整 ………………………………………… *273*
　(1) 労働争議の形態 …………………………………………… *273*
　(2) 労働争議の調整方法 ……………………………………… *274*
7．日本の労使関係の課題 ………………………………………… *275*
■演習問題 …………………………………………………………… *277*

第3部　人的資源管理のダイバーシティ ……………………… *279*

第14章　雇用形態の多様化と人的資源管理 ………………… *281*

1．雇用形態の多様化とは ………………………………………… *281*
2．雇用形態の区分 ………………………………………………… *283*
3．非正社員の増加要因 …………………………………………… *285*
　(1) 需要側の要因 ……………………………………………… *285*
　(2) 供給側の要因 ……………………………………………… *286*
4．パート・アルバイト社員の活用 ……………………………… *287*

(1)　パート社員 ……………………………………………… 287
　(2)　アルバイト社員 …………………………………………… 288
 5．契約社員・嘱託社員の活用 ………………………………… 290
　(1)　契約社員 …………………………………………………… 290
　(2)　嘱託社員 …………………………………………………… 290
 6．派遣社員・請負社員の活用 ………………………………… 291
　(1)　派遣とは …………………………………………………… 291
　(2)　派遣のメリット・デメリット ………………………… 292
　(3)　派遣期間 …………………………………………………… 293
　(4)　紹介予定派遣 ……………………………………………… 294
　(5)　請負 ………………………………………………………… 295
 7．非正社員の活用の課題 ……………………………………… 297
 ■演習問題 ………………………………………………………… 299

第15章　国際人的資源管理 …………………………………… 300

 1．国際人的資源管理とは ……………………………………… 300
 2．国際人的資源管理の環境要因 ……………………………… 302
 3．国際人的資源管理の重要性 ………………………………… 303
 4．国際人的資源管理の類型 …………………………………… 304
　(1)　本国指向型 ………………………………………………… 305
　(2)　現地指向型 ………………………………………………… 305
　(3)　地域指向型 ………………………………………………… 306
　(4)　世界指向型 ………………………………………………… 306
 5．現地人と海外派遣者の管理 ………………………………… 307
　(1)　現地人管理 ………………………………………………… 307
　(2)　海外派遣者管理 …………………………………………… 308
 6．人材の現地化 ………………………………………………… 311
　(1)　現地化とは ………………………………………………… 311
　(2)　人材の現地化の実態と課題 …………………………… 312
 ■演習問題 ………………………………………………………… 315

索　引 …………………………………………………………… *317*

第1部
人的資源管理の総論

第1章
人的資源管理とは

1. 人的資源とは

　企業内にはさまざまな属性や特性をもつ人々が働いている。性別では男性と女性，国籍では日本人と外国人，就業形態では正社員と非正社員が同じ職場で働いている。また，派遣社員や請負社員，出向社員もいる。これらの人々を分類すると，3つのグループに分けられる（図表1-1）。第1のグループは「正社員・正職員」，第2のグループは「直用の非正社員」，第3のグループは「非直用の従業員」である（佐野2007）。それぞれのグループには異なった就業形態で働いている。「正社員」のグループには期限の定めのない雇用契約による管

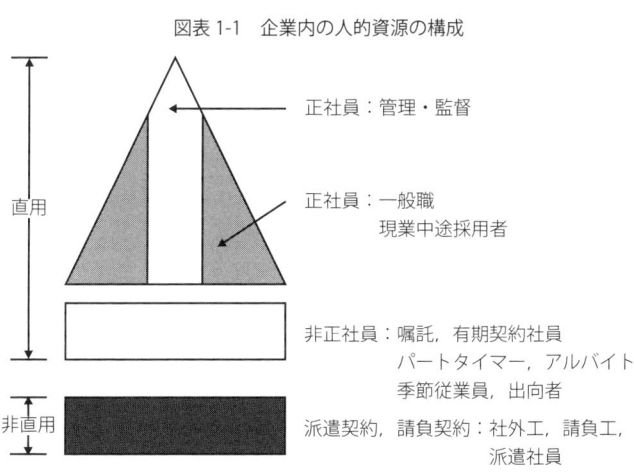

図表1-1　企業内の人的資源の構成

出所：佐野陽子『はじめての人的資源マネジメント』有斐閣，2007年，p. 43。

理・監督者，一般職，現業職などの新卒者や中途採用者がいる。「直用の非正社員」グループには，嘱託，有期契約，パートタイマー，アルバイトなどがいる。さらに，「非直用の従業員」には，派遣社員，社外工，請負などが含まれる。これらの人々を「人的資源」ととらえることができる。

　経営資源には人的資源（ヒト），物的資源（モノ），財務的資源（カネ），情報的資源（情報）がある。これらの資源の中で人的資源が最も重要である。なぜならば，人的資源である人がモノやカネそして情報を動かすからである。また，人は育てることができる無限の可能性を持っており，無限の付加価値を生み出すことができる。カネやモノもある程度付加価値を生み出す。たとえば，株を安く買って高く売れば投資収益という付加価値が得られる。そして新しい機械や装備を利用して生産活動を行うと，企業は生産性や収益性という付加価値を生み出すことができる。モノのような物理的な資産は企業が所有権をもっているため売買が自由にできるが，人的資源はそうではない。また，物理的な資産は競争相手にすぐ真似られることもあるが，人的資源は真似できない資源として競争力の源泉となる。

　したがって，経営活動において人的資源がもつ潜在的な能力を伸長させ，その力を最大限に活用することで収益向上という，企業目的を達成する上で人的資源はとても重要である。

　今日，企業が設備に投資するよりは人的資源に投資するほうが生産性向上の効果がより大きいといわれている。1999年アメリカで開催された職業能力サミットに提出された「21世紀職業能力」という資料によると，企業が設備投資を10％増額した場合，生産性が3.6％向上されたのに対して教育訓練投資を10％増額した場合，8.4％の生産性が増加するという結果が示されている。このように，人的資源への投資の生産性効果が設備投資による効果を上回ることを表している。

　「企業は人なり」という言葉があるように，人によって利潤が生み出され，人によって優れた製品も生産される。中国のことわざに「一年樹穀，十年樹木，百年樹人」という言葉がある。1年あれば穀物を育て，10年あれば木を育てるが，人を育てるのには100年かかるという意味である。人を育てることがいかに難しく，いかに時間がかかるかということを表している。このことわざ

は別の言い方をすれば,「あなたがもし1年間, 豊かな暮らしをしたければ, 農作をしなさい。10年間豊かな暮らしをしたければ木を植えなさい。しかし, 100年間豊かな暮らしをしたければ人を育てなさい」という言葉にも表現できる。これは人を育てること, すなわち人的資源を開発するのがどれほど大切であるかを表した言葉である。

今日の経営環境の変化は速い。国内外の環境変化に対応できる優秀な人材をどの企業も求めている。人的資源が最も重要な経営資源であることは否定できない事実であるが, すべての人的資源がそうであるとは限らない。神戸大学の上林憲雄教授は, 人の種類を ① 人罪（ほかの人の足を引っ張るような存在）, ② 人在（ただいるだけの存在）, ③ 人材（普通の人材。付加価値を生み出しうる存在）, ④ 人財（自分の頭で考えて多くの価値を生み出す存在）に区分している。グローバル競争の中で, これからの人材は「人財」として強く求められることになる。

2. 人的資源管理の用語

日本で用いられている用語はさまざまで, 労務管理, 人事管理, 人事労務管理, 人的資源管理, 人材マネジメントなどが使われている。これらの中で,「人的資源管理」という用語は比較的に新しい用語である。日本では人事管理とか労務管理とか人事労務管理という用語が多く使われていた。日本において, 戦前は, ホワイトカラー（white collar）を対象とする「人事管理」とブルーカラー（blue collar）を対象とする「労務管理」は, それぞれ別個に扱われていた。なぜなら戦前には社員・工員の身分上の差別があったからである。

社員の採用, 配置・異動, 昇進, 教育訓練などを取り扱うのを人事管理, 工員の賃金, 作業条件, 福利厚生などの労働条件と労使関係などを取り扱うのを労務管理と管理対象によって両者を厳格に区分していた（鈴木2002）。

そのため, 企業においては, 組織上の職制が人事部と労務部に分かれているところもあった。人事部では従業員の採用・異動・教育訓練を取り扱い, 労務部では労働組合との関係で労働条件（賃金・作業条件, 福利厚生・労使関係な

ど）を取り扱っていた。これらの2つの部門はいずれも従業員を対象するという意味では同じ職制であったために、これらを統一して「人事・労務管理」という用語が実務者や研究者の間で用いられるようになった。戦後は身分差別が撤廃され，両者を併せて「人事労務管理」と呼ぶのが一般的となった。

　英米の場合にも用語が必ずしも統一されていない。アメリカの場合，Personnel Administration, Personnel Management, Manpower Management, Industrial Relations という用語が用いられていた。イギリスでも1940年代初めには，Labour Management という用語が用いられていたが，戦後は Personnel Management という用語が使われていた。これらの用語の中で英米では Personnel Management という用語が最も多く用いられていた。しかし，1980年代に入っては，これまでの Personnel Management（PM）に代わって Human Resource management（HRM），日本においては1990年代から「人的資源管理」が広く使われるようになった（岡田2008；岩出2002）。

　このように，PM から HRM という用語に変わったのは，人間観の変化にある。従来の人事管理では，企業の中で働く人々をコストとして捉え，人件費をいかに削減するかであった。そして，人件費を抑制するために従業員が怠けないように厳しく管理・監督しなければならず，人はコントロールの対象に過ぎなかった。このような考え方は，1980年代に人の捉え方としてこれまでのようなコストという考え方に代わって，人は投資の価値のある資源として積極的に捉えられるようになった。

　HRMとともに1980年代には戦略的人的資源管理（Strategic Human Resource Management: SHRM）という新たな用語が登場した（岩出2002）。経営資源の1つとして人を戦略的な観点から有効に活用していかなければならないということに，従来の用語に代わって使われるようになった。いわば，人は教育訓練や育成のあり方次第で企業にとって非常に重要な資源になりうるという考え方である。そのために人的資源開発（Human Resource Development: HRD）という用語が使われ始めた。用語の変化には人の捉え方や管理のあり方が反映されているといえる。

　このような変化の中で，企業における職制名も従来の人事部（Personnel Department）から人財部あるいは人的資源部（Human Resource Department）と

いう用語を用いている企業も多い。また、日本の大学の授業科目名称としてこれまでは「経営労務論」、「労務管理論」、「人事管理論」、「人事労務管理論」などが多かったが、1990年代半ば以降、「人的資源管理」という名称に変更する傾向が多くなっている（上林・厨子・森田 2010）。

　ところが、今日、人的資源管理が広く使われているが、大きく2つに分類できる。1つは、従来までの「人事管理」と内容的にほとんど変化なく、人事管理の単なる言葉の置き換えとして「人的資源管理」という用語を用いる場合と、もう1つは、従来の人事管理とは全く異なった新たな管理として「人的資源管理」を捉え、経営戦略への統合や競争優位性の確保という観点から積極的に人的資源を活用するといった意味で「人的資源管理」という用語を用いる場合がある（岡田 2008, p. 141）。

3. 人的資源管理の目的

　企業の究極的な目的は、最大限の利潤を追求することである。人的資源管理は、その目的達成のためにさまざまな管理活動が行われる。人的資源管理の目的は、次の4点に集約できる（森編 1989, pp. 8-9；森編 1995, pp. 51-54）。
　① 経営内労働秩序の安定・維持
　経営内の労働秩序には3つある。①労働組合と使用者との関係、②部下と上司との関係の安定・円滑化、③従業員間の関係の円滑化である。労働組合と使用者との関係が安定を欠く場合には労使紛争になり、労働能率を低下しかねない。部下と上司との関係が安定的でないと、命令が円滑に行われず、人材の効率的利用は期待できない。また、従業員間の関係が安定を欠き、反目が多ければ、職場のチームワークが乱れ、労働効率は向上しない。このように、経営内の労働秩序の安定・維持は利潤増大に直結したものではないが、しかし、利潤に直結する「労働者の効率的利用」の不可欠な前提条件として利潤極大化に大いに関係する。
　② 労働力の効率的利用
　労働者からより大きい質量の労働成果を得るためには、機械・装置などの技

術的条件と労働時間，作業条件を一定とすれば，

$$労働成果の大きさ＝f（労働能力の大きさ，労働意欲の大きさ）$$

で決まる。したがって，人的資源管理はこの2つの要因をより大きくするための科学的・組織的施策が最も主要な内容となる。

③　労働者の満足の充足

労働者の労働・生活条件が向上し，社会保障制度も整備充実されることにつれて，労働者の第1次的欲求である生理的・経済的欲求が一応満たされることになって精神的欲求が強まってきた。かくして余暇の増大，作業環境の快適化，人間らしい仕事など「労働生活の質」（QWL）の向上こそが労働者の物的・精神的満足を充足するものとされてきた。これは一見企業の利潤増大には無関係あるいはむしろマイナスであるかのように見えるが，しかし労働者に不満があれば労働秩序は不安定（欠勤・離職の増加など）になる。また，労働意欲の低下によって労働効率は低下するから，明らかに企業の利潤増大を阻むことになる。しかしながら，労働者の生活水準が向上して，精神的欲求が高まるという一定の条件の下では，労働者の満足の充足は人的資源管理の不可欠な直接目的の1つである。

④　コスト節減

人的資源管理の目的としてコスト節減は重要である。コスト節減は，①生産コスト，②営業コスト，③事務コストのすべてにわたるものであるが，現代の人的資源管理では「コスト管理」といった独立した職能は設けられていない。しかし，全従業員にコスト意識を教育したり，コスト低下の提案を奨励したり，「コスト節減」をテーマとした小集団活動を推進することなどが，生産・営業・事務の全部門で進められている。また，「人件費節減」については，直接に全従業員の定例賃金のカットを行うことは経営の非常事態の場合にしか行わないが，春闘での賃上げ抑制，賞与のように企業業績で左右することのできるかなり多額の弾力的な後払い賃金部門の設定，中高年齢層の昇給ストップないし昇給率の抑制，パート，アルバイト，派遣労働者，下請労働者などの低賃金ないし低人件費労働者の多数利用，退職金にはねかえる基本給部分の縮減，その他各種の方法で行われている。このように，人的資源管理の実践では「コ

スト節減」がかなり広範にわたって行われているが、これは利潤極大化に直結する主要な要因の1つであるから、人的資源管理の基本目的の1つであるといえる。

人的資源管理の目的と目標との関連を示すと〈図表1-2〉のとおりである。

図表1-2 人的資源管理の目的と目標の関連

目 的		目 標（施 策）
(1) 一次的基本目的	① 労働力の効率的利用	1) 労働能力の向上 　① 適正配置 　② 能力の育成・開発 2) 労働意欲の向上 　① 基礎的意欲（企業・職場モラール） 　② 直接的意欲（仕事へのモティベーション） 　③ 組織の活性化 3) 労働力の維持・保全 　① 定着化 　② 就業条件の適正化 　③ 福利厚生施設
	② コスト節減	1) 原材料・経費・時間の節減（コスト意識の育成・提案制・小集団活動） 2) 人件費節減
(2) 二次的基本目的	③ 組織の維持・安全 （経営労働秩序の維持・安定）	1) 従業員秩序の維持・安定 　① 就業秩序の維持（就業規則の制定・遵守） 　② 従業員間の秩序の維持・安定（職務秩序・資格秩序・給与秩序） 2) 労使関係秩序の維持・安定 　① 労働条件の社会的水準化・向上 　② 雇用の安定化 　③ 企業福祉の社会的水準化・向上 　④ 労組のある場合の労使関係ルールの制定 　⑤ 労組のない場合の労使関係秩序の維持・安定（コミュニケーション・参画）
(3) 副次的目的	④ 従業員満足（人間化）	1) 生活満足（豊かさとゆとり） 2) 職務満足 3) 職場満足 4) 企業満足

出所：森五郎編『現代日本の人事労務管理』有斐閣，1995年，p.56。

4. 人的資源管理の対象と主体

(1) 対象

　人的資源管理の対象は誰なのか。経営資源は，一般にヒト・モノ・カネ・情報の4つの要素からなるといわれるが，人的資源管理は，このうちの「ヒト」を対象とする企業の管理活動を指している。人的資源管理の対象は，企業に雇用された従業員である。これまでの人的資源管理の主な対象は，正社員であったのに対して，近年においては，労働市場の変化により雇用形態も著しく多様化する傾向にある。すなわち，パートタイマーや派遣社員などいわゆる非正社員が増加している。したがって，非正社員も人的資源管理の対象として取り上げる必要がある。

　ところで，人的資源管理の対象は人（従業員）であるが，人（従業員）は次の3つの側面をもっている（労務行政研究所編 2012, p. 14；森編 1989）。

　第1に，労働力としての「人材」である。人材は，製品やサービスを生産したり，販売したりする主体である。そこで，企業は事業を行う上で，まず，人材を確保し，さらに，採用した人材を活用し，育成することが必要になる。

　第2に，コストとしての「人材」である。人材に対して支払われる報酬は，企業からみれば，事業を行うためのコストである。そこで，企業はより多くの生産量・販売量をより少ないコストで生み出すために，働き方や報酬を管理する。

　第3に，人間としての「人材」である。人材は1人の人間でもあるから，感情や人間関係によって行動が変わる。そこで，企業は従業員が安心して働くことができる職場環境を整えたり，職場内のコミュニケーションを活性化したりする。

　これらの労働力，コスト，人間という3つの側面に着目して，人材を最も効果的に活用できる状態を作り出し，それを維持していくことが人的資源管理あるいは人材マネジメントである。

(2) **主体**

　人的資源管理は誰が実施するのか。一般に，トップ・マネジメント，人事部門，ラインの管理・監督者の3者によって実施される（八代2009；森編1989）。トップ・マネジメントは，人的資源管理の基本方針を打ち出し，それを受けて人事部門において具体的な計画が策定される。また，それはライン管理者によって実践されることになる。人的資源管理の最終的な責任を負うのは，トップ・マネジメントであるが，多くの場合，その権限は人事部門やラインの管理・監督者に委ねられているのが実態である。

　① トップ・マネジメント

　人的資源管理の第1の担当者は，トップ・マネジメントである。経営者は，人的資源管理の職能をほとんど人事部門やラインの管理・監督者に委ねているのが一般的であるが，実際，経営者自身も全般的な管理者として人事方針を設定し，人事計画や人事戦略に参加する。また，労働組合関係においては，直接団体交渉の当事者としての役割を果たし，労使協議会の委員としての機能を遂行している。さらに，人事に対する人事権を直接行使している。この場合，人的資源管理の専門的な知識や経験をもつ人事部門からの助言はうけるものの，主要な事項については，自らが直接人事方針を打ち出すこともある。

　② 人事部門

　人事部門は，従業員管理に関する専門的な知識や経験をもつスペシャリストとして，人的資源管理活動についてトップ・マネジメントに助言を行う。また，トップ・マネジメントから人的資源管理活動を委ねられ，命令・指示・支援を受けながらこれらを遂行する。さらに，各職場のラインの管理・監督者に対して，彼らの人的資源管理活動を支援する。また，場合によっては，直接従業員に対してサービスを行うこともある。

　人事部門が行う活動は，すべてスタッフとしての性格をもっている。人事担当者は，人的資源管理に関する専門的な知識をもとに人事諸制度を構築するのが主要責務である。人事担当者は，人事部門以外のライン部門に対してどんな人事問題に関しても支持・命令をしないのが一般的である。

　また，トップ・マネジメントに対しては，人事方針の立案やその実践方法などの助言を行ったり補佐する責務はあるが，最終的な決定権は持たない。した

がって，人事担当者とラインの管理・監督者との間で人事政策や人事方針の解釈や適用について意見の食い違いがある場合，人事担当者はラインの管理・監督者に対して直接的な権限を行使することができない。

このように，人事担当者は人事政策や人事方針の全社的な実施を目標とするトップ・マネジメントを補佐しながら，統制または監査の役割を遂行するのである。これはあくまでも人事担当者はスタッフであることを意味する。

③　ラインの管理・監督者

ラインの管理・監督者も人的資源管理の多くの職能を担っている。労働者の監督，作業指導，統率，人事評価などの直接的な人事は，ラインの管理・監督者によって行われる。たとえば，近年，成果主義を導入する企業が増加傾向にあるが，人事部門は成果主義を推進するための制度作りはするものの，それを実際に運用するのは各ラインの管理・監督者である。人事部門がどのように精巧な人事制度を作ってもそれがうまく機能しなければ，その制度は有名無実なものになってしまう。

また，ラインの管理・監督者は，人事諸活動を通じて部下のやる気を向上させなければならない。そのためには部下をどのように動機づけるかが管理・監督者の重要な役割である。

5.　人事部門の組織と業務

(1)　人事部門の組織

人事部門の組織形態は，その組織の規模や業種，製品の特性ないしは市場の競争関係などによって異なる。従来は，最高経営者が行う計画や意思決定機能により多くの役割を遂行してきた。その理由は，組織の成功如何が人事部門に左右されると見做されていたからである。このような人事部門は，スタッフ部門としてラインへの助言を行うことによって組織の目標を効率的に達成できるよう設定される。すなわち，人事部門は経営機能の専門的な分化過程において形成され，人事に対する専門的なスタッフとして，組織の主な機能であるラインに対してサポートする役割を担当する部門である。

図表1-3　人事部門の組織

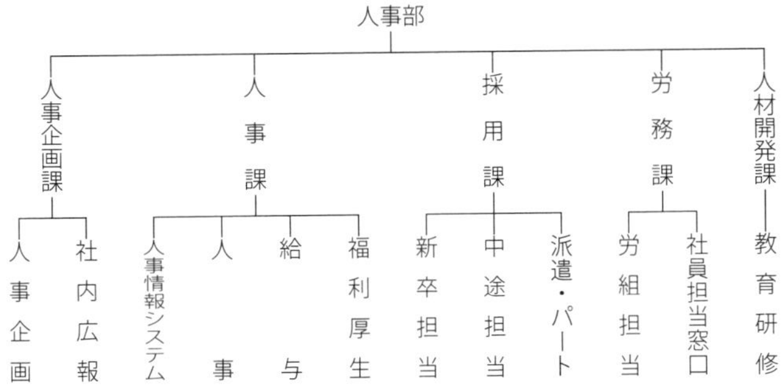

```
人事部
├─ 人事企画課
│   ├─ 人事企画
│   └─ 社内広報
├─ 人事課
│   ├─ 人事情報システム
│   ├─ 人事
│   ├─ 給与
│   └─ 福利厚生
├─ 採用課
│   ├─ 新卒担当
│   ├─ 中途担当
│   └─ 派遣・パート
├─ 労務課
│   ├─ 労組担当
│   └─ 社員担当窓口
└─ 人材開発課
    └─ 教育研修
```

出所：人事ブレイン総合研究所『新社会人のための人事のしごと』日本能率協会マネジメントセンター，2007年，p. 19を基に再作成。

　人事部門としての組織の最大の単位は人事部である。大企業では人事本部などと呼ばれる場合もある。大企業の場合，人事部は独立しているが，中小企業では総務部あるいは総務課が人事業務を担当していることが多い。

　人事部の組織は一様ではなく，それぞれの企業の特性によって大きく異なる。人事部の組織構造は，募集・採用を担当する「採用課」，人事制度の構築（企画・立案）や改定を担当する「人事企画課」，賃金・人事異動を担当する「人事課」，労働組合を担当する「労務課」，教育研修を担当する「人材開発課」といった組織がある。

　人事部の大きさによっては，いくつかの機能が統合され，人事企画の機能を人事課が持ったり，採用業務と教育研修業務を1つの課で行うこともある（図表1-3）。

(2) 人事部門の活動

　人的資源管理を行う部署は人事部門である（図表1-4）。人事部門が行っている人的資源管理のための活動は多岐にわたっている。募集・採用から退職に至るまで，従業員に関するすべてが対象となる。具体的には，次のような活動が行われる（労務行政研究所編 2012）。

　① 人材の確保

　人事部門は必要な人員を確保するために，要員計画の策定，募集・採用に関

図表1-4 人事部門の業務

1. 人を確保する業務	①人員計画の作成，②募集・採用活動（新卒採用・中途採用・非正社員採用），③定着向上策の実施，④雇用調整の検討
2. 人を効果的に活用する業務	①人事制度の設計・運用，②昇進・昇格管理，③配置・異動管理，④評価制度の構築・見直し
3. 人を育成する業務	①内定者教育，②教育研修プログラムの開発，③年間教育研修計画の作成，④教育研修の実施，⑤自己申告の実施
4. 報酬を管理する業務	①給与計算，②年末調整，③給与体系の見直し，④昇給・賞与の決定，⑤退職金・企業年金の事務
5. 働きやすい環境を整備する業務	①就業規則の整備，②社会保険の事務，③福利厚生施策の企画・見直し，④労働条件（労働時間，休日・休暇など）の策定・変更，⑤安全衛生体制の構築，⑥団体交渉の実施，⑦ワーク・ライフ・バランスへの対応

出所：労務行政研究所編『はじめて人事担当者になったとき知っておくべき，7の基本。8つの主な役割（入門編）』労務行政，2012年，p.21を基に再作成。

する業務，退職に関わる業務などを行っている。

② 人材の活用

人事部門は，採用した人材を職場に配置し，職務を与える業務を行う。また，人材を有効に活用するために，等級制度，評価制度，報酬制度などといった人事制度の設計と運用の業務を行う。昇進・昇格や配置異動も定期的に人事異動という形で行っている。

③ 人材の育成

人事部門は，従業員のキャリア（職務経験）を開発し，その能力を伸ばす業務を行っている。そのためには，個々の従業員を適正に評価することと，個々の従業員が自分のキャリアについて，どのような考え方や希望をもっているのか把握する必要がある。

④ 報酬の管理

人事部門は，報酬制度を構築し，それに基づいて従業員に給与を支払う業務を行う。具体的には，報酬制度の見直しや給与計算などを行っている。

⑤ 働きやすい環境の整備

人事部門は，就業規則などで労働条件を定めて，労働時間や休日・休暇などを適正に運用する業務を行っている。また，従業員が安心して働くことができ

るように，社会保険の加入の手続きをしたり，福利厚生や安全衛生に関する業務を行う。さらに，会社と従業員あるいは従業員同士のコミュニケーションをよくすることにより，良好な労使関係を維持し，また，職場内の人間関係の円滑化を図る業務を行っている。

(3) **人事部門の役割**

　人事部門は，経営と従業員の両サイドの視点を結びつけ，業績に反映できるように人事に関する施策を行う必要がある。ビジネス環境の激変とともに，ますます人事部門の役割は，複雑で次元の高いものになってきている。

　人事部門の役割は，従業員の力を引き出すと同時に，チームそして組織全体の力として結集させ，業績につながるようにすることである。人事部門はより高い成果を創出するために，全社的・長期的な経営側の立場からの視野を持つことが重要である。また，事業ごとに特性の異なる従業員側の思いや希望，強み，弱みなどを正しく理解しようとする視野も必要である。

　さらに，M&A や分社化などによる組織の再編や新規ビジネスモデルの見直し，構築を迫られるような昨今のビジネス環境の中で，すべての組織で変革が求められる時代となっている。1人でも多くの個人が自律的に行動し，組織の力をより強くできる構造になっているかどうかが，変革を成功させるポイントになる。

　人事部門は，組織の変革がうまく促進されるようなさまざまな施策を講じ続けて，その施策の実践を現場のリーダーやライン管理者に実現してもらう必要がある。

6. 人的資源管理の領域

　人的資源管理は，人を対象とする学問であるが，その領域は多岐にわたる。本書で取り上げる人的資源管理の分野は次のような内容構成となっている。一般に，①から④を雇用管理と呼ぶ。

① 募集・採用 ┐
② 配置・異動 │
③ 昇進・昇格 ├ 雇用管理
④ 退職 ┘
⑤ 教育訓練
⑥ 人事評価
⑦ 賃金
⑧ 労働時間
⑨ 福利厚生
⑩ 労使関係
⑪ 雇用形態の多様化と人的資源管理
⑫ 国際人的資源管理

① 募集・採用

募集・採用は雇用管理の入口に当たる。募集は組織が必要とする知識，技能，能力およびその他の特性を備えた人々が志願するよう誘引することをいい，採用は，企業内に発生した労働需要を満たすために外部の労働市場から労働力を調達することをいう。また，募集・採用管理とは，雇用管理の入口の段階で，必要な人材を採用計画に基づいて適正な人員を算定し，必要な時期に募集・選抜を計画的に行う管理活動であり，人的資源管理の出発点ともいえる。

近年，グローバル競争が展開される中，優秀な人材確保が重要な課題となっている。

② 配置・異動

配置・異動は，従業員と仕事を結びつける手続きのことで一般的には，人事異動管理といわれている。従業員を特定の仕事につける手続きを配置といい，従業員を役職につける昇進やより上位の資格に格づける昇格を含め，基本的には現在従事している仕事から別の仕事に従業員を移す手続きを異動と呼んでいる。職場内の配置・異動を一般に，ローテーションというが，用語の使い方は一様ではなく，人事異動や配置転換などともいう。配置・異動はさまざまな目的から行われている。

③ 昇進・昇格

日本の人事制度は，等級（資格）と役職（職位）を区分している。等級は社内での位置づけを，役職は組織における役割を表わすもので，係長→課長代理→課長→副部長→部長というように役職が上がることを昇進という。特定の役職に対応する資格等級にいる社員の中から能力・適性を見極め，役職位に任命する。一方，主査→副参事→参事→参与というように資格等級が上がることを昇格という。昇格によって賃金が上昇する。昇進・昇格ともにタテの異動であるが，近年，能力・成果主義に向けた見直しが進められている。

④ 退職

退職は雇用管理の出口に当たる。退職とは，就業していた労働者が，その職を退き労働契約を解除することである。退職には，定年退職，自己都合退職，会社都合退職，早期優遇退職，希望退職などがある。終身雇用の時代は，定年退職，自己都合退職，解雇くらいしか会社を辞めるための手段がなかったが，バブル崩壊後，終身雇用慣行が変化して会社都合退職と早期優遇退職という新しい退職手段が現れている。

⑤ 教育訓練

教育訓練は，従業員の能力開発のことであり，OJT, Off-JT, 自己啓発の3つの体系から構築されている。教育訓練の目的は，従業員個々の能力開発にあるが，あくまでも最終目的は最大の利益を実現することである。そのために企業では，競争上の優位を確保するために教育訓練に力を入れている。特に，近年はグローバル人材育成への取り組みが活発化している。

⑥ 人事評価

会社には従業員の仕事ぶりや能力，業績を評価する仕組みがある。これを人事評価という。人事評価は，従業員の賃金や昇進・昇格，能力開発などに利用される。人事評価は，評価を通して従業員についての多面的な情報を収集するのである。成果主義の導入に伴い人事評価は，従業員個々人の組織に対する貢献を評価する上で不可欠であり，公平な処遇を行うための客観的な評価が重要課題となっている。

⑦ 賃金

賃金は，働く人にとっては生計を営んでいくうえで，生計費であり，企業に

とっては経営活動を行っていくうえで，コストである。したがって，毎年賃上げをめぐって労働者側と経営側が交渉を行っているのである。また，賃金は重要な動機づけ手段の1つでもある。賃金決定方法としては，年功給，職務給，職能給，年俸制などがあるが，近年では年功・能力重視から業績や成果を重視した成果主義賃金が増加している。

⑧　福利厚生

福利厚生は，企業が従業員やその家族の健康や生活の福祉を向上させるために行う諸施策である。福利厚生に代わって「企業福祉」という言葉が使われることも多い。福利厚生は低い賃金の補充，社会保障の代替，労働力の確保といった目的で導入された。福利厚生には，法定福利厚生と法定外福利厚生とがある。企業の福利厚生制度も，高齢化と年金改革に伴う法定福利費コスト増への対応や社員の価値観，ライフスタイル，ニーズの多様化への対応のために，新たな施策が課題となっている。

⑨　労働時間

労働時間は，賃金とともに最も基本的な労働条件の1つであり，歴史的にみても労使紛争の主要な原因であるなど，人的資源管理の中でも主要な位置を占めている。日本は長時間労働に対する欧米からの批判により，労働時間が短縮され，1日8時間，週40時間労働が1991年に実現された。その後も残業時間を削減するための努力が行われており，変形労働時間制やみなし労働制など柔軟な労働時間制度の導入が増加している。

⑩　労使関係

労使関係は，労働者と使用者の関係のことであり，労使間の利害対立を調整したり解決したりする過程のことである。労使関係には，使用者と個々の労働者との関係に関わる個別的労使関係と，使用者と労働者の集団的発言組織である労働組合との関係に関わる集団的労使関係の2つがある。最近においては，成果主義による目標管理に基づく年俸制の導入などにより，上司と部下の交渉により賃金や雇用が決められるケースが増えつつあり，個別的労使関係の重要性が高まっている。

⑪　雇用形態の多様化と人的資源管理

バブル崩壊を契機とした長期的な景気低迷やグローバル化の進展などによ

り，雇用形態の多様化が進んできている。これまでは正社員中心の雇用形態が主流であったのが，パートやアルバイト，派遣社員，契約社員など，いわゆる非正社員が増加している。企業は，経営環境の変化に対応するためにコスト削減が必要となり，正社員の雇用を必要最小限にとどめ，終身雇用・年功賃金が適用されない非正社員を活用し始めた。

こうした中，正社員と非正社員との処遇格差が問題となり，均等処遇に向けてさまざまな取り組みが行われている。

⑫　国際人的資源管理

国際人的資源管理は，グローバル化した企業がさまざまな国籍の従業員を対象に，人材の確保，開発，報償，維持に関する体系的で計画的な管理活動である。国際人的資源管理のためには，さまざまな要素を考慮する必要がある。すなわち，現地国の政治や法的条件，労働市場，文化など，組織内外の状況を踏まえて国際人的資源管理が展開される。国際化，グローバル化が進展する中，国際人的資源管理は今後ますます重要になっていく。

□引用・参考文献

岩出博『新・これからの人事労務（改訂版）』泉文堂，2009年。
岩出博『戦略的人的資源管理論の実相』泉文堂，2002年。
岡田行正『アメリカ人事管理・人的資源管理史』同文舘出版，2008年。
上林憲雄・厨子直之・森田雅也『経験から学ぶ人的資源管理』有斐閣，2010年。
佐護譽『人的資源管理概論』文眞堂，2003年。
佐藤博樹・藤村博之・八代充史『新しい人事労務管理』有斐閣，2007年。
佐野陽子『はじめての人的資源マネジメント』有斐閣，2007年。
人事ブレイン総合研究所『新社会人のための人事のしごと』日本能率協会マネジメントセンター，2007年。
鈴木滋『エッセンス人事労務管理』税務経理協会，2002年。
森五郎編『現代日本の人事労務管理』有斐閣，1995年。
森五郎編『労務管理論（新版）』有斐閣，1989年。
守島基博『人材マネジメント入門』日本経済新聞社，2004年。

八代充史『人的資源管理論　理論と制度』中央経済社，2009年。
労務行政研究所編『はじめて人事担当者になったとき知っておくべき7の基本。8つの主な役割』労務行政，2012年。

■演習問題

I．次の文章の（　）の中に適切な言葉を書き入れなさい。
1．人的資源管理は，（　　　）・（　　　）・（　　　）・情報の4つの経営資源の中で，（　　　）を対象とする管理活動である。
2．日本において，戦前は，（　　　）を対象とする「人事管理」と（　　　）を対象とする「労務管理」はそれぞれ別個に扱われていた。
3．人的資源管理の目的は，経営内労働秩序の安定・維持，（　　　），（　　　），（　　　）などのために行われる管理活動である。
4．人的資源管理の主体は，（　　　），（　　　），（　　　）の3者によって実施される。
5．人事部門の役割は，（　　　）の力を引き出すと同時に，（　　　）そして組織全体の力として結集させて，（　　　）につながるようにすることである。

II．次の問題を説明しなさい。
1．人的資源管理は企業経営においてどのような役割を果たしているかを説明しなさい。
2．人的資源管理の対象と主体について説明しなさい。

第2章
人的資源管理論の展開

1. 科学的管理論

(1) 科学的管理論の登場

　科学的管理論（scientific management）は，アメリカのテイラー（F. W. Taylor）によって考え出された作業能率の向上に関する理論である。科学的管理論は，テイラーの名前をとってテイラー・システムまたは科学的管理法とも呼ばれる。

　科学的管理論が登場した背景には，19世紀後半，アメリカでは産業革命後の鉄鋼生産の増大に伴って，企業規模が巨大化していた。それとともに，企業間の競争が激化し，製造工程でのコストダウンや作業能率の向上が大きな課題となっていた（上林・厨子・森田 2010）。この課題に対処する試みとして能率増進運動（efficiency movement）が生まれたが，それは近代的能率給と称されている刺激賃金制度（incentive wage system）として展開された。近代的能率給がめざしたのは，当時一般に行われていた賃金支払い制度，すなわち単純出来高給制による組織的怠業の問題を解決することであった。

　能率向上は賃金コストの上昇を招き，経営者はそれを抑制するために頻繁な賃率の切り下げが行われた。これに対抗して，労働者側は意識的に作業速度を抑制して生産量を制限する「組織的怠業」（systematic soldiering）を行っていた。つまり，労働者側は賃金や管理面において，経営者側は生産が適正に行われているかという面で，相互に不信感を抱いているような状況であった（佐護 2003；渡辺 2000；岡田 2008）。

　労働者は，怠業をしなければ同じ時間で生産量を3倍に増やすこともできる

はずであり，この怠業をなくせば生産性は高まり，製品1個当たりの原価も安くすることができて，労働者はより高い賃金を得られることができるとテイラーは考えた。同時に，労使双方が満足する高賃金と低労務費（賃金は高くても能率が高ければ1個当たりの労務費は低くなるという考え）を実現でき，その結果，労使紛争もなくなるという認識のもとに，怠業をなくすために作業能率をいかに向上させるかを考えるようになった（岡田 2008）。

(2) 科学的管理法の原則

テイラーは，従来の経験と勘にたよる成り行きまかせの管理ではなく，客観的な原則に基づく管理が必要であるとし，労働者には高賃金，経営者には低労務費を実現するための科学的管理法の原則を示した。それは，次のようなものである（渡辺 2000, pp. 151-152）。

① 労働者の会社における地位の上下にかかわらず，彼等の毎日の課業（1日の標準仕事量）の内容と輪郭は明確に定めておく。
② 労働者には確実に課業の達成が出来るように，標準化した条件と用具等を与える。
③ 労働者が課業の達成に成功したら多くの賃金を支払ってやる。
④ 労働者が課業の達成に失敗すれば損を受けなければならない。
⑤ 課業は一流の労働者でなければ達成できないくらい難しいものにする。

科学的管理法の原則は，毎日の課業を明確に設定し，標準化した条件の提供と賃金による刺激により，それを労働者に遂行させるといういわゆる「課業管理」がその主な内容となっている。課業（task）は，標準作業時間と標準作業内容からなる標準作業量であるが，これに基づいて生産の全体を計画的・能率的に遂行するシステムを課業管理という。

(3) 科学的管理法の内容

科学的管理法の原則を実践するためにテイラーは，計画部制度，作業研究，作業指図票制度，職能的職長制度，差率出来高給制度を考案した（渡辺 2000；上林・厨子・森田 2010；岡田 2008）。

1）計画部制度

課業管理の前提になる課業の設定と生産計画への編成を担当するのが計画部制度である。計画部（planning department）とは，作業現場から管理的な仕事を切り離し，それらの仕事をもっぱら担う管理組織のことである（渡辺 2000）。計画部の職能は，「全工場の全作業に対して時間研究により課業を設定すること，それを基準とする生産上の計画立案を担当すること，機械または作業に対する会社の受注を分析すること，材料・原料・貯蔵品および出来上がり部品の残高を把握すること，営業部で受けた新しい仕事および納入期の約束に関する問い合わせを分析すること，製作品目全部の原価について分析すること，月別比較表を作成すること」など，細部にわたっていた（渡辺 2000, p. 152）。

これによって，経営者側は現場の職長や労働者を管理し，彼らを命令通りに機械的に働かせることができるようになった。

2）作業研究

テイラーは，労働者の怠業を防ぐために作業研究（work study）を行った。テイラーは，労働者の組織的怠業が発生する原因は，1日にできる本当の作業量がわかっていないと考えた。そこでテイラーは，課業を設定するためには，作業に要する標準作業時間を決定する必要があると考え，作業研究に取り組んだ。作業研究とは，課業設定のために作業の内容と量を決定する研究のことであり，時間研究（time study）と動作研究（motion study）から成り立っている。時間研究とは，一連の作業を細かい要素に分解し，個々の作業要素にかかる時間をストップ・ウォッチなどで測定し，標準時間を決定する研究のことである。動作研究とは，個々の作業がどのような動作からなるかを分析し，無駄な動作を省いたり新しい効率的な作業方法を見いだす研究である（渡辺 2000；上林・厨子・森田 2010）。

テイラーによる作業研究は，次のような手続きによって行われた（渡辺 2000, p. 153）。

① まず時間研究の対象となる仕事に熟達した一流の労働者10-15人を選ぶ。
② 一流の労働者の個々の作業をもっとも簡単な要素動作に細分化する。

③ それらの要素動作とその手順や道具を検討する。
④ ストップ・ウォッチで要素動作の時間を測定する。
⑤ その結果，無駄な動作，遅い動作を排除する。
⑥ もっとも早くてよい動作と，もっともよい道具を選択する。
⑦ それによって達成される最短の作業時間を発見する。
⑧ 最短の作業時間に余裕時間を加えて標準作業時間を決定する。
⑨ この作業時間に基づき課業を決定する。

テイラーは，このようにして課業を明確にすることで，労働者の組織的怠業を排除することができると考えた。

3）作業指図票制度

作業指図票（instruction card）は，時間研究や動作研究の結果，課業の設定が行われるが，計画部が課業の内容を現場の労働者や職場に教えるために具体的に明記したカードである。標準化には，①道具の標準化，②時間の標準化，③作業の標準化が含まれているが，作業指図票には，課業の全てがマニュアル化してあり，手順，使用すべき工具，作業時間や作業方法などが詳しく記入されている。それによって作業の効率化を図るものである。

現場の労働者は，現場職長の監督の下に作業指図票に記入されたとおり，作業を行い，定められた時間内に完了することが求められた。また，現場職長には，自主的な判断や裁量ではなく，あくまでも作業指図票に示されたマニュアルにしたがって，労働者に対する指導・監督が行われた（渡辺 2000；上林・厨子・森田 2010）。

4）職能的職長制度

職能的職長制度（functional foremanship）は，課業達成のための一手法で計画と執行に分離し，これまで1人の職長が担当していた作業を職能別に構成された職長に分担させるものである。当時は，軍隊式のライン組織が一般的であったが，職長（班長）ごとに1つのグループ（班）が作られていた。そのため，仕事の割付や手順，検査基準なども職長の個人的な経験や勘に頼っていたので，グループ（班）ごとに作業量や速度，品質などにバラツキがあった。

そこで，テイラーは，職長の機能を大きく計画機能と執行機能に分け，8つの職能に分類し，職長に分担させた。すなわち，①準備係，②速度係，③検査係，④修繕係，⑤仕事の手順係，⑥指図票係，⑦時間・原価係，⑧工場訓練係である（渡辺2000, p. 157）。

このテイラーの職能別職長制度は，ファンクショナル（職能）組織の原点ともいえるもので，計画部門を執行部門から分離・独立させたという意味でライン・アンド・スタッフ組織の源流でもある。

5）差率出来高給制度

差率出来高給制度（different piece rate system）は，課業を達成した者には高い報酬を，達成しえなかった者には低い報酬を与える刺激賃金制度である（図表2-1）。すなわち，課業を基準とした賃金支払い制度で，1日の標準作業量をあらかじめ設定し，それを達成した者には高い賃率を適用し，それを達成できなかった労働者には低い賃率を適用するというものである。単純出来高給の場合は，賃金は1個当たりいくらというように作業量に正比例して上昇するので右肩上がりの上昇が続く。しかし，テイラーは単純出来高給では労働者へのインセンティブとしては弱く，もっと強いインセンティブを与えるために，差率出来高給賃金制度を考案したのである（上林・厨子・森田2010；渡辺2000）。

この制度は，労働者は課業を達成しようと怠業することなく，精を出して働くであろうというのがテイラーの発想である。

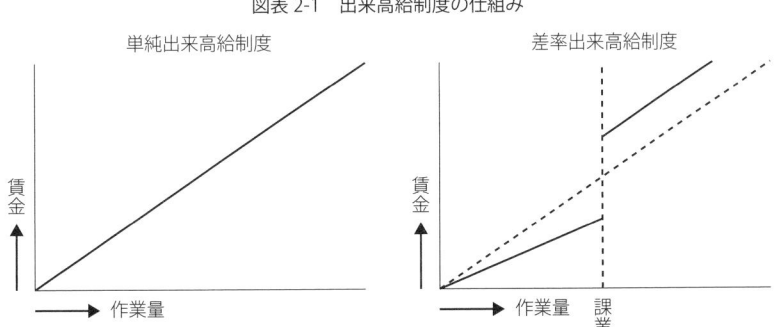

図表2-1 出来高給制度の仕組み

出所：渡辺峻『人的資源の組織と管理』中央経済社，2000年，p. 159。

しかし，この差率出来高給制度は一般の労働者にとっては，作業量の達成が難しく厳しい制度であり，労働組合からは労働強化につながるとして反対が強かった（上林・厨子・森田 2010, p. 33）。

以上のような科学的管理法は当時，企業経営者に受け入れられ，多くの企業に導入され広く普及した。しかしながら，科学的管理法は，人間の主体性を認めず，人間を機械と同一に捉えようとしているとの強い批判が，労働組合や労働科学者から出された（渡辺 2000）。

2. 人間関係論

(1) 人間関係論の登場

人間関係論は，テイラーの科学的管理法が作業能率をあげることを重視するあまり人間の感情的側面を軽視していたことに注目し，メイヨーらによる職場の人間関係を改善することの必要性を強調した理論である。アメリカのホーソン工場における実験から，職場の中に公式組織とは別の非公式組織（インフォーマル・グループ）が存在し，それが作業能率に影響を及ぼしていることを明らかにした。また，人間関係論から，面接制度，民主的リーダーシップ，モラールサーベイなどの管理手法が生まれており，管理者の人間関係技能が重視された。これをきっかけに企業経営において，従業員の心理的な側面にも関心を払うことの重要性が認識されるようになった。

1920 年代における産業合理化運動以降，工場労働は大きく変化し，工場では製品の定型化，部品の標準化，機械工具の専門化，さらに，工程間にベルトコンベヤーを使用する流れ作業により少品種を大量生産する方式が導入された。当時，フォード自動車会社におけるシステムが 1 つの典型的な事例であったことから，フォードシステムとも呼ばれた（渡辺 2000, p. 167）。しかし，ベルトコンベヤーシステムやフォードシステムの導入は，一方において，労働者の作業方法と速度の画一性を強制し，機械的な単純労働の反復が強いられた。その結果，労働者の単調感・疲労感は増幅し，生産能率を低下させた。また，長時間の連続的労働より労働者の不平・不満の増大，モラールの低下など，さ

らには疾病・傷害が増加し，工場労働における人間疎外が深刻な問題となった（渡辺2000, p. 168）。

このような背景から，人間の心理的・社会的側面を重視しなければ労働意欲の向上は，期待できないとする新たな考え方が示されるようになった。そこで，人間関係論が登場したのである。

(2) ホーソン実験

ホーソン実験とは，メイヨー（E. Mayo）とレスリスバーガ（F. J. Roethlisberger）がアメリカのウエスタン・エレクトリック社のホーソン工場で行われた心理学的な実験のことである。この実験は，全国学術研究協議会とハーバード大学産業調査部によって実施された。

科学的管理法は，生産性は物理的作業条件を刺激することで影響するという仮説のもとに始まった。これに対し，ホーソン実験は作業能率（生産性向上）に影響を及ぼす要因を発見するために行われた実験である。この実験は，従業員の生産性に影響を与える要因はいったい何かについての大がかりな実験であった。この一連の実験をホーソン実験と呼ぶ。

実験のため，メイヨーらの研究グループは，作業条件を改善すると作業能率は向上するだろうという仮説を立てた。しかし，実験の結果，仮説を立証するデータは得られなかった。作業能率を高めるものは作業条件ではなく，労働者のモラールであり，そのモラールのあり方を規定する要因として人間関係が作業能率に大きく影響を与えているという結果が得られた（佐久間・坪井編2005；渡辺2000；岡田2008）。

ホーソン実験の経過と概要は，〈図表2-2〉のとおりである。

1）照明実験（1924年〜1927年）

照明実験は，照明度（作業条件）が従業員の作業能率にどのような影響を及ぼすかを調べることにあった。最大の作業能率は，最適な照明によってもたらされるはずであり，それより明るくても暗くても作業能率は低下するという仮説を立てられた。

実験は，照明変化の下で作業するテスト・グループ（test group）と一定の照

図表 2-2　ホーソン実験の概要

段階区分	実験名	実施期間	実施機関	実験目的	結果
第1研究	照明実験	1924-27年	全国学術研究協議会	照明度と作業能率との関係	外部的環境の変化が直接影響するのではなく，従業員の態度（感情）が生産能率に影響する
第2研究	継電器組立作業実験	1927-32年	ハーバード大学産業調査部	作業条件の変化と作業能率との相関関係	
第3研究	面接調査	1928-30年	ハーバード大学産業調査部	職場士気と作業条件および監督方法との関連性の検討	生産能率は個人的経歴，集団的感情，自然発生的規律によって規制される
第4研究	バンク配線作業実験	1931-32年	ハーバード大学産業調査部	生産能率に影響を及ぼす社会的条件の存在の解明	

出所：佐久間信夫・坪井順一編『現代の経営組織論』学文社，2005年，p. 87。

明のもとで作業するコントロール・グループ（control group）に分け，双方の作業量（生産高）を測定する方法で進められた。テスト・グループにおいては24燭光，46燭光，76燭光とだんだん照明度を上げるにつれ作業量（生産高）も上昇した（上林・厨子・森田 2010；渡辺 2000）。また，コントロール・グループにおいても照明が一定でありながら作業量の増加が見られたのである。そのため，テストグループの照明度を次第に減少させ，10燭光，3燭光にまで照明を落としても作業量（生産高）は依然として上がり続けたのである。しかも，コントロール・グループにおいても，照明が一定でありながら作業量（生産高）の増加が見られたのである。最後にテストグループの照明度を月光ほどの照明（0.6燭光）に落としたにもかかわらず，作業量（生産高）は増加したのである（上林・厨子・森田 2010；渡辺 2000）。

結局，照明と作業能率との関係についての当初の仮説は立証されなかった。つまり，照明と作業能率との間には何も相関を見つけることができなかったのである。しかし，この照明実験は，作業能率が物理的な照明以外の別の要因によって影響されているのではないかという疑問が提示された（上林・厨子・森田 2010；渡辺 2000；佐久間・坪井編 2005；岡田 2008）。

2）継電器組立実験（1927年〜1932年）

　照明実験の結果，照明度は作業能率に影響を及ぼさないことが明らかになったことで，1927年〜1932年にわたってメイヨーを中心とするハーバード大学の研究グループにより，継電器組立実験が行われた。この調査は，照明以外のなんらかの物理的作業条件の変化が作業能率に影響を及ぼしているのではないかという仮説に基づき，作業時間，休憩時間，労働日数が作業能率に与える影響について調査した（上林・厨子・森田2010；渡辺2000）。

　継電器とは，リレー（reley）とも呼ばれ，電気信号で電磁石を作動させ接点を開閉する電気スイッチのことである。これを組み立てるために，コイルやバネ，絶縁体などの35個の部品を4個の機械ネジで締め付けて，継電器に組み立てる作業であった。継電器1個の組み立てには，約1分を要する機械的反復の単純作業であり，これを担当したのは仲良しの6人の女子工員（5人の経験工と1人の部品供給係）であった（上林・厨子・森田2010；渡辺2000）。実験は女工を隔離された別の実験室で行われた。

　この実験ではさまざまな作業条件，例えば，①1日の労働時間，②1週間の労働日数，③作業開始と終了時間，④休憩時間，⑤室内の温度，湿度，⑥会社支給の軽食，⑦賃金の支払い方法などを次々に変えながら作業量の変化を測定した。その結果，照明実験と同様に作業条件の変化と作業能率との間に相関関係が現れなかった。これらの作業条件の変化とは無関係に作業量は増加し続けたのである（佐久間・坪井編2005；上林・厨子・森田2010；渡辺2000）。

　この調査からメイヨーらは，労働者の作業能率に影響を及ぼしているのは，作業条件よりむしろ女工たちの精神的な態度や感情の変化に関係していることに気づいたのである。すなわち，彼女たちは，①実験に選ばれたという誇りを持っていたこと，②実験室内には監督が存在せず自由に作業ができたこと，③自ら重要な実験に協力しているという参画意識があったこと，④親密な自発的グループが発生したことによって女子工員間に良好な人間関係が形成されていたこと，などによって作業能率は作業条件に関係なく増大したのである（上林・厨子・森田2010；渡辺2000；佐久間・坪井編2005；岡田2008）。

3）面接調査（1928 年～ 1930 年）

面接調査は，ホーソン工場の 2 万 1126 人の労働者を対象に行われた。調査の目的は，職場における監督方法の実態，労働者の精神的な態度や感情を知ることであった。最初は，あらかじめ設定された質問（仕事，作業条件，監督方法）に対して「好き・嫌い」もしくは「イエス・ノー」で答える方法で行われた。しかし，被面接者の多くが質問にないことを話したがることに気づき，自由に発言させる「非指示的面接」(nondirective interviewing) の方法がとりいれられた（渡辺 2000, p. 176；佐久間・坪井編 2005, p. 90）。

メイヨーらは，労働者たちから不平・不満を聞き出し，その原因になっている監督方法の欠如を除去すれば，不平・不満は解消し，能率向上につながるだろうと考えたが，面接結果はメイヨーの予想に反していた（佐久間・坪井編 2005, p. 90）。

この調査結果，①労働者の行為は彼らの感情と切り離しがたく結びついている，②労働者の感情は容易に偽装され，事実が掴みにくいものである，③感情の表現は，その労働者のおかれている全体的状況に照らして理解されるべきである，ことが明らかになった（上林・厨子・森田 2010, p. 37；佐久間・坪井編 2005, p. 90；渡辺 2000, p. 176）。

そこでメイヨーらは，作業能率を規定する要因は作業条件や監督方法というよりは，むしろ職場の人間的状況，つまり，職場での労働者の労働意欲は，その個人的な経歴や個人の職場での人間関係に大きく左右されるもので，客観的な職場環境による影響は比較的少ないと結論した。そして，労働者の人間的側面をより詳しく知るために，個人から集団へと関心が移った（上林・厨子・森田 2010；渡辺 2000；佐久間・坪井編 2005；岡田 2008）。

4）バンク配線作業実験（1931 年～ 1932 年）

バンク（差込式電話交換機）配線というのは，電話交換機の端末機である端子台の組み立て作業であり，作業内容は継電器組立作業よりも複雑であったため，より多くの熟練を必要とした。この実験は，バンクの配線作業にあたる職種の異なる男性労働者 14 人（配線工 9 人，溶接工 3 人，検査工 2 人）を対象に行われた。

この実験の目的は、企業内部の社会的集団に関するより正確な情報を得ることで、集団的出来高賃金制度の下で労働者が総生産高をどのようにして増大させるかを把握するためであった。彼らは一室に集められ、お互いの人間関係を細かく観察された。彼らには、経験年数に基づく基本給のほかに集団全体の生産量に対する割増賃金が支給される。したがって、労働者たちはお互いに協力し合いながら生産量を上げるものと予想していた。

しかし、観察の結果、彼らは生産量を増大させることに関心を示さないばかりか、生産量を一定に保とうとしたのである。その原因は、彼らの間に1日の生産量を決定する集団的な統制力が作用していたことである。集団内には、①頑張りすぎるな、②怠けすぎるな、③（監督者に）告げ口をするな、④よけいな世話をやくな、といった感情が形成され、これらが暗黙のルールとなって働いたのである（上林・厨子・森田 2010；渡辺 2000；佐久間・坪井編 2005）。すなわち、同じ集団の仲間として認められるには、この集団のルールに従わなければならないし、それを破れば裏切り者として扱われる。観察調査の結果、彼らは集団的な強い規範の中で働き、能率はそれによって規定されることが明らかになったのである。

メイヨーらは、組織の中の労働者は単なる個人として存在しているのではなく、互いに人間的なつながりを保ちながら社会集団の一員として行動しているという実験結果を踏まえ、組織内部において諸個人がつくる結び付きを「人間関係」と呼び、人間関係によって築かれた社会集団を「非公式組織」（informal organization）と名付けた。科学的管理法では、人間の感情を排除した機械的人間観として把握されていたが、ホーソン工場実験が行われることによって、人

図表 2-3　科学的管理法と人間関係論

	科学的管理法	人間関係論
前提（仮説）	経済人仮説 人間は孤立的 打算的 合理的	社会人仮説 人間は連帯的 献身的 感情的
勤労意欲	経済的動機による賃金など	社会的動機によるモラール
対象組織	公式組織	非公式組織

出所：佐久間信夫・坪井順一編『現代の経営組織論』学文社、2005年、p.92。

間の心理的側面，内面的側面の重要性が強調されることになった（図表 2-3）。それ以降，人間関係論は行動科学論へと発展していった（上林・厨子・森田 2010；渡辺 2000；佐久間・坪井編 2005；岡田 2008）。

3. 行動科学論

(1) 行動科学論の登場

　行動科学は，1950 年代において人間行動に関する学際的な研究として開始され，特に，心理学を中心に研究が盛んに行われた。1960 年代になると，行動科学が大学の経営学教育においても重視され，組織論の分野にも大きな影響を及ぼした。そして，組織と人間行動に関する組織行動論（Organization Behavior）が確立した。行動科学の発展をベースに新たに台頭してきた人間モデルは，自己実現人モデルと呼ばれている（上林・厨子・森田 2010）。

　人間関係論は，人間の社会的・感情的側面のみを研究対象とし，論理的・合理的側面を軽視した組織の中の集団行動に焦点を当てている。これに対して，行動科学論は，人間関係論への反省とその修正・補完を目的として出発しており，組織における人間の欲求と行動には，どのような関係があるのだろうかという個人の行動を研究対象として行われた理論である。

　企業経営において組織構成員がどのような欲求を持っているのか，何が人を動機づけるのか，何によって人は動機づけられるのか。この問題を理論化したのが動機づけ理論あるいはモチベーション理論と呼ばれている。これまでに多くの経営学者や心理学者がモチベーションに関するさまざまな理論を提唱し，それらは現在の人的資源管理にも大きな影響を与えてきた（岡田 2008）。

　以下では，行動科学に基づく主要理論を紹介する。

(2) 行動科学に基づく諸理論

1）マズローの欲求 5 段階説

　アメリカの心理学者であるマズロー（A. H. Maslow）は，人間の欲求には 5 つの段階があり，低次の欲求が満たされると，その上の高次の欲求を目指すと

いう欲求5段階説を提唱した。マズローによれば，人間の欲求は低次欲求から高次欲求へと階層化されている（図表2-4）。

① 生理的欲求

人間が生きていくために最低限必要な生理現象を満たすための欲求である。食，水，睡眠など，人間として生命を維持するために必要な最も基本的な欲求である。

② 安全欲求

危険を回避して，安全に生活をしていきたいという欲求である。

③ 社会的欲求

集団への帰属や，仲間から愛情・友情を得たいという欲求である。愛情欲求，所属欲求ともいう。

④ 自尊欲求

他人から独立した個人として認められ，仲間から認められたい，賞賛されたいという欲求である。自我欲求，承認欲求ともいう。

⑤ 自己実現欲求

自分自身の持っている能力・可能性を最大限に引き出し，創造的活動をしたい，目標を達成したい，自己成長したいという欲求である。この自己実現欲求

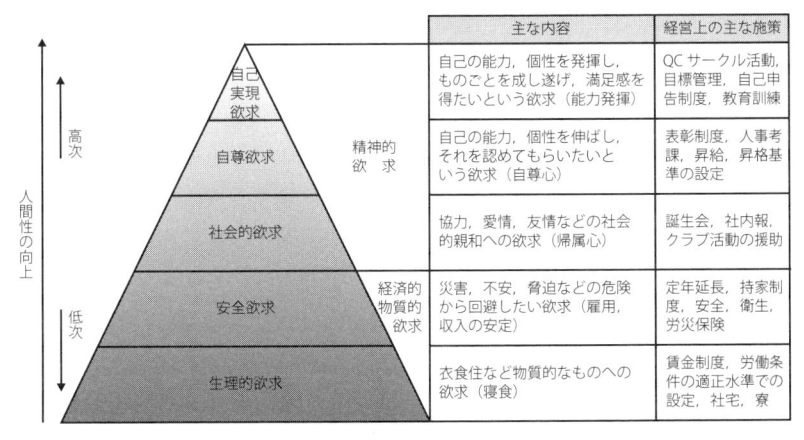

図表2-4　マズローの欲求5段階説

		主な内容	経営上の主な施策
高次 ↑ 人間性の向上 ↓ 低次	自己実現欲求 （精神的欲求）	自己の能力，個性を発揮し，ものごとを成し遂げ，満足感を得たいという欲求（能力発揮）	QCサークル活動，目標管理，自己申告制度，教育訓練
	自尊欲求 （精神的欲求）	自己の能力，個性を伸ばし，それを認めてもらいたいという欲求（自尊心）	表彰制度，人事考課，昇給，昇格基準の設定
	社会的欲求	協力，愛情，友情などの社会的親和への欲求（帰属心）	誕生会，社内報，クラブ活動の援助
	安全欲求 （経済的物質的欲求）	災害，不安，脅迫などの危険から回避したい欲求（雇用，収入の安定）	定年延長，持家制度，安全，衛生，労災保険
	生理的欲求	衣食住など物質的なものへの欲求（寝食）	賃金制度，労働条件の適正水準での設定，社宅，寮

出所：広島安芸女子大学経営学部編『現代マネジメントの基本』泉文堂，2000年，p. 177。

は他の4つの欲求とは異なり，決して満足されることはない欲求であるとされている。

マズローは，生理的欲求と安全欲求の2つは基本的欲求と呼ばれ，他のより高次の欲求の充足の前提になるとされている。そして，マズローによれば，これらの欲求は，低次の欲求がある程度満たされないと，それよりも高次の欲求が現れないという。つまり，低次の欲求が満たされることによって，次の段階の欲求が芽生え，それを満たすために行動を起こすと考えられている。

また，マズローは，一度満たされた欲求は後戻りすることはなく，各層の欲求がそれぞれ満たされると，満たされた欲求はもはや個人を動機づける要因にはならないという。

この理論に基づけば，生理的欲求，安全の欲求，社会的欲求がほぼ満たされた従業員のモチベーションを高めるためには，自尊の欲求，自己実現の欲求を充足させることが必要であることになる。この考え方がベースとなって，従業員の取り組みを認める表彰制度や各自が実現するべき目標を明確にする目標管理制度などが，企業に導入されるようになった（上林・厨子・森田 2010；渡辺 2000；岡田 2008）。

2）マグレガーのX・Y理論

X・Y理論は，1950年代後半にアメリカの経営学者であるマグレガー（D. McGregor）によって提唱された人間観・動機づけにかかわる2つの対立的な理論である。マズローの欲求段階説をもとにしながら，「人間は生来怠け者で，強制されたり命令されなければ仕事をしない」とするX理論と，「生まれながらに嫌いということはなく，条件次第で責任を受け入れ，自ら進んで責任を取ろうとする」Y理論とがあるとその理論を構築している（図表2-5）。

X理論は，マズローの低次欲求（生理的欲求や安全欲求）を比較的強く持つ人間の行動モデルで，命令や強制で管理し，目標が達成できなければ処罰といったアメとムチによるマネジメント手法である。これに対し，Y理論は，マズローの高次欲求（自尊欲求や自己実現欲求）を比較的強く持つ人間の行動モデルで，魅力ある目標と責任を与え続けることによって，従業員を自発的に動かしていくマネジメント手法である。

図表2-5 マグレガーのX・Y理論

X理論	Y理論
1. 仕事は，元来大多数の人にとっていやなものである。	1. 仕事は，条件次第で遊びと同じく，自然なものになる。
2. 大多数の人は，仕事に抱負もなければ，自ら責任をとろうともしない。ただ命令されることを好む。	2. 自治もしくは自律が，組織目標の達成には不可欠である。
3. 大多数の人には組織上の問題を解決するだけの創造力がない。	3. 組織問題解決に必要な創造力を多くの人がもっている。
4. 生理的欲求，安全欲求のレベルでのみ，人は動機づけられる。	4. 人は生理的欲求，安全欲求レベルだけでなく，社会的欲求，自尊欲求，自己実現欲求レベルでも動機づけられる。
5. 大多数の人には厳格に統制し，時には組織目標の達成を強制する必要がある。	5. 人は正しく動機づけられれば，仕事の上でも自律的であり，創造的になれる。

出所：ハーシ・ブランチャード著，山本成二・水野基訳『行動科学の展開―人的資源の活用―』日本生産性本部，1978年，p.77。

　X理論に基づけば，従業員に仕事をさせるためには命令と処罰が必要ということであり，Y理論に基づけば，適切な目標を与え，しっかりと評価すれば，従業員は自発的に仕事をするということである。

　マグレガーは，Y理論に基づくマネジメントの重要性を主張しており，それが従来のX理論に近かった人的資源管理の考え方を大きく変えるきっかけとなった。

　今日，多くの企業が従業員持株制度や労使協議制度などの経営参加制度を制度化しているが，これはマグレガーのY理論によるところが大きい（上林・厨子・森田2010；渡辺2000；佐久間・坪井編2005；岡田2008）。

3）ハーズバーグの動機づけ・衛生理論

　動機づけ・衛生理論は，アメリカの心理学者であるハーズバーグ（F. Herzberg）によって提唱された理論である。ハーズバーグは，仕事に対する満足をもたらす要因と不満をもたらす要因が異なることを示し，前者を動機づけ要因，後者を衛生要因と呼んだ。

　動機づけ要因は，不十分でも不満の原因とはならないが，十分なときは高い

満足感をもたらすものである。一方，衛生要因は，不十分だと不満をもたらすが，十分であっても高い満足をもたらさないものである。それはちょうど衛生状況の悪い状態では病気になるが，たとえ衛生状態に戻したからといって積極的に健康をもたらさないのと同じであるということから，不満足要因を衛生要因と命名した。たとえば，あるデパートのトイレが汚いからそのデパートには行きたくないと考えることはあっても，他のデパートがきれいだからそのデパートに行こうとは誰も考えないのと同じである。

　ハーズバーグは，1959 年にアメリカのピッツバーグ地域に勤務する約 200 人のエンジニアと経理担当者を対象にして，「仕事上特に良かったことや満足を感じたことはなにか」，「仕事について不満を感じたことはなにか」という調査を行い，職務満足の要因とそれが職務遂行に及ぼす影響について分析した。

　その結果，職務満足をもたらす要因としては，① 仕事の達成，② 承認，③ 仕事自体，④ 責任，⑤ 昇進など挙げられた。これらが満たされると満足感を覚えるが，欠けていても職務不満足を引き起こすわけではない。逆に，不満足をもたらす要因は，① 会社の政策と管理，② 監督のあり方，③ 作業条件，④ 上司との人間関係，⑤ 給与などであった（図表 2-6）。これらが不足すると職務不満足を引き起こすが，満たしたからといっても満足感につながるわけではなく，単に不満足を予防する意味しか持たない。

　満足をもたらす要因と不満足をもたらす要因を比較すると，共通点が見られる。すなわち，従業員は職務を「達成」できてよかったと感じ，職務の達成を周りに「承認」されたことで満足感が上がり，「責任」ある仕事を通じて自己が成長したと感じられることで満足感が上がるなど，すべて職務に深い関わり合いがある項目であるということである。一方，不満足要因はどちらかといえば，職務との関係性が相対的に薄い要因が多いことである。

　この理論によれば，従業員の不満を解消することと満足感を高めることは別であり，モチベーションを高めるためには，満足感を高める動機づけ要因の改善が重要であることを示唆している。賃金や労働時間などを改善しても，従業員の満足度を高めることには必ずしもつながらないとする考え方は，人的資源管理に大きな影響を与えることとなった（上林・厨子・森田 2010；渡辺 2000；佐久間・坪井編 2005；岡田 2008）。

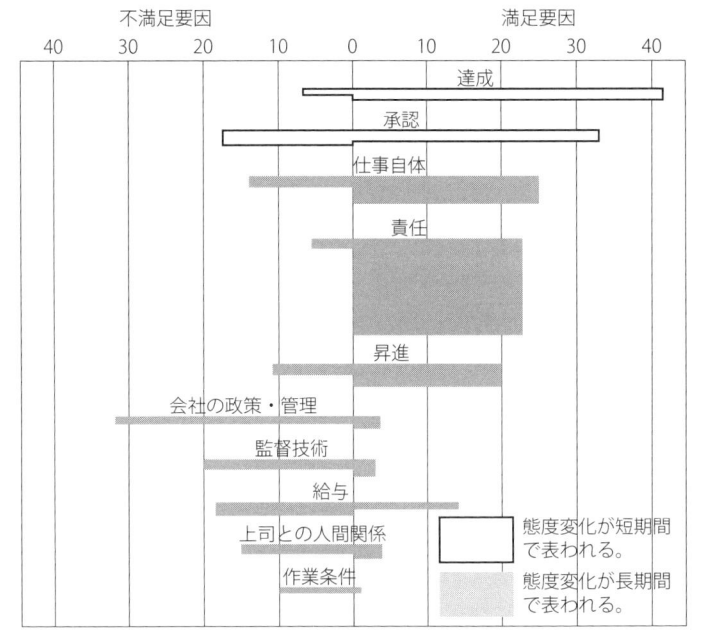

図表2-6　満足要因と不満足要因

```
         不満足要因            満足要因
    40  30  20  10   0  10  20  30  40
                    達成
                    承認
                    仕事自体
                    責任
                    昇進
         会社の政策・管理
              監督技術
                    給与
              上司との人間関係
                    作業条件
                                  □ 態度変化が短期間
                                    で表われる。
                                  ▨ 態度変化が長期間
                                    で表われる。
```

出所：佐久間信夫・坪井順一編『現代の経営組織論』学文社，2005年，p.111。

4）ブルームの期待理論

期待理論（expectancy theory）は，1964年にブルーム（V. H. Vroom）によって提唱された，モチベーションのプロセスやメカニズムに注目したプロセス理論の1つである。期待理論は，人がどのような心理的プロセスで動機づけられ，行動を選択するのかというメカニズムを理論化したものである。期待理論は，人は努力して目標が達成できるという期待と目標達成により報酬が得られるという期待，そして報酬に対する魅力によって，モチベーションが高まるという理論である。

　　　モチベーションの強さ＝努力 × 成果（目標達成）× 報酬の魅力

たとえば，トヨタ自動車販売店のセールスマンがもし多くの車を売ると，会

図表 2-7　期待理論

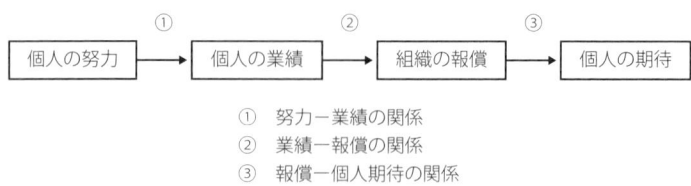

個人の努力 →① 個人の業績 →② 組織の報償 →③ 個人の期待

① 努力－業績の関係
② 業績－報償の関係
③ 報償－個人期待の関係

出所：筆者作成。

社からボーナスアップのみならず昇進が期待されるとすれば，複数の魅力ある報酬をもたらすことが期待されるので，セールスマンの仕事に対する動機づけは強くなることになる。

したがって，個人が報酬に高い価値を認め，努力すれば報酬が得られると感じる期待が高ければ高いほど，人はより一層努力するという合理的な考え方によって人間は行動する。

個人の高いモチベーションが生じるには，①個人の努力が一定の業績に結びつく可能性が高く，②そうした業績が何らかの報酬をもたらす可能性が高く，③そうした報酬が自分の期待に照らして魅力的であるものである，と個人自身が感じることが必要なのである（図表2-7）。

期待理論によれば，モチベーションを高めるためには，達成できる目標と目標達成時に得られる報酬を設定することが必要である。また，プロセス理論に基づけば，従業員のモチベーションを向上させるためには，個々の目標，成果や努力に対する評価，および報酬の関係性を明確にすることが重要である。このような考え方は，今日の人的資源管理のベースとなっている（渡辺 2000；奥林・上林・平野 2010；岡田 2008）。

4. 人的資源管理論

人的資源管理は経営管理の一分野である。経営管理の中には生産管理，マーケティング管理，財務管理，研究開発管理などと並んで人的資源管理が含まれる。

人的資源管理が初めて生成し，その理論や実践的体系が整備されるようになったのは，アメリカにおいてである。アメリカにおける人的資源管理の発展には，大きく科学的管理，人間関係管理，行動科学的管理という3つの段階に分類できる。これらの理論は世界各国に大きな影響を与え，とりわけ日本もその影響を強く受け，戦後の人的資源管理は多くの点で，アメリカを拠り所にして展開されてきた。

　人的資源という言葉は，すでに1960年代に発達した人的資本理論や行動科学理論に基づいて，Personnel に代わって Human Resource という用語が使われ始めた。1960年頃に生成した人的資本理論では，「経済的資源として人間」を重視する考え方である。この理論では，経済成長の最大の貢献要因はその一国社会の人的資源であり，人的資源が保有する生産能力としての人的資本に投資してその価値を高めることが，一国経済の生産性を高め，国民所得の増大をもたらすことになる。すなわち，人的資本理論は，企業における人的資源は教育訓練投資によってその生産能力としての人的資本の価値を高めることができ，その価値に応じて将来的に企業に対して，より大きな経済的価値をもたらすという考え方である（岡田 2008, pp. 142-143）。

　また，行動科学理論では，従業員を人格を持った人間的存在としての人間を重視する考え方である。1960年代に著しい発展を遂げた行動科学理論では，人間は生来的に高度の知的能力を持ち，高次元の欲求充足を求める存在であることが強調された（岡田 2008）。

　人的資源管理論は，これまでの科学的管理論や人間関係論，そして行動科学論の影響を受けながら，これらの理論をベースとして発展してきた。人的資源管理は近年，戦略的人的資源管理（Strategic Human Resource Management: SHRM）と呼ばれ，戦略と人的資源管理を結びつけて議論するための理論的基礎が多くの研究者によって行われている（図表2-8）。

　戦略的人的資源管理は，人的資源を企業の最も重要な競争要素として見做し，この資源を戦略的にいかに開発し，活用するかが今日の企業の成敗の鍵であるというイデオロギーに基づいて発展したものである。人を見る目として人的資源管理が投資価値のある資源として捉えているのに対し，戦略的人的資源管理は持続的な競争優位の源泉として捉えている点で異なる（岡田 2008；石

田他 2002)。

図表 2-8 人的資源管理論の変化

	人事・労務管理論（PM）	人的資源管理論（HRM）	戦略的人的資源管理論（SHRM）
時代	1960 年代半ば頃まで	1980 年代の半ば頃まで	現在に至るまで
人を見る目	コスト	投資価値のある資源	持続的な競争優位の源泉
焦点	集団管理	個別管理	個別管理
人材マネジメントモデル	コントロールモデル	コミットメントモデル	戦略モデル

出所：蔡芢錫「経営戦略と人材マネジメント：戦略的人的資源管理論」石田英夫他『MBA 人材マネジメント』中央経済社，2002 年，p. 31.

□引用・参考文献

石田英夫・梅澤隆・永野仁・蔡芢錫・石川淳『MBA 人材マネジメント』中央経済社，2002 年。
岩出博『戦略的人的資源管理論の実相』泉文堂，2002 年。
奥林康司・上林憲雄・平野光俊『入門人的資源管理』中央経済社，2010 年。
岡田行正『アメリカ人事管理・人的資源管理史（新版）』同文館，2008 年。
開本浩矢『入門 組織行動論』中央経済社，2007 年。
上林憲雄・厨子直之・森田雅也『経験から学ぶ人的資源管理』有斐閣, 2010 年。
佐久間信夫・坪井順一編『現代の経営組織論』学文社，2005 年。
佐護譽『人的資源管理概論』文眞堂，2003 年。
西川清之『人的資源管理論の基礎』学文社，2010 年。
原口俊道『モチベーションの研究』高城書房，1985 年。
ハーシ・ブランチャード著，山本成二・水野基訳『行動科学の展開―人的資源の活用―』日本生産性本部，1978 年。
渡辺峻『人的資源の組織と管理』中央経済社，2000 年。

■演習問題

I．次の文章の（　）の中に適切な言葉を書き入れなさい。
1．（　　　　）は，アメリカのテイラーによって考え出された（　　　　）の向上に関する理論で，（　　　　）とも呼ばれる。
2．課業を達成した者には高い報酬を，達成しえなかった者には低い報酬を与える刺激賃金制度を（　　　　）という。
3．人間の心理的・社会的側面を重視しなければ（　　　　）の向上は期待できないとする新たな考え方を示したのが，（　　　　）であり，この理論は（　　　　）によって提唱された。
4．（　　　　）は，人間の欲求を生理的欲求，安全の欲求，（　　　　），（　　　　），（　　　　）の5つに分類している。
5．（　　　　）は，仕事に対する満足をもたらす要因を（　　　　），不満をもたらす要因を（　　　　）と名付けた。この理論を（　　　　）という。

II．次の問題を説明しなさい。
1．人間関係論の歴史的意義を科学的管理論との比較から説明しなさい。
2．マズローの欲求5段階説が今日の企業の人的資源管理に，どのように応用されているかを説明しなさい。

第3章
人事制度と人的資源管理

1. 人事制度とは

　企業を支えているのは「人」であり，その「人」が集まったものが「組織」である。その組織にいかに力を発揮してもらって業績を上げていくか。それが企業の成長に直結することは明らかであり，企業の存在意義そのものでもある。人事制度とは，従業員の人事処遇に関する仕組み全般を示すものである。人事制度は，従業員の社内での位置づけを定め，公正な評価と処遇を実現することにより，人的資源管理の合理化や人材の育成，そしてモチベーション向上などを図る役割を果たす。従業員の仕事や報酬に関する基準やルールがあれば，効率よく，かつ公正に仕事や報酬を決めることができる。また，評価の過程で上司と部下が能力発揮について話し合うことにより人材育成が進み，能力や成果に応じた報酬が支払われることにより従業員のモチベーションが向上する。これらの効果が期待できることから，企業は人事制度を構築しているのである。

　中小企業では，制度そのものが存在しない場合もあるが，組織が大きくなっていくと，企業の運営面からも，従業員と経営者の信頼関係構築という面からも，人事制度の構築は欠かせない。大企業では，人事部門の中に人事制度の構築・運用を専門とする担当者がおかれている場合もある。

　人によっては，賃金制度や評価制度，昇進・昇格制度などの個々の制度を人事制度と呼ぶこともあるが，ここでは個々の人事制度を設計し，運用していく際の人的資源管理の最も基盤となるシステムを「人事制度」として用いることにする。また，人事制度の最も中心的役割を果たすのが等級制度である。した

がって，人事制度という場合，等級制度を指すことが多い。等級制度とは，従業員を能力・職務・役割などによって序列化し，従業員の社内での位置づけを決める仕組みである。一般的に社員格付け制度ないし社員等級制度ともいう。等級制度は人事制度全体の柱となるもので，人的資源管理を行う上でとても重要な位置づけとなっている（図表 3-1）。

図表 3-1　人的資源管理における人事制度の位置づけ

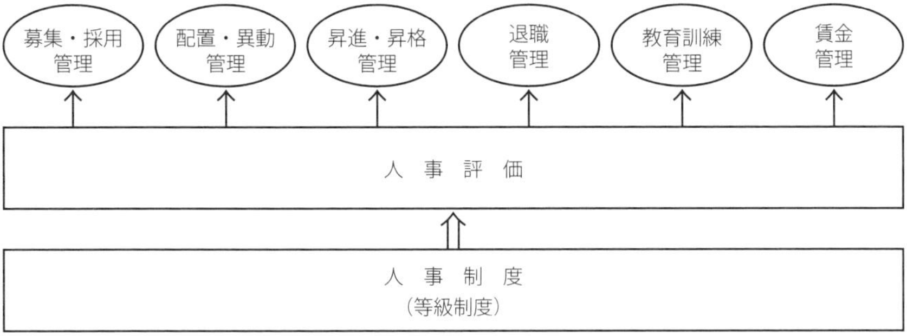

```
┌────────┐ ┌────────┐ ┌────────┐ ┌────────┐ ┌────────┐ ┌────────┐
│募集・採用│ │配置・異動│ │昇進・昇格│ │ 退職  │ │教育訓練│ │ 賃金  │
│  管理  │ │  管理  │ │  管理  │ │  管理  │ │  管理  │ │  管理  │
└────────┘ └────────┘ └────────┘ └────────┘ └────────┘ └────────┘
    ↑         ↑         ↑         ↑         ↑         ↑
┌──────────────────────────────────────────────────────────────┐
│                       人　事　評　価                         │
└──────────────────────────────────────────────────────────────┘
                              ↑
┌──────────────────────────────────────────────────────────────┐
│                       人　事　制　度                         │
│                        （等級制度）                          │
└──────────────────────────────────────────────────────────────┘
```

出所：筆者作成。

2. 人事制度の種類

　人事制度には，職能資格制度，職務等級制度，役割等級制度がある。人事制度の基軸となるものは，職能資格制度では能力，職務等級制度では職務，役割等級制度では役割である。それぞれ能力基準，職務基準，役割基準といえる（図表 3-2）。

　人事制度の基軸である能力・職務・役割のうち，何を重視するかはそれぞれの企業の人事戦略によって異なる。3 つの人事制度にはメリット・デメリットがあり，それぞれの制度は運用面において大きな違いがある。職務等級制度は合理的とはいえ，全社員に適用するには限界がある。各制度のもつメリット・デメリットを考慮し，能力主義・職務主義・役割主義を取り入れた人事制度を構築する必要がある。

　近年の日本企業の人事制度の改革の動きをみると，「職能資格制度と職務等

図表3-2 人事制度の比較

基軸	職能資格制度 能力（能力基準）	職務等級制度 職務（職務・仕事基準）	役割等級制度 役割（役割基準）
メリット	●人事異動・職務変化に適し組織の柔軟性が保てる ●資格重視でポスト不足に対応しやすい ●ゼネラリスト育成に適する ●職務評価なしでも運用可能 ●社員にとって安心感があり	●職務と賃金がマッチし合理的 ●専門家育成には効果的 ●職務内容が明確になる ●不要職務は抑制される ●総人件費が低めになる	●役割と賃金がマッチし合理的 ●自らの役割設定・拡大で，変化に対応 ●役割が明確になる ●役割評価が比較的容易 ●役割重視でポスト不足に対応が可能 ●総人件費は若干低めになる
デメリット	●資格等級と職務内容にずれが生じやすい ●年功的運用に陥りやすい ●中高齢者が多いと適さない ●賃金と成果を比較し，若年層に過払い，中堅層の過少払い等の賃金の貸借が発生する ●総人件費は高めになる	●組織・職務が硬直化しやすい ●ポスト不足の対応が困難 ●職務評価にノウハウが必要 ●高い運用力が要求される ●職務が変わらないと賃金が上がらない	●制度導入当初から役割等級の信頼性を確保するには，ノウハウが必要 ●役割評価表のメンテナンス等，運用力はある程度要求される ●役割の設定・拡大を好まない社員には不利になる

出所：堀田達也『等級制度の教科書』労務行政，2010年，p. 33。

級制度の併用」や「職務等級制度と役割等級制度の併用」そして「職能資格制度と役割等級制度の併用」が見られる。このうち，職能資格制度のメリットである社員の能力を重視しつつ役割をよく考えさせ，あわせて成果を求めていこうというハイブリッド型人事制度の導入が多くみられる。したがって，今後，日本の企業ではそれぞれの人事制度のメリットを生かしたハイブリッド型人事制度が主流となるとされている（平野2006）。

3. 職能資格制度

(1) 職能資格制度とは

職能資格制度（skill-based grade system）とは，企業内の従業員を職務遂行能

力により資格等級（職能資格等級）を設定し，資格等級を基準に人事処遇を行う制度である。一般的に，職能要件書などと呼ばれる等級ごとの能力の定義を行い，従業員に期待される能力水準をもとに等級の位置づけを行うものである。野球のピッチャーを例でみると，同じピッチャーであっても各人が得意とする決め球とコントロールはさまざまである。その能力レベルに従って等級を区分し，各人を格付けたのが職能資格制度である（図表3-3）。

職能資格制度は，日本型能力主義管理を推進するために導入された制度である。日本で職能資格制度が導入された背景は，以下の理由からである（日経連職務分析センター編1982）。

① 組織の効率化と管理職の処遇

第1次石油危機とその後の減速経済・低成長経済を乗り切るために，多くの企業は競って自社の組織の見直しを行い，効率化・省力化を目指して組織改定に取り組んできた。この結果，それまでの高度経済成長の波の中で肥大化した企業組織のスリム化と重層化した管理階層のフラット化はかなり達成されたが，それに伴って役職ポストが減少することとなった。役職ポスト中心の処遇管理を行ってきた日本の企業ではポストの減少は，処遇の行き詰まりを顕在化させることになり，これに代わる新しい処遇制度を構築する必要性を生むことになった。

② 高学歴化および団塊の世代への対応

図表3-3　職能資格制度のイメージ（ピッチャーの例）

各投手（人）	評価基準	職能等級	職能基準
佐藤	決め球とコントロールのレベル	4級	フォーク，シュート，カーブ，スライダーなど，複数の決め球を持ちコントロールがよい。
田中		3級	フォーク，シュート，カーブ，スライダーのうち1つは決め球を投げられる。コントロールはまずまずである。
山本		2級	決め球はないが，コントロールはよい。
鈴木		1級	決め球もなく，コントロールはいまひとつである。
山田			

出所：元井弘『役割業績主義人事システム』生産性出版，2009年，p.37。

高齢化の進行は企業に対して企業内人員構成の変化をはじめさまざまな影響を及ぼしていた。日経連高学歴化問題小委員会が取りまとめた「高学歴化問題について」の報告（1977年12月）でも高学歴化の進展に伴う問題の基本認識として，① 高学歴者の現実の能力と学歴社会が保障してきた能力との乖離現象，② 企業内の高学歴者の処遇，なかでも昇進の停滞，組織運営の非効率化とそれに伴う従業員のモラル低下現象などをあげており，企業としてもこれらの問題点を念頭において従業員の処遇体系を考える必要が生じてきた。

また，当時注目しなければならない問題として，いわゆる「団塊の世代」への対応があげられる。ここでいう団塊の世代とは，高度経済成長時代に，企業規模拡大に合わせて大量に採用した大卒者のことであり，この層が管理職適齢期の時代に入ったことである。

このような状況の中で，これまでの年功序列，学歴中心の処遇，役職ポスト中心の管理方式では行きづまりが生じ，いわゆる「管理職予備軍」が増大する現象に対してどのような対応策を講ずるかが問題となってきた。

③　企業内人員構成の高齢化と処遇問題

企業内人員構成がピラミット型になっていれば，高齢者層に比べ若年者層が多い状況になるため，年功型賃金を採用しても企業の人件費は抑えられ経営上大きな圧迫要因とはならない。しかし，先述のように企業内での高齢者層の肥大化が進行しかつ雇用期間が延長されることになると，これまでの年功型賃金体系では本人の担当職務や職務遂行能力とは関係なく賃金が上昇していくため，企業の人件費負担が経営管理上の重大な問題として顕在化することになった。

また，雇用期間の延長は，役職ポストについている者の退職も延長されることになるため，役職ポストの新陳代謝の速度が鈍くなり，役職ポストへの昇進年齢も次第に高くなる。このような人事の停滞を緩和し従業員のモラルを維持していくためにも新たな人事処遇制度が必要になってきた。

④　人事制度の年功化

多くの企業の人事処遇制度の運用実態が，従業員の担当職務や職務遂行能力に基づいた人事処遇管理ではなく，勤続年数や年齢あるいは学歴を中心とした年功的処遇管理の色彩が強かった。このことは一方で従業員間の処遇上の不透

明感を生み，従業員の不満や不信感を強くしていた。また，このような年功的処遇管理が社内に高資格の従業員を増加させ，人件費の増大に拍車をかけることにもなってきた。

⑵ 職能資格制度の設計

職能資格制度を設計するに当たっては，まず軸となる職能資格制度の枠組みや職能資格ごとの能力要件を明らかにした職能資格基準を設定する（図表3-4）。すなわち，次のような作業を行う（日経連職務分析センター編1989）。

① 役割やキャリア形成からみた縦割り区分としての「職掌」の設定
② 職務遂行能力の段階からみた横割り区分としての「職能資格」の設定

職掌とは，従業員の役割区分，キャリア形成などからみて，その差異を明らかにした縦割り区分をいう。事務職掌，販売職掌，技術職掌，技能職掌，管理職掌，スタッフ職掌，専門職掌といった区分例を挙げることができる。職掌の下位単位として，職群や職種が用いられることもある。また，「総合職掌」と「一般職掌」に大別する場合もある。

総合職掌とは，長期勤務を前提として，計画的に定型的業務から非定型的業務を経て基幹的・判断的業務へと経験を積み，キャリア形成に努め，将来，管理職（管理職掌，スタッフ職掌，専門職掌へのいずれか）への道が拓かれ，キャリア形成過程で国内外の転勤や異動が必要な者をいう。また，一般職掌とは，補助的業務，定型的業務，定例的業務と段階を踏むが，実務や職能経験の範囲内とする者で，キャリア形成上，国内外の転勤や異動を必要としない者をいう。

⑶ 職能資格制度の運用上の特徴

一般に，職能資格が上がることを昇格という。昇格の基準には，卒業方式と入学方式があり，前者は，現在の資格に求められる能力要件を満たしたときに，上位資格に昇格させるもので，後者は，現在の資格だけでなく上位資格に求められる能力要件を満たしたときに，その資格に昇格させるものである。

職能資格制度の大きな特徴の1つは，昇格（処遇）と昇進（配置）の分離にある。職能資格制度においては，資格と役職位が一定の範囲をもって設定され

図表 3-4　C 社の職能資格基準

職掌等級	管理職掌	専任職掌	技術職掌
9	店，本社の課長として組織を統括管理し，担当業務の仕事分類表 MS 級課業全般について十分できる職務遂行能力	営業，事務，調査，研究，企画，開発，および技能に関する幅広い高度の業務を担当し，MS 級代表課業については，完璧にできる職務遂行能力	学校その他専門的教育によって修得される専門的な技術，能力を要する幅広い高度の業務を担当し，MS 級代表課業については，完璧にできる職務遂行能力
8	店，本社，事業部門の係長として組織を統括管理するとともに，担当業務の MS 級代表課業を完全にできる職務遂行能力	営業，事務，調査，研究，企画，開発，および技能に関する担当業務の MS 級代表課業を完全にできる職務遂行能力	学校その他専門的教育によって修得される専門的な技術，能力を要する担当業務の MS 級代表課業を完全にできる職務遂行能力
7	店，本社，事業部門の係長として組織を統括管理するとともに，担当業務の MS 級代表課業を十分にできる職務遂行能力	営業，事務，調査，研究，企画，開発，および技能に関する担当業務の MS 級代表課業を十分にできる職務遂行能力	学校その他専門的教育によって修得される専門的な技術，能力を要する担当業務の MS 級代表課業を十分にできる職務遂行能力
6	店，本社，事業部門の係長として組織を統括管理するとともに，担当業務の MS 級代表課業を標準的にできる職務遂行能力	営業，事務，調査，研究，企画，開発，および技能に関する担当業務の MS 級代表課業を標準的にできる職務遂行能力	学校その他専門的教育によって修得される専門的な技術，能力を要する担当業務の MS 級代表課業を標準的にできる職務遂行能力

職掌等級	一般職掌
5	通常の販売，サービス，定型的事務，作業，技術業務を担当し，担当業務の D 級代表課業を完全にできる職務遂行能力
4	通常の販売，サービス，定型的事務，作業，技術業務を担当し，担当業務の D 級代表課業を十分にできる職務遂行能力
3	通常の販売，サービス，定型的事務，作業，技術業務を担当し，担当業務の仕事分類表 C 級課業を十分できる職務遂行能力
2	通常の販売，サービス，定型的事務，作業，技術業務を担当し，担当業務の仕事分類表 AB 級課業を十分できる職務遂行能力
1	通常の販売，サービス，定型的事務，作業，技術業務を担当し，担当業務の仕事分類表 AB 級課業を標準的にできる職務遂行能力

出所：日経連職務分析センター『新職能資格制度―設計と運用』日経連広報部，1980 年，p. 174。

ている。その資格と役職位の運用は，昇格が先であり，昇進が後で行われる仕組みとなっている。すなわち，課長という職位は4級に対応されているが，これは課長の職に就くには，少なくとも4級以上の能力が必要であることを意味している。したがって，3級以下からは課長の部分的業務は分担するとしても課長職位に就くことはできない。そして課長は4級，5級，6級の資格者から選ばれる（図表3-5）。

図表3-5　資格等級と役職位の対応関係

等級	資格呼称	対応役職位
8等級	理事	本部長
7等級	副理事	部長
6等級	参与	課長
5等級	参事補	課長
4等級	主事	係長
3等級	主務	係長
2等級	社員1級	
1等級	社員2級	

出所：筆者作成。

　このように，職能資格制度の下では役職昇進のために，まず一定の資格に昇格することが前提とされている。つまり，4級に昇格してもポストが空いていないと役職昇進することはできない。いわゆる「先昇格後昇進」ということになる（楠田 1989）。

4. 職務等級制度

(1) 職務等級制度とは

　職務等級制度（job grade system）は，職務を基軸にしてその価値の大きさなどにより等級を区分し，人事処遇を行う制度である。野球を例にみると，野球には投げる，打つ，受ける，守るという職務がある。それぞれの職務は重要度や困難度など価値が異なる。各職務をその相対的価値により格付けたのが職務等級制度である（図表3-6）。

　職務等級制度の下では職務と等級が対応しており，この職務等級制度をベー

図表 3-6　職務等級制度のイメージ（野球選手の例）

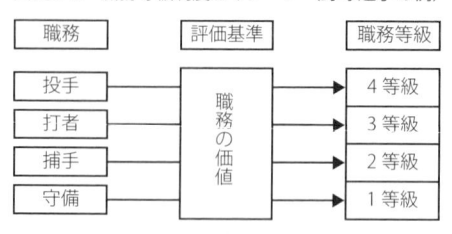

職務	評価基準	職務等級
投手	職務の価値	4等級
打者		3等級
捕手		2等級
守備		1等級

出所：筆者作成。

スとした賃金が職務給である。「同一職務・同一賃金」の思想が根底にある。職務給は，社内のすべての職務について，その価値・難易度及び労働条件などを測定し（職務分析），その結果に基づいて定められた職務の序列（職務評価）を反映して決定される。職務ごとに賃金があらかじめ決められ，そこに社員が当てはめられる。したがって，同じ仕事は誰がやっても同じ賃金となり，基本的に定期昇給という概念がなく，同じ仕事（職務）をしている間は賃金の上昇はない（図表 3-7）。

アメリカでは 1964 年に公民権法（人種，皮膚の色，宗教，性別，出身地などの相違による一切の差別を禁止・撤廃する法律）が制定され，賃金の差が合理的な理由に基づくことを証明する必要があったため，職務等級制度・職務給が導入されるようになった。

職務等級制度や職務給を設計するためには，職務分析や職務評価を実施しなければならない。一般的には，①職務分析→②職務評価→③職務等級制度の

図表 3-7　職能資格制度と職務等級制度の比較

	職能資格制度	職務等級制度
基本要件	保有能力をベースとする制度	職務価値をベースとする制度
根底の思想	人に職務をあてはめる（人優先）	職務に人をあてはめる（職務優先）
等級と役職の対応	職能資格等級と役職の分離	職務等級と役職の一致
賃金	職能給	職務給
昇格と昇進	昇格優先（能力昇進）	昇進優先（職務昇進）

出所：平野光俊『日本型人事管理―進化型の発生プロセスと機能性』中央経済社，2006 年，p. 42 より再作成。

設計→④ 職務給の決定の手順で行われる（笹島 2008）。

(2) **職務分析**

職務分析（job analysis）とは，職務の情報を広く調査・分析し，職務内容を明確化することである。職務に関する情報収集は 4W1H に基づいて行われる。すなわち，① what（作業内容），② how（作業方法），③ why（作業目的・責任），④ where（作業環境・場所），⑤ when（作業時間）を分析する。さらに，

図表 3-8　職務記述書・職務明細書の例

職務記述書		
職位：スタッフ・アシスタント I 級 購買 事務所： 部門：購買部 場所：	会社名 作成月日 1989 年 9 月 13 日 改訂月日 記述書番号：	
I．職位概要： 　一般的監督の下で，率先性および会社の諸業務と組織に関する知識を要する管理・秘書・事務・購入の課業を遂行する。管理者が不在の場合には，基本的購買職能を補助・遂行し，職場の仕事の流れを維持する。		
II．権限範囲：業務予算 $　　　　年度 　　　販売または生産額：$　　　　部門 　　　売上，収入，利益および費用に対する直接的または間接的影響		
III．主要な遂行責任および結果責任： ・口述を書きとり，書信・購買請求書・注文書をタイプし，かつそれらを校正する。 ・当該部門への来信の開封，仕分け，配付を行う。 ・高金額の注文に対する請書を保管する。 ・当該部門の書信や記録を保管する。 ・繰り返し行われる注文の価格を照合し，最終的注文書のタイプのために購入請求書の整理を補助し，期限を過ぎた注文品の納入を督促する。 ・デザイン保管室，出し入れおよび包装に関する色彩基準ファイルを管理する。 ・納入業者カードを保管・更新する。 ・原材料カタログ（たとえば，現行価格や包装単位）を常に更新することに責任を負う。 ・見積りの依頼，原料・サービスの購入および管理者不在時の機能を代行することにより購買マネジャーを補佐する。 ・購買部門スタッフの面会のスケジュールを管理し，納入業者を受け付け，面会する。	IV．組織内の地位 　A．報告すべき上司：購買部長 　B．直接管理する部下： 　C．間接管理する部下： V．関係 　A．内部：販売・マーケティング，製造，印刷，研究，技術の各部門 　B．外部：外部の納入業者および販売員。	
	職　務　明　細 （必要な資格要件を記入すること）	
	I．教育： 高校卒業または同等の教育水準。特定の秘書訓練を受けていることが望ましい。 II．経験： 最低 5 年の専門的秘書経験。このうち 1 年間は購買部門での経験が必要。 III．技能： タイプ，英語の文法，スペリング，パンクチュエーション，速記，機械による書き換えを含む秘書的技能に卓越していること。 IV．専門的知識： 会社の政策，手続，組織についての知識および購入手続に関する基本的知識を有すること。 V．その他： 専門家としてのマナーを維持し，義務・責任を日々遂行するに際して率先性，判断，気転，および自由裁量を保有すること。	
	承　　諾	
	担当者（氏名） 　　　（職名） 上　司（氏名） 　　　（職名） 人事部（氏名） 　　　（職名）	署名　　　　　　　日付 署名　　　　　　　日付 署名　　　　　　　日付

出所：竹内一夫『人事労務管理』新世社，2001 年，p. 52。

個々の職務について，課せられている仕事の内容や職務遂行過程で要求される能力（精神的能力，身体的能力），職務遂行過程で受ける負荷（精神的負荷，身体的負荷）などを分析する。職務分析の結果は職務記述書として整理され，職務評価のみならず，採用や配置，昇進・昇格管理，人事考課，職務給の決定，教育訓練，定員算定の基礎資料として広く活用される。

職務記述書（job description）は各職務について職務分析を行った結果を職務ごとに記述したものであり，職務分類，職務評価と並んで職務分析の重要な資料である。職務記述書には一般に，職務名，職務内容の概要，職務の組織内での位置づけ，職務上の責務，職務遂行に必要とされる知識・技能などが記述される。さらに，その職務を遂行するのに必要な職歴，経験年数，必要な教育水準などの資格要件を職務明細書（job specification）として記述される（図表3-8）。

職務分析の方法には，①観察法（分析担当者が職務を実際に観察することによって，具体的に事実を把握し，情報を収集する方法），②質問法（職務分析の定式にしたがって作成された質問票を用いて，現場の従業員あるいは管理，監督者に記入してもらう方法），③面接法（職務遂行担当者や監督などとの面接によって職務に関する情報を収集する方法），④体験法（職務分析担当者が職務遂行担当者に代わって職務活動を実際に行い，自己の体験によって職務内容を把握し記述する方法）などがある。

(3) **職務評価**

職務評価（job evaluation）とは，職務分析によって得られた情報をもとに，従業員のそれぞれに課せられている職務について，その困難度や責任，作業条件等に応じて，その相対的価値を評価し，格付けすることである。職務評価には一般に，①精神的要件，②肉体的要件，③責任，④作業条件といった指標が用いられる（佐護2003）。

職務評価の方法には，職務を全体としてとらえ相対的価値で比較評価する非量的評価方法である序列法，分類法と職務を要素ごとに分解して比較評価する量的評価方法である要素比較法，点数法などがある（図表3-9）。

図表 3-9　職務評価法の比較

比較の基礎	比較の範囲	
	全体としての職務 (非量的)	職務の部分または要素 (量的)
職務対職務	序列法	要素比較法
職務対尺度	分類法	点数法

出所：佐護譽『人的資源管理概論』文眞堂，2003年，p.160。

① 序列法

　序列法は，各職務を全体として相互に比較して，困難度や責任度などに応じて価値序列をつける方法である。序列法には，高い順位で並べていく単純比較法と，2職務ずつ組み合わせ，比較評価する一対比較法がある。

　評価が簡単で時間があまりかからないというメリットはあるが，評価するのに全職務に精通する社員が必要となる。また，主観が入りやすいというデメリットもある。

② 分類法

　分類法は，職務の困難度や責任度などにより，あらかじめ定めた職務等級基準に照らし，最も合致する定義の等級に当てはめる方法である。

　評価が容易で手順が簡単であるというメリットがある。反面，職務等級基準の作成に時間がかかり，職務間の共通の基準設定が簡単でなく，主観が入りやすいのがデメリットである。

③ 点数法

　点数法は，職務の困難度や責任度などの各要素ごとに点数をつけ，職務価値を測定する方法である。評価要素ごとに段階別点数を求め，その合計点を算出し，職務価値を把握する。この方法は，分析的で主観が入りにくいというメリットがあるが，職務評価全体に多大な時間がかかり，職務分析などの高度専門知識を要するというデメリットがある。

④ 要素比較法

　要素比較法は，あらかじめ評価要素を決めておき，その評価要素ごとに職務を比較評価する方法である。該当する要素ごとの賃率を合計して求めることができる。具体的には，「評価要素の選定」→「基準職務の選定」→「基準職務の

評価」→「要素別の賃率選定」→「全職務への適用（評価）」という手順で実施される。

　この方法は序列法と点数法の良い点をあわせもった方法であるが，手順が複雑であるというデメリットがある。特に，日本には社会的に賃率が形成されていないため，実際に実施することは難しい。

　以上のようにさまざまな職務評価の方法があるが，アメリカでも日本でも点数法が最も多く採用されている。

5. 役割等級制度

(1) 役割等級制度とは

　役割等級制度（mission grade system）とは，それぞれの役職や仕事に求められる役割の大きさ・重要度により等級を設定し，人事処遇を行う制度である。職能資格制度と職務等級制度のデメリットを排除したハイブリッド型等級制度といえる。つまり，能力をベースに，仕事で成果を上げる役割・職責を基準としたものである。

　役割とは，企業が組織に求める基本的に果たすべき重要事項，組織がポスト等に応じて社員に求める基本的重要事項であり，それに加え時代の変化に速やかに対応し，あるいは企業・組織・社員のレベルアップを目指して，社員が自ら設定し，場合によっては拡大することが期待される基本的重要事項である（堀田 2010）。

　換言すると，役割等級制度は職責を果たすために進んでとるべき行動を簡素化し，大くくりにしたものである。そこには定型化・細分化された職務だけでなく，たとえば管理職ならば事業の拡大・革新に向けて「日常的に業務プロセスの改善を行う」「社内のみならず社外の関係者とも調整を行い，解決策を導き出す」といった，ポジションに応じて期待される非定型的な業務も含まれる。企業が期待する役割や社員が自ら拡大すべき役割を等級ごとにまとめたのが，役割基準書である。「同一役割・同一賃金」を前提として，年齢やキャリアに関係なく，難易度・期待度の高い役割で成果を上げれば，それに見合う賃

図表 3-10 役割等級制度のイメージ（ピッチャーの例）

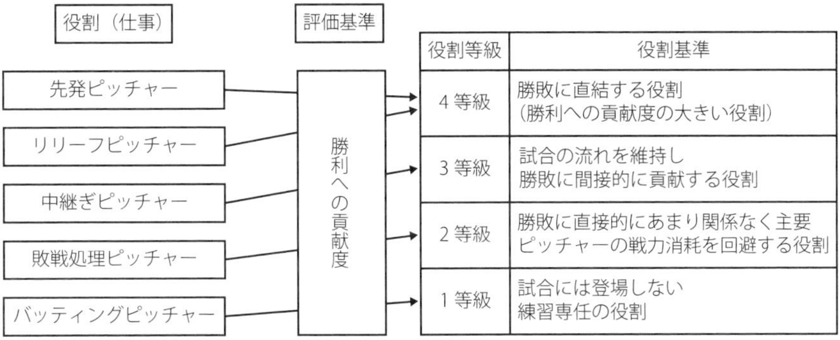

役割等級	役割基準
4 等級	勝敗に直結する役割 （勝利への貢献度の大きい役割）
3 等級	試合の流れを維持し 勝敗に間接的に貢献する役割
2 等級	勝敗に直接的にあまり関係なく主要 ピッチャーの戦力消耗を回避する役割
1 等級	試合には登場しない 練習専任の役割

役割（仕事）：先発ピッチャー、リリーフピッチャー、中継ぎピッチャー、敗戦処理ピッチャー、バッティングピッチャー

評価基準：勝利への貢献度

出所：元井弘『役割業績主義人事システム』生産性出版，2009 年，p. 36 より再作成。

金として役割給が得られる。

野球のピッチャーを例でみると，ピッチャーには先発ピッチャーからバッティングピッチャーまでいろいろな役割を持ったピッチャーがいる。また，その役割の大きさや重要度は，勝敗に最も影響する役割から試合には登場しない練習専任の役割に分かれる。各ピッチャーは監督から役割を指示され，自分が担当する役割で自動的に役割等級が決まる。各ピッチャーは，役割の変更があると変更後の役割等級に変わることになる。監督はチームの中で，最も勝利が期待できる組み合わせで各ピッチャーの役割を決める（図表 3-10）。

(2) 役割等級制度の設計

役割等級制度を構築するための一般的な流れは，次のとおりである。
① 等級数を決める。
② 等級ごとの定義（概要）を決める。
③ 等級ごとに代表職務を選ぶ。
④ 代表職務の分析。
⑤ 役割分析の結果から，等級定義（詳細）を決める。

(3) 役割等級の区分と基準

役割の種類の区分は，営業職群，技術職群，生産職群，研究開発職群などの

職種・職群の区分である。役割の階層や役割等級の区分は，各役割を評価し，格付けする際の要素・観点である，役割内容の重要度，仕事の範囲や職責の大きさ，職務難易度，期待される成果などから決定し，現実に課せられている組織的な役割・機能のレベルに対応している。役割等級の体系は，全職群共通の全社統一の役割等級体系とマネジメント職群・プロフェッショナル職群（スペシャリスト職群）・エキスパート職群・スタッフ職群などの職群別の役割等級体系がある。

　役割等級は，役割評価を行い，その役割のレベルの差異を反映して区分される。その手法としては，分類法，点数法，序列法，要素比較法などがある。役割等級制度を導入している企業では，職種や職位階層ごとにいくつかの等級を設け，その等級を役割の高低に応じて決定している。処遇のための役割の評価は目標管理によって実施され，担当職務に本来求められる責任に加えて，目標以外の課題を主体的に取り組み，どの程度成果を達成したかを総合勘案して役割等級が決定される。役割等級は定期的に見直される。

　〈図表3-11〉は営業職群の役割等級基準を示したものである。

図表3-11　営業職群の役割等級基準の例

営業セールスとして，市場情報やネットワークを有し，卸商社や量販店あるいは専門店等の小売店を担当し，自社・他社の商品・市場について精通し，売上・利益および新規開拓の目標を掲げて営業業績を維持・向上させる役割		
役割等級	代表職位	役割の概要
S4	チーフ営業	チーフ営業として，営業ノウハウを駆使して，営業活動全般を行い，衆目が認める営業業績を維持・向上させているハイパフォーマーのセールス
S3	シニア営業	ハイパフォーマーのセールスとして，営業ノウハウを駆使して，営業活動全般を行い，一定以上の営業業績を向上させ，かつそれを維持しているセールス
S2	営業推進	営業セールスとして，営業ノウハウを駆使して，営業推進活動を行い，一定以上の営業実績を維持したセールス
S1	一般営業	営業セールスとして，基本的な営業ノウハウを有し，販促活動を行うセールス

出所：元井弘『役割業績主義人事システム』生産性出版，2009年，p. 77。

6. ブロードバンド型人事制度

　近年，人事制度の改革としてブロードバンド制度への関心が高まっている。ブロードバンド制度は，アメリカで1990年代に普及した社員等級・賃金制度の仕組みである。従来の職務等級制度では，等級自体が多くなりすぎて賃金への反映・異動等の運用面の柔軟な運用や煩雑さが課題となった。これを解消するため，複数の職務等級を1つのバンドとして大くくりして4～8くらいの等級にしたものである（図表3-12）。すなわち，今までの職務等級を大きく（broad＝広く）束ねて（banding＝束ねる），「バンド＝band」というグループを作り，各バンドの中の昇給，仕事の変更は比較的自由に設定できる「ブロードバンド」が登場したのである。GE社は1992年に，14グレードを4バンドに縮小したことで知られている（笹島2008, p. 36）。

　ブロードバンド制の狙いは，次の4点に集約できる。第1に，従来の伝統的グレード制では職務内容の変化に応じて職務再評価をしなければならないが，

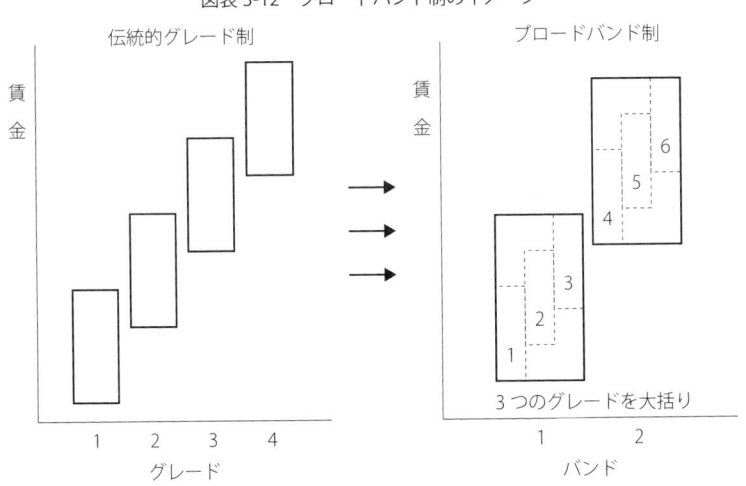

図表3-12　ブロードバンド制のイメージ

出所：成果配分賃金研究委員会編『アメリカの賃金・ヨーロッパの賃金』社会経済生産性本部，1994年，p. 77。

その場合，コストがかかる。ブロードバンド制度では職務が大くくりになっているため，それほど格付けられているバンドの変化は生じない。第2に，各バンドでの賃金レンジが大きいことから，職務遂行能力が高く，優秀な人には世間相場以上の賃金支払いが可能となる。第3に，伝統的グレード制と比べて基本給の上限が高く，基本給の頭打ちが少なくなり，社員のモチベーションを高めることができる。第4に，社員に対して職務遂行能力へのインセンティブをもたらすことがある（笹島 2008，p. 38）。

7. 日本における人事制度の変遷

　日本における人事制度は，国内外の環境変化に応じて生活主義人事制度→年功主義人事制度→能力主義人事制度→成果主義人事制度へと変遷してきた（労務行政研究所編 2010；堤 1991；伊藤 2006）。

(1) 生活主義人事制度
　戦後，日本は厳しい経済情勢の下で，日本電気産業労働組合協議会（略称・電産協）は，生活保障のための賃金を求め，1946年に「電産型賃金体系」を確立した。これは生活給的賃金体系であり，戦後の日本の賃金の原型と位置づけられている。電産型賃金体系では，年齢，家族数，勤続年数，学歴，経験年数等々の客観的指標が賃金決定基準として使われているが，基本的には，これは年齢給を基礎とした基本給決定方式である。
　生活保障型の賃金制度は労使双方に対して説得力のある制度であり，電産型賃金体系は多くの企業に広がり，生活給の賃金体系が確立された。
　電産型賃金体系では，年齢で決まる本人給が44％，勤続年数で決まる勤続給が4％に加えて，家族数で決まる家族給は19％を占めている。当時の男性従業員の場合には，家族数は年齢と密接に関係していたから，賃金の67％が年齢および家族状況で決まるという生活費を重視した生活保障型の賃金であった。当時は，インフレで物価が高騰するなど国民全体が貧しく生活が厳しかった。したがって，温情的な生活主義の色彩が濃い人事賃金制度が一般的であっ

た。この生活主義は，後に終身雇用制度や年功序列型賃金制度として定着していた。

　日経連は「賃金管理近代化への基本的方向——年功賃金から職務給へ」(1962年)や「賃金近代化への道——年功賃金の再検討と職務給化の方向」(1964年)を公刊して職務給を推進した。こうした動きを受けて，東京電力をはじめとする各電力会社，八幡製鉄，富士製鉄，日本鋼管などの鉄鋼大手各社，松下，三洋，ビクター，日本コロンビア，シャープなどの大手電機メーカー，石川島播磨，日立造船などの大手造船各社を中心に職務給化が進展した。しかし，職務給が導入されたものの，基本給のすべてが職務給とされたのではなく，基本給の大半は電産型賃金体系を色濃く残した内容であった。

(2) **年功主義人事制度**

　1960年代半ばからの高度経済成長期には，右肩上がりの経済成長を前提に学歴，年齢，勤続年数を評価指標とした年功序列型人事制度が導入された。年功主義人事制度は，社員の個人属性となる学歴，年齢，勤続年数を基準とするものである。戦後，日本の人事制度は「係長→課長→次長→部長」という役職の階梯となる「職位制度」(職階制度)と「主務→主事→主査→参事」といった社内身分的な地位の階梯となる「資格制度」という2つの柱で構成されていた。職位制度上の役職が上がる昇進と資格制度上の資格が上がる昇格が区別されていたが，職位と資格が1対1に対応していたため，昇進と昇格が同時に年功によって行われた。

　このような年功主義人事制度が可能であったのは，高度成長経済の下で企業規模が拡大し，役職のポスト数を増やすことができ，年功的に管理職になることができたからである。その結果，人事制度は2つに構成されていたが，実質的には職位制度中心に一本化されて運用されていた。

　このような状況の中で，年功的人事制度に代わる新たな人事制度の模索が始まり，1969年に日経連(現在の日本経団連)が能力主義管理を提唱した。

(3) **能力主義人事制度**

　1975年代からの安定成長期になると，右肩上がりの経済成長を前提とした

年功序列型賃金制度は実態に合わなくなってきた。そこで年齢，学歴，勤続年数を唯一の評価指標から職務遂行能力を評価し，処遇に反映させる職能資格制度が導入されるようになった。

賃金体系合理化の手段として，職能給が導入されたのもこの時期からである。職能給とは，職務遂行能力の程度に応じて決定する賃金をいう。通常，従業員の職務遂行能力をランク付けした職能等級や職能資格に応じて水準や範囲が決定され，その範囲の中を毎年の評価によって昇降するしくみとなる。通常は職能等級や職能資格ごとに賃金表（号俸テーブル）が作成され，評価ランクに応じて所定の号数分を昇降する方式が多い。

職能資格制度は，旧来の資格制度が身分的，学歴・年功的な属人的要素に基礎を置いたものであったのに対して，能力に基礎を置いた資格制度である。職能資格制度は，職務遂行能力を評価して能力の段階に応じて従業員の資格を定める制度で，能力が高ければ高いほど，高い資格が付与され，賃金も上がることになる。職能資格制度は1970年代以降，大企業を中心に急速に広まった。職能資格制度が普及した要因は，年功主義からの脱却，従業員の柔軟な配置，ポスト不足への対応，能力開発への動機づけなどが挙げられる。

職能資格制度は職務による格付けではなく，人の格付けによって行われる制度である点において，欧米ではみられない日本独特の人事制度といえる。

⑷ **成果主義人事制度**

バブル経済が崩壊し経済が長期にわたって低迷を続けた1990年代，2000年代には，いわゆる成果主義賃金が次第に広がっていった。この背景には，能力主義賃金であるとされた職能給が実質的には年功給化したことがあった。まず管理職に対して個人業績を年俸に強く反映する年俸制が広がり，さらに一般社員層に対してもそれまでみられた自動的昇給，年功的昇格を縮小・廃止し，人事評価に基づく査定昇給，実力昇格を拡大した。また，扶養家族手当や住宅手当などの生活手当を縮小する動きが続いた。成果主義賃金の強まりは，年齢，勤続年数，学歴などの属人的要素に基づく賃金決定を弱めて，担当している職務や役割を賃金決定に大きく反映する方向に向かった。

成果主義に拍車をかけるようになったのは，職能資格制度のさまざまな問題

点が浮き彫りになったからである。そこで、これまでの社内の序列付けの基準を能力という人基準から職務・役割といった仕事基準に見直す企業が現れた。その新たな制度が職務等級制度と役割等級制度である。

　成果主義人事制度の下では、企業の業績と働く従業員の賃金を連動させようという考え方が主流になった。人事評価制度の中に目標管理制度を埋め込むことで従業員の目標達成度が給与・賞与といった賃金と連動するというのが成果主義人事制度である。この時代に年俸制も合わせて導入されるようになった。それにより目標達成度によって毎年年収が変動する、同じ役職であっても年収で数百万の格差が出るといった成果主義が浸透した。

　しかし、数値目標で管理するアメリカ型の成果主義は、結局日本では成功せず、日本に合った人事制度を模索するようになった。そこで、結果だけでなく、プロセス評価をも取り入れる企業が現れた。

　年功主義・能力主義・成果主義のメリット・デメリットは、〈図表3-13〉のとおりである。

図表3-13　年功主義・能力主義・成果主義のメリット・デメリット

	メリット	デメリット
年功主義	●年齢・勤続を重視した安定的賃金 ●賃金の伸びが予測できる賃金 ●年齢、勤続、学歴は明確な指標である	●年齢や勤続が能力の伸びに比例しない場合に不合理が生じる ●賃上げが経営成長と連動しない ●努力が報われない ●若年層で意欲的な人材が希望を持てない
能力主義	●本人の属性にかかわらず、努力すれば報われる ●若年層に賃金に対する期待と展望を持たせることができる ●社員の能力と賃金が連動する	●結果的に年功化する可能性がある ●降格をさせにくい ●能力を発揮したかを測定できない ●能力を発揮したかではなく、能力があるかなので結果と連動しない
成果主義	●仕事と給与の関係が明確化され賃金とリンクしている ●明確な結果をもとに賃金を決定できる ●人件費管理がしやすい	●協調性、創造性に問題 ●部下育成の視点の欠如 ●結果のみでプロセスが考慮されない ●失敗を恐れる

□引用・参考文献

伊藤健市『よくわかる現代の労務管理』ミネルヴァ書房，2006年。
今野浩一郎・佐藤博樹『人事管理入門』日本経済新聞出版社，2009年。
岩出博『LECTURE 人事労務管理』泉文堂，2007年。
笹島芳雄『最新アメリカの賃金・評価制度』日本経団連出版，2008年。
長谷川直紀『職務・役割主義の人事』日本経済新聞社，2006年。
石田光男・樋口純平『人事制度の日米比較』ミネルヴァ書房，2009年。
平野光俊『日本型人事管理―進化型の発生プロセスと機能性』中央経済社，2006年。
楠田丘『職能資格制度―その設計と運用』産業労働調査所，1989年。
元井弘『役割業績主義人事システム』生産性出版，2009年。
堤要『新しい職能資格制度』労務行政研究所，1991年。
堀田達也『等級制度の教科書』労務行政，2010年。
日経連職務分析センター編『職能資格基準のつくり方』日経連弘報部，1982年。
労務行政研究所編『人事担当者が知っておきたい8の実践策。7つのスキル』労務行政，2010年。

■演習問題

Ⅰ．次の文章の（　　）の中に適切な言葉を書き入れなさい。
1．（　　　　　）とは，企業内の従業員を能力により資格等級を設定し，その等級基準に基づき人事処遇を行う制度である。
2．職務等級制度をベースとした賃金が（　　　　）であるが，その賃金を設定するためには，（　　　　）や（　　　　）を実施しなければならない。
3．職務評価には一般に，①精神的要件，②（　　　　），③責任，④（　　　　）といった指標が用いられる。
4．（　　　　）とは，それぞれの役職や仕事に求められる（　　　　）の大きさ・重要度により等級を設定し，それに基づいて人事処遇を行う制

度である。
5．アメリカで普及した新たな等級・賃金制度のしくみとして，複数の等級を１つのバンドとして大くくりしたのが，（　　　　）制度である。

Ⅱ．次の問題を説明しなさい。
1．人的資源管理における人事制度の重要性について説明しなさい。
2．職能資格制度，職務等級制度，役割等級制度を比較説明しなさい。

第2部
人的資源管理の各論

第4章
募集・採用管理

1. 募集・採用とは

　募集（recruitment）とは，組織が必要とする知識，技能，能力およびその他の特性を備えた人々が志願するよう誘引することをいい，採用とは，企業内に発生した労働需要を満たすために外部の労働市場から人材を調達することをいう。また，募集・採用管理とは，雇用管理の入口の段階で，必要な人材を採用計画に基づいて適正な人員を算定し，必要な時期に募集・選抜を計画的に行う管理活動であり，人的資源管理の出発点ともいえる。
　募集・採用の一般的なプロセスは，〈図表4-1〉のとおりである。

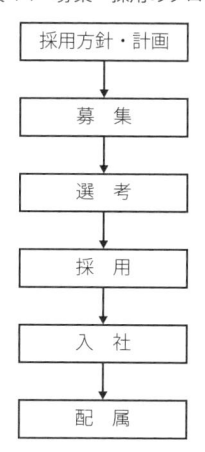

図表4-1　募集・採用のプロセス

```
┌─────────────┐
│ 採用方針・計画 │
└──────┬──────┘
       ↓
┌─────────────┐
│   募　集    │
└──────┬──────┘
       ↓
┌─────────────┐
│   選　考    │
└──────┬──────┘
       ↓
┌─────────────┐
│   採　用    │
└──────┬──────┘
       ↓
┌─────────────┐
│   入　社    │
└──────┬──────┘
       ↓
┌─────────────┐
│   配　属    │
└─────────────┘
```

出所：筆者作成。

2. 採用方針と要員計画

(1) 採用方針

　まず，採用において最初に確定しなければならないことは，採用対象である。採用対象を確定するということは，企業にとって必要な人材の資質・能力・資格というような能力要件を明確にするだけでなく，正社員と非正社員の比率，新規学卒採用と中途採用との比率などを明確にする必要がある。また，女性，中高齢者，障害者を公正に採用する方針を確立しなければならない。さらに，新規学卒採用に関しても大学院，4年制大学，短大，高専，高校などの位置づけ，および文系か理系かの位置づけも必要となる。最近は文系と理系双方を兼ね備えた情報系も増えてきている。

　企業が必要な人材を確保するには，勤労者のニーズに即した多様な雇用形態あるいは就業形態を用意し，勤労者の働き方の選択肢を増やす工夫が必要である。この多様な雇用形態・就業形態のことを雇用ポートフォリオと呼んでいる。企業にとって，雇用期間が定められている非正社員の雇用は変動費であるのに対して，正社員は無期雇用で一旦採用すると，雇用調整が難しく正社員の雇用は固定費となる。したがって，雇用ポートフォリオについては，①長期蓄積能力活用型人材，②高度専門能力活用型人材，③雇用柔軟型人材に分類し，採用方針を考えなければならない（人事管理研究会 2003）。

(2) 要員計画

　採用方針が決まると，具体的な採用人員を策定しなければならない。企業が組織上の必要性にしたがって，人的資源の質と量の大枠を決めることを要員計画という。要員計画によって定められた大枠の中で，部門別，職種別などを必要に応じて，配分することを人員計画という。

　企業経営を取り巻く環境，とりわけ雇用情勢の変化は近年，激しさを増している。それだけに要員計画をどう立案し，実施するかが人事の重要テーマになっている。

企業が人的資源管理施策に取り組む原点であり，事業計画に対応した人員の需要予測を踏まえ，要員計画が策定されなければならない。要員計画には一般的に，①長期人員計画（5年以上），②中期人員計画（3年），③短期人員計画（1年）の3つがある。また，人員計画の手法には，ミクロ的アプローチとマクロ的アプローチの2つがある。ミクロ的アプローチは「積み上げ方式」とも呼ばれ，業務量に応じて必要な人員を部門，職種，階層別に現場が要請し，それを積み上げる方法である。

積み上げ方式は，長期人員計画に基づいて，現在人員の確保・維持が必要となるが，比較的短期の人員計画方式である。現在人員の確保・維持を行う場合，①過剰人員，②不足人員，③現在人員の増減などの3つの問題を調整する必要がある。具体的には，現在人員から離退職，昇格・昇進，出向，配置転換などの人数を加減することによって，実際の人員総数が決められていく。各職能別の業務計画を遂行するために必要とされる人員を算定し，それを積み上げて総計するので，「積み上げ方式」と呼ばれている（人事管理研究会 2003）。

一方，マクロ的アプローチにおいては，目標売上高や労働生産性などの指標に基づいて適正人件費を算出し，その範囲内で雇用可能な人員の大枠を決定する方法である。一般的に，現場の要請を受け入れて積み上げるミクロ的アプローチだけでは人員が多くなりすぎ，人件費負担を抑制することが難しい場合が多い。一方，財務面を重視し，経営視点のマクロ方式だけで要員計画を立てようとすると，現場から業務遂行に支障をきたすなどの不満が生じかねない。

したがって，それぞれの状況に応じてマクロ的アプローチとミクロ的アプローチの調整を図りつつ，人員管理を進める必要がある。すなわち，好況時にはまずミクロ方式に軸足を置いて各現場に人員を配分し，その上でマクロ的にも問題がないかチェックするというスタンスが効果的である。逆に，経営環境が厳しいときはマクロ方式に比重を移して，人員配置の大枠を設定し，その枠内で各現場の業務量に応じた人員が調達できるか，ミクロ的アプローチからの判断を加えることになる。

もちろん人数だけでなく，人材の質的構成も十分に配慮しなければならない。たとえば将来的に組織の高齢化が懸念される場合，高齢化による人件費増大にどう対応するかという問題を要員計画の主眼に置けば，採用数を抑え，総

人数を絞り込む必要性が生じるのは明らかである。一方，高齢化による組織の活力低下に焦点をあてるなら，逆に積極的な採用活動，新卒・中途を問わない若手の補強が検討されるべきである。

ただし，採用数を増やしたり，絞ったりするだけで要員計画が適正に機能するわけではない。採用した人材をどう育成し，既存の人材をどう活かすかを社内の人材活用，従業員の定着活動や能力開発，業務の効率化といった課題を並行して検討しながら，採用方針や要員計画を立案していくアプローチが求められる（人事管理研究会 2003）。

3. 募集チャンネル

(1) 募集活動の規制

日本では，1977 年に大学・短大などの新卒者の採用開始時期について大学側と企業側の間で「就職協定」（紳士協定）を結んでいる。しかし，優秀な学生を獲得するため協定日以前に内定を出す「青田買い」が横行し，協定の有効性が疑問視されるようになり，1997 年に廃止された。それ以降，大学の場合，3 年次での就職活動が一般化し，就職活動の早期化・長期化による学業への影響が指摘された。そこで，大学側と企業側の協議の上，2013 年 3 月卒業者以降，広報活動の開始を 2 カ月遅らせることとした。

日本経団連の「採用選考に関する企業の倫理憲章」（2011）には，インターネット等を通じた不特定多数向けの情報発信以外の広報活動（就職情報サイトへの登録，企業説明会，エントリーシート登録）については，卒業・修了学年前年の 12 月 1 日以降に開始し，面接等の実質的な選考活動については，卒業・修了学年の 4 月 1 日以降に開始する。そして正式な内定日は，卒業・修了学年の 10 月 1 日以降とすると書かれている。

(2) 募集方法

募集には，内部募集（internal recruiting）と外部募集（external recruiting）がある。内部募集は組織内の従業員を対象に人材を調達する募集方法であり，外

部募集は外部の労働市場から人材を調達する募集方法である。

1）内部募集

内部募集は社内で人材を調達することである。内部募集の代表的なものとして，社内公募制度（job posting system）がある。社内公募制度は，新規のプロジェクトや事業を展開する場合や特定の事業部門が人員の拡充を行う際に，必要な人材を外部の労働市場に求めるのではなく，社内で会社が必要としている役職や職種の要件をあらかじめ社員に公開し，応募者の中から必要な人材を登用する制度のことである。従来は，人事権は会社側にあるとされてきたが，社内公募制度などを導入することで社員が職場や仕事の内容を入社後も選択できる環境が生まれ，社員の士気を高める効果があるといわれている。また，社内公募制度において，社員が応募した場合，その直属の上司には社内公募に採用された時にだけ通知するように運用され，拒否権も直属の上司には与えられないのが一般的とされている。

アメリカでは，社内の従業員に昇進や異動の機会を公平に与えるために，日常的に社内から希望者を募集する。社内公募をする職位は，通常，ノンエグゼンプトの一般社員層に限られ，エグゼンプトの管理職層の職位についてはあまり行わないのが現状である（竹内 2001）。

内部募集のメリットとしては，次の点があげられる。

第1に，既存の従業員に対するさまざまな人事情報が蓄積されているため，外部労働市場による募集に比べて容易に実施できる。

第2に，既存の従業員はすでに組織の事情に詳しいため，オリエンテーションなどによる時間や費用が節約できる。

第3に，従業員の昇進やより高い地位への配置転換を期待し，モラール向上が期待できる。

2）外部募集

外部募集は，外部労働市場から人材を調達する方法である。外部募集には，次のような方法がある（岩出 2007）。

① 広告

企業が外部労働市場で人材を募集する方法の中で，最も広く利用されるのが広告である。その理由は，広告が他の募集方法に比べて最も広く募集に関する情報を伝達できるからである。広告媒体としては，新聞，雑誌，電車やバス，TV・ラジオなどがある。募集広告の際，考慮しなければならないのはいろいろあるが，特に，重視しなければならない要因としては，広告の内容と媒体の選択である。

　一般的に，募集広告の内容は企業のイメージと一貫性をもつのが効果的である。すなわち，これまで企業が標榜してきたイメージと募集広告から感じるイメージが一貫性をもって企業が追求する価値観を確実に認識させるものでなければならない。一方，広告媒体の選択においては，募集対象が最も広く利用する媒体を利用する。不特定多数の人に募集情報を伝達しようとすると，新聞などの一般大衆媒体に広告を掲載するのが効果的である。また，特定集団，例えば先端技術人材を対象に募集する場合は，一般大衆媒体よりは特定集団が主に利用する専門雑誌などの媒体を活用するのが効果的である。

　② 職業紹介所

　職業紹介所には，国や地方自治団体非営利的に運営する公共職業紹介所と手数料を受け取って運営する民間職業紹介所がある。日本の場合，公共職業安定所（ハローワークともいう）は労働大臣の管理を受けて無料で職業紹介をする国の機関であって全国に広く設置されている。職業紹介とは，働きたいと希望する者に対してその能力に相応しい職業を紹介し，社員を採用したいと希望する会社に対してはその条件に相応しい求職者を紹介することをいう。求人の申込みは最寄りの公共職業安定所へ行き，所定の求人票に賃金・労働条件などの雇用条件を記入して提出することになっている。ただし，求人申込みの内容が法律に違反していたり，雇用条件が不当であったりした場合は求人の申込みは拒否される。なお，職業安定所の他に40才以上の中高年齢者のうち管理者・技術者の雇用促進を目的とした人材銀行も各地に設置されている。

　民間が行っている有料職業紹介は，「職業安定法」に基づき，求人及び求職の申込を受け，求人者と求職者との間における雇用関係の成立を目的に，主に，専門的技術・技能を有する質の高い人材の紹介を斡旋している。ヘッドハンティング会社がその例である。

③ 教育機関

社会全般的に知識水準と技術水準が高まるにつれて，企業内で職務を遂行するのに一定以上の正規教育を受けた人材や特殊な技能を備えた人材の必要性が増大している。そこで，企業は高校，短大，大学などの教育機関とともに多様な技能工を養成する職業訓練所などと連携し，卒業者または卒業予定者を対象に募集活動を行う場合が多い。

特に，企業が必要とする人材が需要過剰状態にある場合には，教育機関や職業訓練所に在学生に対して奨学金の支給，インターンシップ機会の提供，企業説明会の開催，訪問・見学機会の提供など，さまざまな方法を通じて募集活動を行う。特に，教育機関や職業訓練所では，就職相談窓口を設置し，運営しているのが一般的である。また，これらの機関や責任者に直接推薦を依頼することもある。

④ インターネット募集

インターネット利用者が急増するにつれて，企業が就職サイトや自社のホームページに採用情報を掲載し，オンライン上で募集を行ういわゆる e-Recruiting を利用している。この方法は，多数のインターネット利用者を対象とするために，リアルタイムで募集が可能であり，募集に費やされる費用に比べて多数の応募者を確保することができる。また，全世界を対象に特殊な言語や資格を備えた潜在的な人材を求めることができるメリットがある（図表4-2）。

しかし，エントリーがネット上で簡単にできるだけに学生の安易なエントリーも増え，それを選別するために，エントリーシートを活用して選別化する

図表4-2　e-Recruitingのメリット・デメリット

メリット	デメリット
●大量の応募者の確保で人材選抜の幅が広い ●特定の応募者群を対象とした募集が可能 ●応募者との迅速な意思疎通が可能 ●募集費用の節約	●応募者が多数の会社に応募し，実際の募集人員が減少 ●積極的な応募者の選別が困難 ●大量の応募者のスクーリンに時間と労力 ●インターネットを利用しない人の応募の排除 ●個人情報の漏洩（ろうえい）などウェブサイトの安全問題

出所：労務行政研究所「変わる企業の採用事情」『労政時報』第3485号，2001年。

企業も増えている。

最近では，SNS（Social Network Services）やスマートフォンを利用し，求職者と直接的な意思疎通を図るために採用とHR用ツイッター（簡易投稿サイト）を開設し，運営している企業も現れている（労務行政研究所2001）。

⑤　従業員の推薦

在職従業員を対象に友人など適切な人物を推薦させる方法である。この場合，在職している従業員は自社の組織雰囲気や必要とする技術などをよく知っているために，これを被推薦者に十分説明できるため，募集が容易である。また，特定の分野において人材が不足している場合，この方法は効果的である。

4. 採用選抜と選考方法

⑴　採用選抜とは

選抜の意思決定は，さまざまな選抜道具，たとえば，書類選考，筆記試験，適性検査，面接試験などによって得られた情報に基づいて行われるが，選抜道具が合理的でなければ選抜道具はあやまちを犯すことになる。そして選抜道具が合理的であるためには，信頼性と妥当性を持たなければならない。信頼性とは，いつ・だれが測定しても一貫した結果が得られることである。また，妥当性は，応募者が選抜され職務に配置された場合，職務遂行結果にどれほど合致するかである。採用選抜については産業心理学者によって多くの研究がなされてきた。

選抜道具によって応募者を選抜する場合には，選抜道具によって測定された結果が合格点数以上の点数を獲得した応募者は選抜され，それ以下の点数を獲得した応募者は脱落される。しかし，選抜道具によって選抜の意思決定を行う場合には，誤った脱落と誤った選抜もありうる。誤った脱落とは，選考評価で点数が合格点に至らなかったために不採用させたが，もし，採用させたならば高成果を上げてくれたであろう応募者を脱落させた誤りである。すなわち，高能力を予測しながら，実際は劣っていると判断した誤りである。一方，誤った選抜とは，選考評価で合格点以上であったために採用したが，実際の成果は不

満足であったため、脱落させるべき応募者を採用選抜した誤りである。すなわち、選考評価では不適格とされながら、実際には適格であると判断した誤りである。企業側としては、2つの誤りの中で、誤った脱落よりは誤った選抜に対してそれを最小化しようと努力するであろう。これら2つの誤りは選抜道具の信頼性や妥当性によって大きく影響される（大沢 1989）。

ある会社がさまざまな選抜道具を利用して最終的に応募者を5段階で評価するとしたら、「5」「4」は採用とし、「2」「1」は不採用とする。「3」はその時の充員状況などを勘案して、合否の意思決定が行われる。ここで意思決定を迷わされるのが「3」の人が比較的に多く、正規分布に近い分布をとることである。このようにして行われた評価が妥当なものであったか、あるいは有効なものであったかを考えるのが選抜の理論である（図表 4-3）。

選抜が正しかったか、誤りであったかは、採用後に人事評価によって明らかにされる。従業員が職務や役割を通して、どの程度役に立つか、貢献したかと

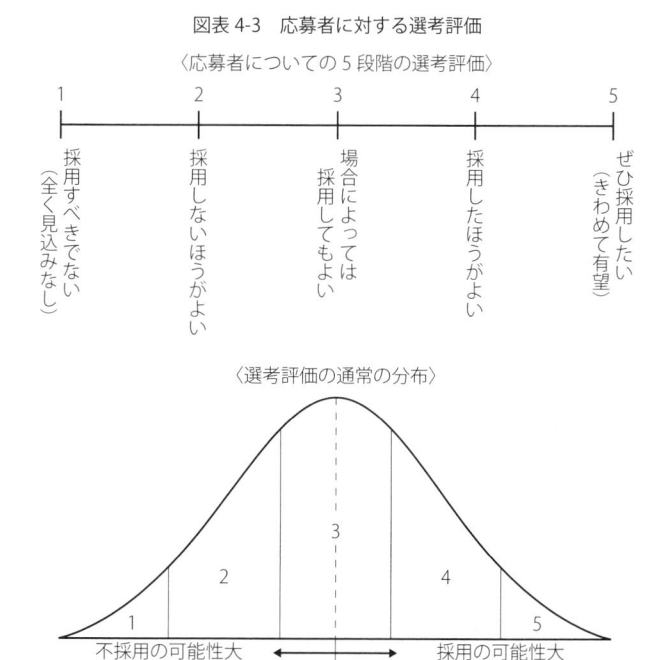

図表 4-3　応募者に対する選考評価

〈応募者についての5段階の選考評価〉

1	2	3	4	5
採用すべきでない（全く見込みなし）	採用しないほうがよい	場合によっては採用してもよい	採用したほうがよい	ぜひ採用したい（きわめて有望）

〈選考評価の通常の分布〉

不採用の可能性大　←　　→　採用の可能性大

出所：大沢武志『採用と人材測定』朝日出版社、1989年、p. 34.

いう職務遂行能力や貢献度を評価した結果,「非常に優秀な者」もいれば「非常に劣る者」も存在する。もし,非常に劣る者を採用したならば,それは誤った選抜となる。

採用選抜はあくまでも予測的評価である。選考評価では予測の正しかった場合と間違った場合の2つの種類がある。成功するという有望な評価をうけて,その通りになった者Aと失敗した者Dであり,見込みなしと評価されて,その通り見込みのなかった者Bと実は成功した者Cである（図表4-4）。

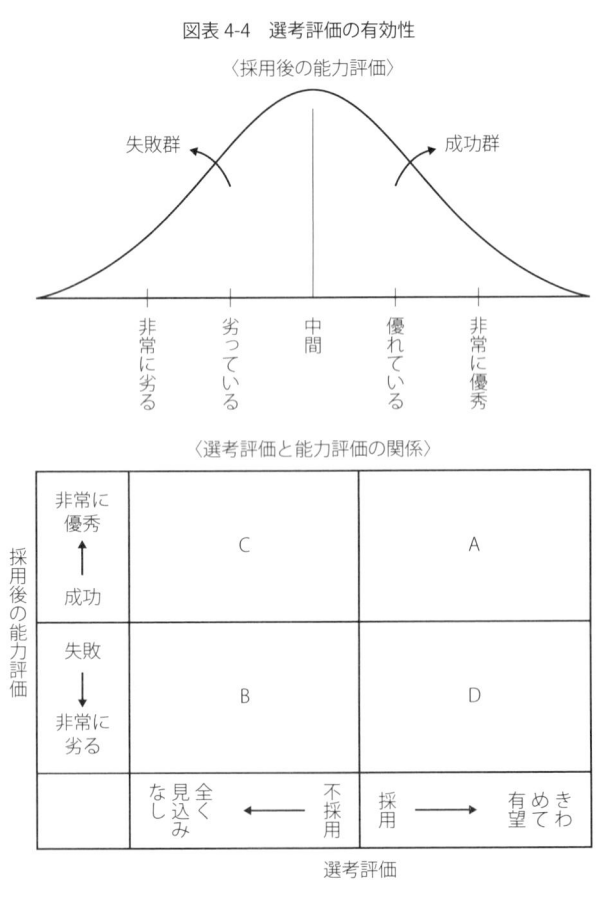

図表4-4　選考評価の有効性

〈採用後の能力評価〉

失敗群　　　　　　　　　　　成功群

非常に劣る　劣っている　中間　優れている　非常に優秀

〈選考評価と能力評価の関係〉

採用後の能力評価	非常に優秀 ↑ 成功	C	A
	失敗 ↓ 非常に劣る	B	D
		見込みなし ← 不採用	採用 → めきめき有望

選考評価

出所：大沢武志『採用と人材測定』朝日出版社, 1989年, p.38。

(2) 採用基準

　応募者の採用基準は，欧米企業の場合，職務記述書や職務明細書に基づき，募集した職務を遂行できるか否かを問う職務遂行能力，これまでのキャリアや実績であるのに対して，日本企業の場合は，特に新卒採用に関しては企業人として組織に適合できるか否かを問う基礎的な資質が重視される。採用基準は企業が求める人材によって異なるが，日本で調査された新卒者の採用基準をみると，特定職務に関する専門的知識や技術・技能が求められることはほとんどなく，熱意・意欲，コミュニケーション能力，一般常識・教養，健康・体力，性格などが重要な採用基準となっているのが実態である。これは従業員の長期雇用を前提として，企業内の教育訓練や人事異動を通じて幅広い多能的な職務遂行能力を身につけさせる「ゼネラリスト育成」が基礎にあるために，特定職務に固着した専門性よりも基礎的な資質の有無を応募者に求めてきたからである（岩出2007）。

　しかし，IT化，グローバル化が進展する中で，2004年に日本経団連は国際競争に勝ち抜いていくために，次の3つの力を備えた人材を産業界は求めると

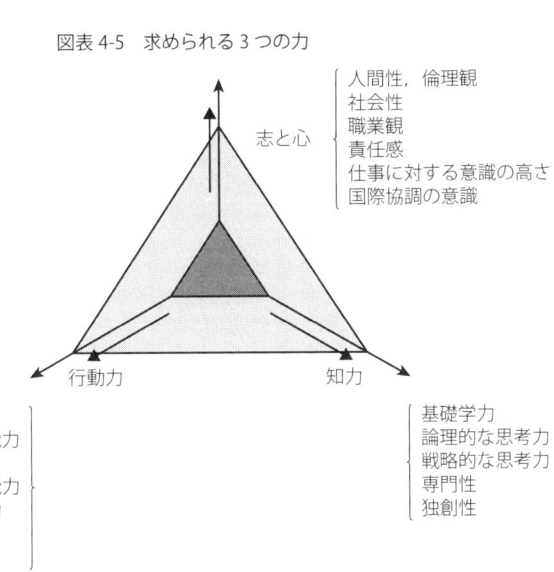

図表4-5　求められる3つの力

志と心
- 人間性，倫理観
- 社会性
- 職業観
- 責任感
- 仕事に対する意識の高さ
- 国際協調の意識

行動力
- 実行力
- コミュニケーション能力
- 情報収集力
- プレゼンテーション能力
- シミュレーション能力
- ネットワーク力
- 異文化理解能力

知力
- 基礎学力
- 論理的な思考力
- 戦略的な思考力
- 専門性
- 独創性

出所：日本経団連「21世紀を生き抜く次世代育成のための提言」2004年。

する提言を発表した（図表 4-5）。
① 志と心：社会の一員としての規範を備え，物事に使命感をもって取り組む力
② 行動力：情報の収集，交渉，調整などを通じて困難を克服しながら目標を達成する力
③ 知　力：深く物事を探求し考え抜く力

(3) 選考方法の種類

選考とは，募集によって集まった応募者を一定の基準にもとづいて会社が必要とする人材であるかどうかを識別することである。選考の大きな目的は，仕事をする能力のレベル，適性，仕事と職業に関する意欲，働くものとしての誠実さ，責任感，社会人としての教養や一般常識の有無など，さまざまな面からみて自社に相応しい人物であるかどうかを判断することにある。

選考方法としては，一般に書類選考，筆記試験，適性検査，面接試験，健康診断などがあるが，どんな方法を用いるかは企業によって異なる（岩出 2007）。

1) 書類選考

書類選考は，応募者が採用に必要な要件を具備しているか否かを書類によって選考することをいう。従来は，応募にあたって履歴書，推薦書，卒業（見込）証明書，成績証明書，健康診断書など一定の書類を提出させるのが一般的であった。これらの書類によって，必要な学力，知識，潜在能力，健康状態を備えているかどうかを判断する。これが第 1 次選考となる。そして書類選考に通った者に対して筆記試験，適性検査，面接試験などが行われる。

ところが，採用の情報化の流れの中で，書類選考は大きく変わりつつある。多くの企業が電子メールエントリーシステムを採用している。しかも，エントリーシートそのものも従来のような履歴書ではなく，応募動機や将来の抱負などについての小論文形式になっている。

情報提供についても，最近は，インターネットを使って応募者に情報提供する企業が増えてきている。企業も応募者から選ばれているという点から考えて

も，今後インターネットによる情報提供が増え続けるものと考えられる。

2）筆記試験

　筆記試験は，特定の職務で要求される知的水準や教養の水準を測定するための手段として主に利用される。試験では一般常識・教養，国語，法律，経済などの基礎知識と専攻分野における専門知識，そして語学力などを評価する。試験形式は，客観形式のほか，応募者の思考力，発想力，文章表現力などを把握するために作文などが用いられる。

3）適性検査

　適性検査は，職務を遂行する上で必要な能力や適性を備えているかどうかを客観的に把握するために行うテストである。適性検査には知能検査，能力適性検査，性格検査，職業適性検査などがある。日本では1974年にリクルートの人事測定事業部が開発したSPI（Synthetic Personality Inventory）が用いられている。SPIとは，就職における採用選考テストの1つで応募者の仕事に対する適性や職務遂行能力，自己の興味関心を見極める意味で用いられており，最近では広く活用されている。

　SPIは，大きく能力適性検査（言語能力検査と非言語能力検査）と性格適正検査の2分野に分かれている。前者では，応募者のコミュニケーション力や計算力などを見極めることができる。後者では，応募者の性格の特徴やどんな仕事に向いているのか，自社が求める人物像に合っているかなどを判断するものである。

4）面接試験

　面接試験は，応募者の意欲・性格・知識・個性などを総合的にとらえることを目的とする。面接試験は，面接者と応募者がフェイス・ツゥ・フェイスになることから，学力試験や適性検査などからでは得がたい情報を直接的に収集することができる。面接は採用選考において最も大きな比重を占めている。面接の大きな弱点は，面接官の主観が入りやすいことである。したがって，面接官を複数にするとか，人事担当者，当該部門の部課長，役員まで数段階にわたっ

て行われるのが一般的である。面接の種類には，個人面接，集団面接，集団討論面接，プレゼンテーション面接，ケーススタディーなどがある。

① 個人面接

個人面接は応募者1人に対して，面接官が1～3人ぐらいで行われる面接である。個別面接は相手が1人なので相手に合わせて自由な形式で質問ができるし，また突っ込んだ質問ができるなどの利点がある。しかし，個別面接は応募者を緊張させ，発言を慎重にさせるという欠点もある。応募者がある程度緊張するのはやむをえないことであるが，あまり固くなってしまうと本音が出なくなり，必要な情報が把握できなくなる。このため個別面接においては，答えやすい質問から始めるなど緊張感をときほぐす工夫をする必要がある。

② 集団面接

集団面接は，数名の応募者を同時に1人または複数の面接官で行う方法である。複数の応募者を比較することにより，優れた人物を選抜する目的で行われる。この集団面接は，時間の節約とともに応募者の相互比較が可能であることと評価の客観性，公平性を保つことができるなどいくつかの利点がある。

しかしその反面，1人1人について突っ込んだ質問ができないことと応募者のもっている特殊な面をつかみ出すことができないなどの欠点もある。

集団面接を実施するときには，少なくとも全員関心があるような話題を選ぶこととなるべく平等に発言の機会を与えることなどの配慮が必要である。

③ 集団討論面接

集団討論面接は，応募者5～6人で，与えられたテーマについてグループでディスカッションするものである。時間は30分から1時間で，議論の進め方は基本的には応募者にまかせられ，通常は司会，書記，タイムキーパーなどの役割を決めてからディスカッションを始める。応募者のコミュニケーション能力を測るのが主な目的である。

④ プレゼンテーション面接

プレゼンテーション面接の形式は個人面接，集団面接と同じであるが，事前または当日に与えられたテーマについて，5分程度のプレゼンテーションをするのが特徴である。事前にテーマを与えられている場合には，資料やパソコンを使ってプレゼンテーションをすることが多い。

マニュアル通りの受け答えをする人が増えたため，より深く思考力，個性がわかるプレゼン面接を取り入れる企業が多くなってきている。質疑応答形式の面接と違って話す時間が長いので，話の中身はもちろん，話し方，話すスピード，身だしなみ，しぐさなど細かく観察される。

⑤ ケーススタディー

ケーススタディーは，応募者にその会社に入ってから担当する仕事に近い作業をさせるものである。いくつかの資料を使って販売戦略などを立てたりすることもある。応募者に具体的な仕事のイメージを持たせるために行う企業もある。

5）健康診断

健康診断は選考のための一方法であり，内定前に行う場合と内定後に行う場合がある。また，必要に応じて体力検査も行い，応募者の健康状態や体力的な持続度を判断することもある。

(4) 採用内定者のフォロー

前述した選考方法によって適格者を選抜するわけであるが，応募者が多数のときは第1次選考として書類選考または筆記試験，第2次選考として適性検査と面接，第3次選考として役員面接というプロセスで採用者を絞り込んでいき，最終的に採用の可否が決定される。最終選考で合格の場合採用内定となり，本人や必要な場合には学校に採用内定通知書を送ることになる。また，採用内定者に入社誓約書を提出させ，入社の意思を確認することもある。

最終選考で合格したからといって，必ずその企業に入社するとは限らない。採用内定が決定しても新規学卒者の場合には，入社まで半年以上も期間がある場合もあり，内定者が他社へ流出しないように内定者に対するフォローアップが必要である。内定者管理は，採用決定者に対し会社や職場への親近感を抱かせることにより，入社前の不安と心配を取り除き，入社への動機づけを図るという目的がある。内定者のフォローアップの方法としては，①内定者懇談会，②社内行事への招待，③社内報の送付，④会社や工場の見学，⑤入社前研修の実施などがある。

採用活動が当初の目標を達成したかどうかは何人の採用を決めたかではなく，最終的に何人入社したか，採用予定人数が確かに入社したかによって決まる。したがって内定者管理は採用活動全体において大きな意義をもっている。

ところで，新入社員の場合，入社してから3カ月〜6カ月間は仮採用扱いの試用期間で，3カ月後に本採用になることが一般的である。試用期間とは，採用後に従業員としての適格性を観察・評価するために企業が設けた期間である。試用期間中は，基本的に「解約権留保付労働契約」が成立する。しかし，試用期間満了時の本採用の拒否は，法的には労働契約の解約，すなわち解雇に当たるので，客観的合理性と社会的相当性が双方ともなければ，解雇権の濫用として無効となる（菅野 2008）。

5. 採用管理の動向

(1) 採用時期・採用対象の多様化

① 採用時期の分散化

これまでは多くの企業が特定の時期に集中して採用活動を行ってきたが，近年においては通年採用を行う企業が増加し，就職活動も長期化する傾向となっている。通年採用とは，企業が1年間を通して人材の採用活動を行うことである。通年採用を行うことにより，企業側としては欲しい時に欲しい人材を確保できるというメリットがある。

また，採用時期を春季と秋季の2回に分散する企業も現れている。採用時期の分散化を促す大きな理由は，若年者を中心とする労働市場の変化である。入社後3年ほどで会社を離職した「第2新卒」の急増，セメスター制の下に9月に卒業する学生や異文化教育を受けた海外留学生・帰国子女の増大を積極的に採用するためである。

② 採用対象の多様化

採用対象も多様化している。これまでは新卒採用が中心であったが，近年は中途採用も増加している。中途採用とは，職務経験がある方を対象とした人材の採用，つまりキャリア採用のことをいう。企業が即戦力となる人材を求めて

いる際に年間を通じて不定期に行うものであり，新卒採用とは違った人材採用である。企業では常に経営環境が変化している。既存事業の拡大，新規事業への進出など企業の経営戦略に合わせて必要な人材を採用しなければならない。それらに対応した柔軟な採用を行うために時期を定めず，必要に応じた求人募集を行うのが中途採用の目的である。また，中途採用の中でも新卒で入社して2，3年目である，いわゆる第2新卒の社員を採用する場合もある。

　第2新卒とは，大学を卒業後，入社した会社に1年も在籍せずに転職したり，一度は就職したものの，社会人と言うにはまだまだ十分な素養が身についているといえないことから，就職情報誌のリクルートが「（既卒者であっても）新卒並み」という意味で1990年に作った言葉である。就職した会社に定年まで勤め続けるというのが大人の常識だったが，若者は就職した会社が自分の能力を生かせないと判断するとすぐに転職することは普通のこととなっており，採用する企業の側でも新卒にこだわらなくなったことから，求人広告などで用いられている。

(2) 職種別採用

　職種別採用とは，事務，営業，製造，研究開発など，職種別に採用する採用方法のことをいう。欧米では一般的な採用方法である。職種別採用は，学生から見れば，自分の専門ややりたいことを確実に活かせる職に就けるというメリットがある。また，企業にとっても，何がしたいか意識が明確で，専門性も高い人材を絞って採用することができるので，ミスマッチを防げるというメリットがある。

　これまで日本では，新規学卒者を一括採用した後，適性を見て配属を決めることが一般的であったが，最近は，技術系採用，営業系採用など，入社前から職種を決める「職種別採用」を行う企業が増えてきている。専門能力のある人材を獲得し，早期に育成することで組織のプロ化を推進することをねらいとしたものである。経営環境が激変し，企業間競争が激しくなるほど業務内容は高度化・複雑化してくる。そうした中で企業は専門知識，技能を有する人材を獲得し，それぞれの担当分野でプロ人材として育成し，即戦力となって成果を上げることを求めている。一方，学生も終身雇用や年功序列といった価値観は希

薄になっており，スペシャリスト志向が強まっていることも職種別採用の背景の1つとなっている。

(3) コンピテンシー採用

自社に合った新卒者を絞り込む選別化の手段として「コンピテンシー」（高い成果を生み出す行動特性）を活用する企業が現れている。これは高い成果を上げる人材に共通する行動特性を抽出し，面接時の受け答えを通して，自社の求める行動特性を持つ人材を発掘するものである。これまでの「ポテンシャル採用」を改め，自社が求める行動特性を持つ学生にだけ採用対象を絞り込むことができるというメリットがある。

たとえば，「学生生活の中で特に力を入れたことは何か」「そこでどのようなことが大変だったか」「その問題を解決するために，どのように具体的に成功に導いたか」などの問いかけから応募者の実際行動を読み取り，そこから自社に適する学生を絞り込んでいくとするものである。

(4) グローバル人材の採用

日本企業がグローバルでの企業間競争を勝ち抜くために，国籍を問わず優秀な人材を獲得する動きは一段と強まっている。事業の国際化が進み，英語力があるのはもちろん，現地の習慣に通じた外国人を積極的に活用していくため，中国，韓国の有力大学に出向いてオンキャンパス・リクルーティングを積極化させている。

日本企業がグローバル人材の獲得・育成に一斉に踏み出したのは，2010年ごろからである。新興国シフトを急展開する多くの日本企業にとって，優秀人材＝グローバル人材であり，外国人留学生の獲得を増やしているのは，日本人学生だけでは優秀な人材を確保できないとの判断があるからである。

日本企業のグローバル人材採用の取り組みを示したのが〈図表4-6〉である。

図表4-6　グローバル人材採用の企業の取り組み

企業名	取り組み
武田薬品工業	2013年春採用から応募条件に英語能力テストTOEICで730点以上の基準を設ける。研究開発や管理部門が対象。研究部門トップに外国人が就任しており，取締役会も英語で開く。
ファーストリテイリング	海外展開強化のため，2013年春の新卒採用は1500人。うち8割に相当する1300人を外国人に。3～5年後には東京本部の社員の半数を外国人とする方針。
パナソニック	2011年度新卒採用で1390人中，海外での外国人採用を8割の1100人，国内は4割減の290人とすると発表，2012年も1450人中8割が海外。しかも国内新卒採用も国籍を問わず外国人留学生を積極採用。
ソニー	2013年春採用で日本の新卒採用に占める外国人の割合を11年春2倍の30%に高める。人事採用担当者が中国やインドの大学に出向いて採用するオンキャンパス・リクルーティングを強化する。
日立製作所	2012年春入社組から将来の海外赴任を前提に採用。また外国人留学生の採用も2012年入社から全新卒の10%に。
NTTドコモ	グローバル展開を担う人材を育成するため，入社3年程度の社員を含め，年間20人を海外勤務させる。海外大学でMBAを取得した人材を年6～7人獲得すると共に外国人社員を毎年10人程度採用。
ローソン	2008年度から新卒採用の3割を外国人枠として採用。外国人を増やすことで飽和状態にある国内コンビニ市場にイノベーションを起こすのが狙い
ドン・キホーテ	2013年度から中国への大規模出店を計画。2011年から新卒採用の4割を中国人に。日本で学ぶ中国人留学生のほか，トップが北京大学などに出向き，オンキャンパス・リクルーティングで獲得。2012年からは日本人学生を含め，中国店の幹部候補の採用本格化。
三菱商事	20代の全社員に海外勤務を義務付ける制度をつくり，語学や実務研修を目的に2年程度派遣。中国，中南米など新興国中心に入社8年目までに社員全員に海外勤務を体験させる。

出所：恩田敏夫「グローバル人材獲得に向けた企業の取り組み」『キャリアリサーチ』DISCO，2012.3.30 より抜粋。

6. 早期離職防止のための採用戦略

　近年，若年者の離職が問題となっている。入社後3年以内に中卒は7割，高卒が5割，大卒が3割の者が退職しているのが実態である。これを「7・5・3現象」と呼ばれるもので，好況・不況といった景気変動とは関係なく生じてい

る傾向である。このような若年層の高い離職率の背景には，多くの若者が希望する業種や職種につけなかったこともあるが，最も大きな理由は，「仕事が合わない，つまらない」といったことがあるといわれている。また，はっきりとした職業意識も定まっていない段階で就職を決めたために，就職前のイメージと就職後の実態との大きなギャップがあり，離職・転職をすることもある。

このような若年層の雇用のミスマッチの回避や早期離職防止のために，さまざまな取り組みが行われている（永野編 2004）。

(1) インターンシップ制度

インターンシップ制度とは，学生が自己の適性を把握したり，職場の業務内容を理解するために在学中に企業などで一定期間行う就業体験およびその機会を与える仕組みのことをいう。この制度によって学生は，企業の現場を実体験することで，将来のキャリア形成に向けて学習計画を見直したり，ビジネスマナーや職業意識を身につけたりすることができる。企業にとっては，学生に企業の実態を理解・評価してもらう機会となり，異質な価値観に接触することで職場の活性化にもつながる。

また，大学などにとっては，教育効果を確認し，授業内容の充実を図る契機となるとともに，学生の学習意欲の向上を図ることができる。実際に，アメリカではインターンシップを経験した学卒者は，現実とのギャップを感じることが少ないため定着率が高く，結果的に採用コストの削減に寄与しているという。

近年，日本企業では学生の就業体験を支援するインターンシップ制度を導入する動きが広がっている。一般的に，学生の休みの期間中に実施されることが多く，期間は1週間から1カ月程度である。通勤費は支給するものの，労働ではなく教育という趣旨から報酬を支給しない場合が多い。

(2) 新卒紹介予定派遣

紹介予定派遣とは，職業紹介を前提とした派遣制度で，2000年の労働者派遣法の改正によって認められるようになった。派遣社員として一定期間，派遣先で働き，派遣終了時に派遣社員がその派遣先に就職を希望し，派遣先にその派遣社員の採用意思がある場合，正社員として採用される。派遣される学生に

とっては自分の適性や能力，意向に応じて会社を選ぶことができ，派遣期間中に自分が働く企業の仕事をあらかじめ実体験できるのでミスマッチも少ない。企業にとっても面接などの手間などが省けるだけでなく，自社にマッチした優秀な人材を採用することができるというメリットがある。

(3) RJP

　離職の原因はさまざまであるが，一般的には採用時のミスマッチが最大の原因として指摘されている。すなわち，職場や仕事に対して抱いていた入社前のイメージと現実との間にギャップを感じ，早期離職するケースが多いことである。このような採用時点における企業と求職者のミスマッチから生じる離職を軽減する採用方法として「RJP (Realistic Job Preview)」理論がある。この理論は，アメリカの産業心理学者ワナウス（Wanous）によって提唱されたものである。これにより，採用後の定着率を高める効果がアメリカでは認められている（永野編 2004；堀田 2007；金井 1994）。日本ではRJPを，「現実的な仕事情報」または「本音採用」と訳されている。

　RJPは，採用前に求職者に職場や仕事の実態について良い面だけでなく悪い面も含めてありのままの情報を応募者に提供することを示している。実際には採用時，企業は応募者の選考のために，逆に求職者は企業の選択のために正確な情報を必要としている。しかし企業は求職者に，求職者は企業に自らを売り込もうという意識が強いために，良い情報だけをアピールする傾向が強い。

　RJPはこの矛盾を軽減し，企業が求職者により実態に近いリアルな情報を提供すること，さらにその情報をもとに求職者が自らの意思と判断で就職希望企業を選び取る姿勢を促進しようという考え方である。判断材料を正しく得た求職者が自らの決断で選択した場合なら，ギャップを感じる可能性は少ないはずだという理論である（図表4-7）。

　RJPの実証研究等から，RJPが入社後初期の期待を現実的なものにし，新入社員の定着を促す効果が明らかにされている。RJP理論では次のような4つの心理的効果が期待される（堀田 2007, p.62；金井 1994）。

　① ワクチン効果
　企業や仕事に対する過剰な期待を事前に緩和し，入社後の失望・幻滅感を和

図表 4-7　RJP 理論に基づく採用と伝統的な採用との比較

	求人	選考	入社		
RJP 理論にもとづく採用	悪い情報も含めゆがめることなく誠実に伝える	本気の（良質な）応募者に絞られる	個人の欲求と組織風土との適合を，能力の適合とともに重要視	期待が確認される	満足・定着
伝統的な採用	よい情報を売り込む	応募者の母集団を大きくする（企業が優位にたつ採用）	企業が必要とする能力と個人の能力の適合を，個人の欲求と組織風土との適合よりも優先	期待が裏切られる	不満・離職

出所：堀田聡子「採用時点におけるミスマッチを軽減する採用のあり方―RJP (Realistic Job Preview) を手がかりにして」『日本労働研究雑誌』No. 567, 2007 年, p. 62。

らげることが期待される。すなわち，事前に仕事の辛い面を伝えてあるので，求職者の過剰な期待を冷ませ，入社後の幻滅を抑制する。

② スクリーニング効果

自ら十分な情報をもって組織との適合性を判断する自己選択・自己決定を導くことが期待される。すなわち，自分がその仕事に本当に向いているかどうかを改めて考えさせる。

③ コミットメント効果

会社の誠実さを感じさせ，愛着や帰属意識を高める。すなわち，困難を承知で，でもその仕事をやり遂げたいという強い仕事欲求を醸成する。結果としてリテンション（雇用保持）に大きな効果を見込めるというものである。

④ 役割明確化効果

入社後の役割期待を明確化し，仕事への対応をより効果的にする。すなわち，入社後，何を期待しているかを企業が求職者に明確に伝えることで，仕事への満足度ややる気の維持につながることである。

7. 男女雇用機会均等法と募集・採用

雇用の入口である募集採用は，労働者の職業生活を決定づける重要な段階で

ある。この段階で男女間に不均等な取り扱いがあると，その影響は最後まで及ぶことになる。このため女子に対して男子と均等な機会を与えるべきことが1986年4月に「男女雇用機会均等法」として施行された。この法律により，それまでの男女別の雇用管理制度を改め，総合職，一般職のコースを設定し，コースごとの処遇を行う等のシステムとして，金融機関等の大企業を中心に導入されてきた。コース別雇用管理の導入により，基幹業務を担い，将来の管理職候補となる総合職として女性が採用され始め，また，従来補助的業務に従事していた女性についても，コース転換制度等により，職域を拡大させたり，昇進する女性が現れる等企業における女性登用の1つの契機となった。

男女雇用機会均等法では，募集及び採用について，性別を理由とする差別や間接差別を禁止している。

■法第5条（性別を理由とする差別）
① 募集・採用の対象から男女のいずれかを排除すること。
② 募集・採用の条件を男女で異なるものとすること。
③ 採用選考において，能力・資質の有無等を判断する方法や基準について男女で異なる取扱いをすること。
④ 募集・採用に当たって男女のいずれかを優先すること。
⑤ 求人の内容の説明等情報の提供について，男女で異なる取扱いをすること。
■法第7条（間接差別）
① 募集・採用に当たって，労働者の身長，体重または体力を要件とすること。
② 総合職の労働者の募集または採用に当たって，転居を伴う転勤に応じることができることを要件とすること。

また，性別による差別・間接差別とともに年齢による差別も「年齢差別禁止法」によって規制している。アメリカでは雇用における年齢差別禁止法によって，年齢差別が厳しく規制されている。面接において年齢をきくことも違法であり，履歴書への記載も顔写真添付も不要である。EUでは2006年末，すべての加盟国が年齢差別を禁止する法律を制定した。日本では2007年に雇用対策法が改正され，「労働者の募集及び採用について，年齢にかかわりなく均等な機会を与えなければならない」とされ，年齢制限の禁止が義務化された。ただし，募集の際の制限が撤廃されたのみであり，定年制にみられるように，実際には年齢による選別が行われているのが実態である。

□引用・参考文献

岩出博『LECTURE 人事労務管理』泉文堂，2007年。
大沢武志『採用と人材測定』朝日出版社，1989年。
金井壽宏「エントリ・マネジメントと日本企業のRJP指向性」『神戸大学経営学部研究年報』第40巻，1994年。
上林憲雄・厨子直之・森田雅也『経験から学ぶ人的資源管理』有斐閣，2010年。
佐野陽子『はじめての人的資源マネジメント』有斐閣，2007年。
人事管理研究会『人事管理実務』産業能率大学出版部，2003年。
菅野和夫『労働法（第八版）』弘文堂，2008年。
竹内一夫『人事労務管理』新世社，2001年。
竹内篤博『大学生の職業意識とキャリア教育』勁草書房，2005年。
栩木誠・佐々木栄『新卒採用の進め方』日本経済新聞社，1998年。
中川恒彦『人事・労務担当者のやさしい労務管理』労働調査会，2010年。
永野仁編『大学生の就職と採用』中央経済社，2004年。
堀田聡子「採用時点におけるミスマッチを軽減する採用のあり方—RJP（Realistic Job Preview）を手がかりにして」『日本労働研究雑誌』No. 567，2007年。
八代充史『人的資源管理論　理論と制度』中央経済社，2009年。
労務行政研究所「変わる企業の採用事情」『労政時報』第3485号，2001年3月30日。
渡辺峻『コース別雇用管理と女性労働』中央経済社，1995年。

■演習問題

1. 次の文章の（　）の中に適切な言葉を書き入れなさい。
 1. 人的資源の質と量の大枠を決めることを（　　　　）といい，これによって定められた大枠の中で，部門別，職種別などを必要に応じて，配分することを（　　　　）という。
 2. 日本では1977年に大学・短大などの（　　　　）の採用開始時期につ

いて大学側と企業側の間で（　　　）を結んでいる。
3．日本では，（　　　）を一括採用した後，適性を見て配属を決めることが一般的であったが，最近は，技術系採用，営業系採用など，（　　　）を行う企業が増えてきている。
4．自社の求める行動特性を持つ人材を発掘する新しい採用方法として（　　　）が導入されている。
5．RJP の 4 つの心理的効果として，① （　　　），② （　　　），③ コミットメント効果，④ 役割明確化効果がある。

II．次の問題を説明しなさい。
1．要員計画の重要性について説明しなさい。
2．採用選考における RJP 理論の意義について説明しなさい。

第5章

配置・異動管理

1. 配置・異動とは

　配置・異動とは，従業員を異なる職務や職場に移すことであり，一般的には，人事異動や配置転換といわれている。従業員を特定の職務につける手続きを「配置」といい，従業員を役職につける昇進やより上位の資格に格づける昇格を含め，基本的には現在従事している職務から別の職務に従業員を移す手続きを「異動」という（岩出 2007）。

　配置・異動はさまざまな目的から行われている。配置・異動を実施目的別に分類すると，次のような形態で区分できる（労務行政研究所 1998）。

　① 従業員の能力開発・人材育成のための異動

　これは企業内の従業員に対する各職務間の幅広いジョブ・ローテーションないし人事異動を通じて，従業員の多様な経験蓄積やキャリア開発，そして将来の人材育成を目的とするものである。

　② 適材適所への配置を目的とする異動

　個人の能力や適性の正確な把握や各部署の職務内容や求められるレベルの把握に基づいて行われる異動形態である。

　③ 経営戦略としての人材の再配置を目的とする異動

　新規事業への進出，事業拡大，営業所等の開設等に伴う再配置や各部署の組織再編に伴う再配置，そして営業所等の移転・統合・縮小・廃止に伴う再配置のために行われる異動形態である。

　④ 新技術の習得・生産性向上のための異動

　企業の経営活動に必要な新技術の習得や経営の多角化など，環境変化に対応

するための異動の形態である。
　⑤　後継者養成・人的資源の効率的活用のための異動
　企業内のすべての部門や階層への計画的な配置転換やジョブ・ローテーションを通じて後継者の養成や人的資源の効率的活用のために実施される異動形態である。
　⑥　職場雰囲気の刷新・組織活性化のための異動
　同一職務に長期間勤務することによって，仕事に対するマンネリ化を防止し，職場内の雰囲気の刷新と組織の活性化のために実施される異動形態である。
　⑦　人間関係改善・従業員の動機づけのための異動
　職場内の従業員相互間ないし上司と部下間のトラブルや葛藤を解消し，従業員のモラール向上や動機づけのために実施する異動形態である。
　以上のような人事異動は，定期異動または随時異動という形で行われる。定期異動は，一定の時期を定めて企業内の各部門間や各職位間で行われる異動形態である。日本企業では，特定の職場ないし職務に一定期間（通常3～5年）従事した従業員を対象に，定期的に年1回異動させる定期人事異動慣行がある。一方，随時異動は，特定の時期を定めず企業側の必要性や従業員の希望によって，その都度行われる異動形態である。欧米の企業では，必要に応じて異動が実施される。

2．初任配属と異動の種類

　アメリカでは，あらかじめ担当職務を明示して採用が行われ，配属先が確定されており，職務配置が原則である。これに対して，日本では配属先が未定で職場配置が原則である。日本の採用慣行の特徴の1つとして新規学卒一括採用がある。新規学卒者の採用の場合，採用者数は，事業計画などによる採用計画に基づいて決められる。採用後の配属先を確定して採用活動を行う企業は一般的ではない。採用選考や内定の段階で決められているのは，事務系・営業系・技術系などといった配属先の大括りの部門であることが多い。したがって，入

社後に具体的な配属先の職場が決まることが多い。これを初任配属という（八代 2009）。

　新規学卒者の初任配属の方法には，大きく2つの類型がある。1つは，営業所や工場などに新規学卒者の全員を1〜2年間一定期間配属し，当初の採用計画で配属が予定されていた部門の職場に配置するものである。もう1つは，初めから当初の採用計画で配属が予定されていた部門の職場に配置するものである。前者には，本社など間接部門に将来配属されるものに対しても現場の仕事を一通り経験させるねらいがある。このような採用方法を採用するのは，例えば，営業所での第一線の現場経験は，本社で営業企画の仕事をする際に，有益であると考えられているからである。

　前述したいずれの配属方法であっても，採用計画で予定されていた部門へ配属された後の一定期間を，従業員の適性を観察する期間，すなわち本配属前の仮配属期間として位置づけ，配属先の部門や職場を変更する機会を設けている企業もある。初任配属については，人事部が最終的に採用選考プロセスの中で交換した情報，本人の希望・能力・適性・大学の専攻等と合わせて総合的に判断し決定する（佐藤・藤村・八代 2007）。

　初任配属先が決まった後は，一定期間で他の職場へ異動するのが一般的である。日本では定期的に能力開発や仕事の経験の幅を広げるために，異動が行われている。

　異動には，大きく社内異動と社外異動がある。社内異動には部門内や部門間で行われるヨコの異動と昇進・昇格といったタテの異動がある。また，社外異動には企業間で行われる出向・転籍といったものがある。異動は，従業員のキャリアアップおよび業務上の必要性により多くの企業で行われており，次の3種類がある。

　①　部門内の異動

　企業内各部門内の類似職務に従事する従業員相互間に行われる水平的な異動の形態である。例えば，人事部門の中には採用課，人事企画課，研修課，労務課などいくつかに分かれているが，同じ部門の中で行われる異動がその例である。

　②　部門間の異動

企業内の部門を超えて行われる異動形態で，部門と部門間の異動または本社と支店との異動などがある。例えば，営業部から総務部へ，東京本社から福岡支店へ，大阪支店から神戸営業所への異動がその例である。
③　企業間の異動
景気変動や労働市場の変化に対応するために，子会社，関連会社への企業間に行われる異動形態で，出向，転籍などがその例である。

3. 企業グループ内の人事異動

人事異動といえば，一企業内における社内異動が中心であったが，一方で，社外異動としての出向や転籍といったものもある。主として関連子会社をもつ大企業で実施される場合が多い。

(1) 出向

出向とは人事異動・配置転換の一種で，出向者が雇用契約を結んでいる出向元企業に社員として籍を残したまま，出向先企業の指揮命令に従って職務を遂行するものである（図表 5-1）。出向は企業の外に向かって行われる点で，同一企業内での就業場所または職務の変更にとどまる配置転換（配転）と異なる。出向には，自己の雇用先（出向元）の従業員の身分を保持したまま，普通は休職扱いとなって別の企業（出向先）で就労する在籍出向と，雇用先の従業員の身分を喪失する移籍出向（転籍ともいう）とがある。いずれの場合も，出向元と出向先との間の出向に関する協定が前提として必要である。移籍出向の

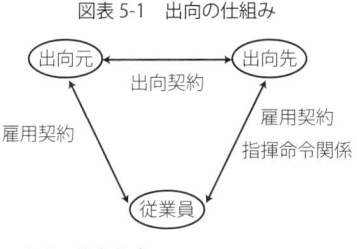

図表 5-1　出向の仕組み

出所：筆者作成。

場合,出向元との雇用契約が解消され,新たに出向先と雇用契約が締結される。これに対し,在籍出向の場合は,出向元と出向先の両方に雇用契約が存在するとみるか,少なくとも出向先との間で雇用契約に近い関係が存在することになる。そのため,出向に関する協定などで,それぞれが負う責任の内容が決められることになる。

出向者の賃金については,出向先企業の賃金が出向元企業に比べて低い場合は出向元企業がその差額を負担するのが一般的である。

出向を目的別で分類すると,① 企業集団統合型,② 出向先強化型,③ 従業員排出型,④ 教育訓練型の4つに類型化できる(図表5-2)。これまでは中高年齢者を対象に系列企業などへ出向させることが一般的であったが,しだいに雇用調整の手段として一般従業員も対象とされるようになった(永野1989)。

図表 5-2　出向タイプ

出向タイプ	出向の目的	主な年齢層	出向元への復帰可能性
企業集団統合型	グループ各社の結びつき強化	中高年者	
出向先強化型	経営指導・技術指導	中高年者が多いが,企業集団統合型よりやや若い	高い
従業員排出型	役職ポスト不足対策	中高年者	低い
教育訓練型	出向者の能力向上	若年層	極めて高い

出所:永野仁『企業グループ内の人材移動の研究』多賀出版,1989年,p. 65。

(2) 転籍

転籍とは,これまでの転籍元企業との雇用契約を打ち切り,他の企業へ籍を移すことで転籍元企業と新たな雇用契約を結び,転籍先企業の就業規則に従って職務を遂行することである(図表5-3)。

転籍の場合,籍を移す本人の合意はもちろんであるが,新たな雇用契約を結ぶ転籍先企業の合意も必要となる。転籍はこれまで社内で手掛けていた事業を別会社化して運営する場合など,組織再編,新会社設立などに伴って発生することが多くなっている。

第 5 章　配置・異動管理　　97

図表 5-3　転籍の仕組み

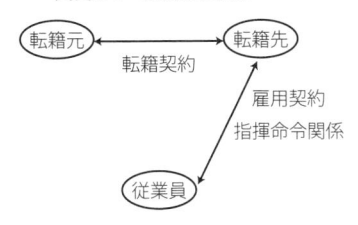

```
    転籍元 ←――→ 転籍先
         転籍契約    ↑
                  │雇用契約
                  │指揮命令関係
                  ↓
              従業員
```

出所：筆者作成。

(3) **出向・転籍の基本原則**

　出向や転籍を決める場合には，個々の対象者の同意だけでなく，労働組合も含めて全社的に納得し得る基本的な原則を作っておくことが必要である。
　出向・転籍の基本原則を挙げると，次のとおりである。
　第1に，出向・転籍を行う場合は，出向・転籍の理由をきちんと整理し，出向・転籍対象者に誠意をもって説明し，本人の同意を求めるよう努力しなければならない。
　第2に，採用時から出向・転籍の可能性があることを予め本人に納得してもらうことが必要である。
　第3に，出向・転籍者の処遇条件を予めきちんと決めておく必要がある。
　第4に，会社側から見た出向・転籍の目的や対象者の仕事上の適性だけでなく，対象者本人の個人的事情を配慮することが必要である。
　第5に，出向・転籍先の事業内容や自社との関係，出向・転籍先での役割などを予め対象者が十分納得のいくように説明しておく必要がある。

4．日米の配置・異動の特徴

　日本とアメリカとでは配置・異動の考え方が異なる。その違いは人的資源管理の基軸が日本は人中心であるのに対し，アメリカは職務中心であるからである。
　アメリカ企業では，職務中心の人的資源管理のためにまず，企業内のすべ

ての職務を対象に「職務分析」(job analysis) を行い，その内容を職務遂行上必要な人的資格要件を記述した「職務明細書」(job specification) と各人が担うべき職務内容を明文化した「職務記述書」(job description) にまとめられる（第3章参照）。したがって，アメリカでは各人の担当職務が明確になっているため，職務別採用が中心であり，職務配置を基本とする。また，職務記述書に書かれた職務（仕事）以外のことはやってはいけないし，たとえ同僚が仕事上で困っていても，それを手伝ってもいけないのが一般的なルールとなっている。その理由は，職務内容で賃金額が決定される「職務給」を採用しているからである（岩出 2009）。

これに対し，日本企業の場合は，新規学卒者の採用が中心であり，一定の新入社員教育を行った後，本人の希望や適性をみて，人事部主導で初任配属としての「職場配置」が行われる。また，アメリカのように職務採用でないため，職務の割当は多くの場合，易しい仕事から困難な仕事へ，基礎的な仕事から応用的な仕事へと，本人の職務遂行能力の伸長に合わせて職務内容を柔軟に変えていくのが実態である。

日本企業でこのような従業員配置と仕事割当が行われる背景には，職務を固定して人員配置を行う慣行が発達していないからである（岩出 2009）。〈図表5-4〉は，アメリカと日本の企業における職務割当のあり方をイメージ的に示したものである。

図表 5-4 日米企業における職務割当のイメージ

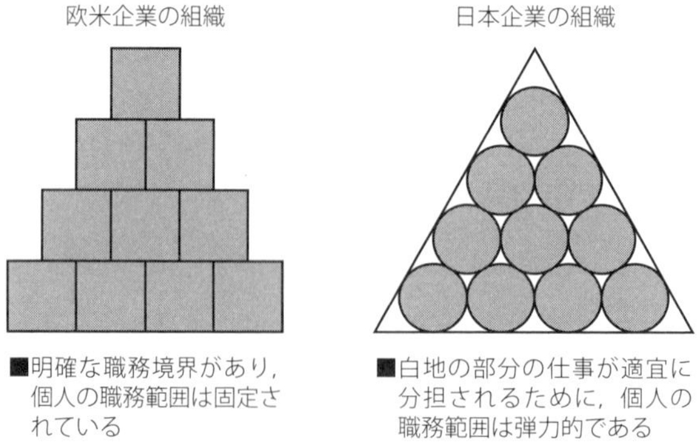

欧米企業の組織
■明確な職務境界があり，個人の職務範囲は固定されている

日本企業の組織
■白地の部分の仕事が適宜に分担されるために，個人の職務範囲は弾力的である

出所：岩出博『新・これからの人事労務』泉文堂，2009年，p. 73。

また，アメリカでは，自分の意志で異動を行う傾向が強く，自己申告制度，社内公募制度，キャリア・ディベロップメント・プログラム（CDP）などが発達しており，しかも転職を繰り返しながら昇進していくという傾向がある。一方，日本では会社主導で異動・配置が決められ，しかも広い範囲に及ぶ点に特徴がある。最近では，従業員本人の希望を配慮したさまざまな配置異動制度が導入されている。また，アメリカにおける人事異動は，職務別・職種別採用が一般的であるため，必要な時のみ行われる。しかし，日本では，新卒一括採用のため，定期的に人事異動が行われる。

このような日米の配置異動の違いは，キャリア形成にも現れている（図表5-5）。アメリカの場合は，1つの職務（職種）につき経験と実績を積み上げ，その職務についてのより高度の職務能力を伸ばしていく「スペシャリスト的キャリア形成」が特徴的である。

これに対して，日本では，前述したように，定年までの長期継続雇用を前提に，企業内のさまざまな職務を経験しながら職務能力の多能化と高度化を図っていく「ゼネラリスト的キャリア形成」を特徴としている（岩出2007）。

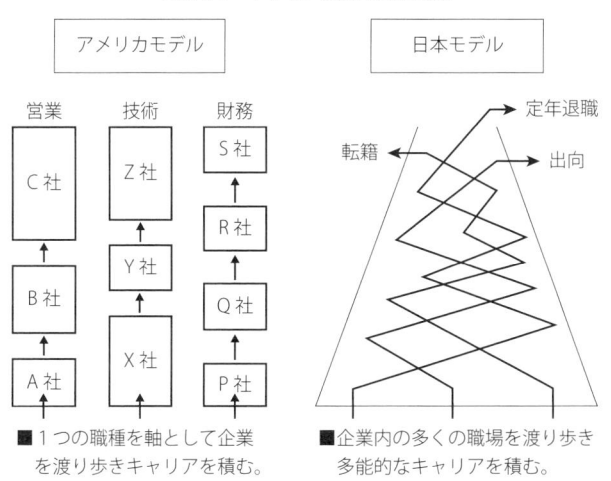

図表 5-5　キャリア形成の日米比較

■1つの職種を軸として企業を渡り歩きキャリアを積む。　　■企業内の多くの職場を渡り歩き多能的なキャリアを積む。

出所：岩出博『LECTURE 人事労務管理』泉文堂，2007年，p. 189。

5. 配置・異動の新しい仕組み

　これまでの日本の人的資源管理制度は，終身雇用制と年功序列制度の下に従業員の長期雇用を保障した上で，従業員の配置・異動を会社の全社的ニーズに基づいて決め，従業員は会社から与えられた仕事・処遇を当然のこととして受け入れるといった一方向的なものであった。また，終身雇用で年功序列だった時代には，処遇は同期と同じで真面目に勤めていれば職を失うこともなく，定期的に昇給・昇格していける安心感があった。

　ところが今やこの日本型雇用システムは崩壊しつつあり，企業側が終身雇用制・年功序列に代わって，業績連動型賞与や成果主義によって各社員を所属部門の業績や担当職務の成果に応じて処遇すると同時に，従業員は自らの意思で選択し責任を負う時代になった。

　企業と個人の関係も大きく変わった。従業員は自分の雇用可能性を高めていかなければならなくなっており，自分のキャリアは自分の責任の下で作っていかなければならない。自分が所属している部門がいつ他社に売却されたり，分社されて切り離されたりするかわからない時代になったのである。

　このような日本社会の構造変化の中で，配置・異動において本人の希望を反映させるという動きがある。その主な制度として次のものがある。

(1) 自己申告制度

　自己申告制度は，現在あるいは将来に向けた担当業務や職場（配属），キャリア形成などに関する従業員の意思・意向を情報として収集し，処遇や配置，育成などに反映するために行われる制度である。申告書に記入する主な項目は① 現在の仕事に対する適性，② 現在の職場を異動したいか否か，③ 将来どんな分野で仕事をしていきたいか，④ 希望する勤務地はあるか，⑤ 家庭の状況などである。

　人事担当部門では，その申告をもとに従業員の個性・能力を的確につかむことができ，適材適所の人員配置が可能となる。また，従業員自身の企業活動へ

の参加・勤労意欲を高めるという効果も期待されている。自己申告制度は多くの企業に採用されているが，申告通りの配置ができない場合，かえって従業員の不満やモラールの低下をもたらす危険があるなど，必ずしも十分に機能していないのが現状である。

(2) 社内公募制度

　社内公募制度は，会社が必要としているポストや職種の要件を，あらかじめ従業員に公開し応募者の中から，必要な人材を登用する仕組みのことである。新規のプロジェクトや事業を展開する場合や特定の部門の事業部門が人員の拡充を行う際に，必要な人材を外部の労働市場に求めるのではなく，社内に募集広告を出し，個人は自由にこれに応募し，選考に通れば異動が実現できる制度である。

　アメリカでは，退職や昇進によってある職位に空席が出た場合，社内の従業員に昇進や異動の機会を公平に与えるために，日常的に社内から希望者を募集する。これを社内公募制度（job posting system）と呼んでいる（竹内 2001）。

　社内公募制度のポイントは，基本的に直属上司を経由することなく，秘密裏に直接応募書類を人事部に提出できることである。そして，当該部署との面接選考などが行われ，異動が決定されると直属上司はその決定に反対できないという仕組みになっている。不採用になった場合，その本人が応募してきたことは上司には秘密にされている。それは人間関係に悪影響を与えないという配慮からである。

　日立製作所の社内公募制度は，人材を必要とする事業部門がイントラネット上で必要な人材像を公表し，一定の選考を経て異動を決定する仕組みとなっている（図表5-6）。

　応募資格は，勤続3年以上で，現在の部署に1年以上在籍していることが条件となっている。応募があった場合，労政人事部は勤続・在籍年数等の要件をチェックするだけで，実際の選考は募集部門が行う。不合格者への対応はとくに行っていない（労務行政研究所編 2005）。

図表 5-6　日立製作所の社内公募制度

区　　分	内　　容
応 募 資 格	●日立製作所および本制度参加の日立グループ各社 ●応募資格は，原則として勤続3年以上でかつ現所属に在籍して1年以上の社員
告 知 方 法	●イントラネット全社ホームページに募集の都度掲載 ●社内ホームページ上から，メールアドレスを登録した者に，新規の募集情報「社内公募メールマガジン」を配信 〈掲載項目〉 　公募職種，公募人員，仕事・職務の内容，応募者の資格要件，推進責任者，所属・勤務地，応募締め切り
応 募 方 法	●応募者は，ホームページに登録されている応募用紙に必要事項を記入し日立製作所労政人事部へ提出 〈記入項目〉 　現在の職務内容，これまでの職務内容・経歴，資格・表彰等，応募動機，自己PR(応募職種に向いていると考える理由，応募テーマに従事していくうえでの抱負)
審査・選考方法	●日立製作所労政人事部で応募資格要件の形式審査後，募集部門が書類選考，面接を実施 ●面接の日時・場所等は本人のみへ連絡し，面接日は休日等に設定（所属部門に知られないための配慮） ●合格の場合は，所属部門の人事部門経由で上司・本人へ連絡 ●不合格の場合は，本人にのみ直接連絡(所属部門が応募の事実を知ることはない)
そ の 他	●所属部門に異動の拒否権なし ●原則として速やかに新職場へ赴任するが，業務引き継ぎ等やむを得ない場合は，2カ月を限度とし異動時期を調整

出所：労務行政研究所編『人事担当者のための次世代人材育成の手引き』2005年，p.139。

(3)　社内 FA 制度

　社内 FA 制度は，社内公募制度と同じように従業員が自ら手を挙げる点では共通している。社員公募制度が求人型であるならば，社内 FA 制度は従業員本人の異動希望によって自由にどの部署のどのような職務にも応募できる求職型である。FA (free agent) とは，プロスポーツのフリーエージェント制からとられた呼称である。FA 資格をもった従業員が自らの経歴や能力，希望する職種や職務を登録して売り込み，各部署や部門が必要とする従業員を選抜する制度である。

　従業員にとっては，持てる能力を存分に発揮する好機であり，会社側にとっては，社内の埋もれた人材を発掘しチャレンジ精神を高め人材を活用する可能

性を持った制度である。社外転職のリスクを負わずに転職できるような制度であるため、社内転職とも呼ばれている。社内公募制度と社内FA制度は、ともに、成果主義の現れであるとする考え方もあるが、これらは、社外への人材流出を防ぎ、長期的で安定した雇用の実現を試みる企業努力の一環でもある。多くの場合、応募者の所属長の意思に関係なく応募でき、またその結果について所属長が異議を唱えることができない。

日立製作所の社内FA制度は、個人別キャリアデータベースを活用し実施されている（図表5-7）。

応募資格は、グループ公募制度と同じく勤続3年以上、現所属在籍1年以上（ただし、総合職のみ）となっている。データベースに異動希望・希望業務を公開（「FA登録」）したうえで、所属上長を通さずに、直接希望職場に応募（「FA応募」）する。また、データベースには、自らのスキル、経歴、意欲なども入力でき、本人が公開した内容は、大半の従業員が閲覧できるシステムになっている。

図表5-7　日立製作所の社内FA制度

応募資格：勤続3年以上、現所属在籍1年以上の総合職

【本人】

【FA登録】（毎月4月・10月）
- 異動希望者は、社内イントラシステム "Human Capital Data Base"（H.C.DB）に「FA登録」（今後の希望業務を登録）
- 上司は、部下の「FA登録」の有無を確認することができる
- 上司は、必要に応じ面談等で本人の意思を確認することが可能。ただし、「FA登録」の撤回を強制することは不可

【FA応募】（毎年4月・10月）
- 「FA登録」を経たうえで「FA応募」を決意した者は、異動希望先部署および希望業務等を記載した「FA応募用紙」を本社労政人事部宛にメールで送付する
- 上司への報告は不要

【求人部署】

【スカウティング】
- 人材を必要としている部門は、「FA登録」者の中に、欲しい人材がいる場合、自部門の人事担当部門に、個別勧誘を依頼できる
  ↓
- 人事担当部門は、該当者に「スカウティングメール」を送付し、「FA応募」を勧誘することができる

【選考・合否連絡】
応募先部署の人事担当部門にて実施

〈不合格〉
本人にのみ直接連絡

〈合格〉
所属元人事担当部門経由本人・上司へ連絡

出所：労務行政研究所『人事担当者のための次世代人事育成の手引き』2005年、p.140。

所属部署に異動の拒否権はないが，社内公募制度と違い，FA 登録した時点で，登録したことを直属上司が確認できる仕組みとなっている（労務行政研究所編 2005）。

(4) 社内ベンチャー制度

社内ベンチャー制度は，既存の企業の内部に，社内公募等で新規事業プランを公募し，審査を通過した者に対して，新規事業やベンチャービジネスを行うそのための部門を設けたり，子会社として会社を新設したりする制度である。社内起業制度とも呼ばれる。

企業における新規事業開発の手法の1つで，企業内起業家の育成や組織の活性化を目的として大企業において導入されることが多い。実力のある従業員に対し，会社が資金や人員を提供し，新規事業の提案・企画・開発を独立した組織（社内の新規事業部門）として運営させる，あるいは子会社として分社独立させるケースもある。新規事業を行う側のメリットとしては会社が保有する既存の人材，設備，資金，販路，情報等の経営資源やブランド力を有効に活用できる点である。その担い手は主に社内公募等により選ばれる。

社内ベンチャー制度の運用は，① 社員から新規事業展開のアイディアを募集，② アイディアの事業化可能性を審査，③ 事業化可能で将来性のあるアイディアを選定，④ アイディア提案者に事業をまかせる，という流れとなっている。

(5) 複線型人事制度

複線型人事制度（multi-career ladder system）は，多様な志向の従業員が自分のライフスタイルに適した働き方を選択できるように，企業内に複数のキャリアコースを設けた人事制度である。すなわち，従来のような一律的な人事制度ではなく，職群，勤務地域といった区分で設計された人事制度である。

複線型人事制度が導入された背景には，次の理由がある。少子高齢化，企業競争が激化する中，企業の人材採用競争も激化している。一方，働く側ではライフスタイルの多様化が進み，自分のライフスタイルに適した仕事をしたい従業員が増加している。そのため，企業ではさまざまな志向を持つ人材に活躍の

場をコースとして提供できるよう，コースの区分に応じた複線型の人事制度を導入するようになった。

複線型人事制度には，次のような種類がある（図表5-8）。

図表5-8　複線型人事制度の種類

制度	内容	対象者	背景
キャリア選択制度	●管理職コース ●専門職コース ●専任職コース	管理職適格者	●定年延長 ●ポスト不足
職務コース制度	●総合職コース ●一般職コース ●準総合職コース	男女	●雇用機会均等法への対応 ●女性のキャリア志向
勤務地コース制度	●全国転勤コース ●ブロック内転勤コース ●通勤圏内転勤コース	男女	●女性のキャリア志向 ●個人生活重視の価値観
進路選択制度	●選択定年制度 ●転職・独立援助制度 ●出向・転籍	中高年齢者	●定年延長 ●中高年対策 ●自立志向

出所：岩出博『LECTURE 人事労務管理』泉文堂，2007年，p.191。

① キャリア選択制度

キャリア選択制度は，キャリア選択コースとして，管理職コース，専門職コース，専任職コースの中から1つを選択させる制度である。管理職（general manager）とは，従来の職場管理者を，専門職（professional）とは，特定の専門分野に特化した専門家を，専任職（expert）とは，長年の経験により蓄積した実務知識・技能を駆使するベテランの熟練者・実務者を意味している。多くの場合，職群で区分されていることが多い（谷田部1992）。

② 職務コース制度

職務コース制度は，男女雇用機会均等法（1986年施行）への対応として導入されたもので，日本の正社員のコース区分のことである。職種別採用，職務給制度の欧米には存在しない概念である。コース形態は，業務内容や転勤の有無等によって区分される。「総合職」「一般職」の区分の他にも企業によってさまざまな形態がある。

職務コースは，「一般職→総合職」，「総合職→一般職」のように，企業に

よってはコース変更が可能な運用をしているところもある。これをコース転換という。

③　勤務地コース制度

勤務地コース制度は，勤務地の範囲による区分で，個人生活重視の価値観の台頭や単身赴任に対する批判の高まりなどを背景に導入されたものである。コースは，地域限定社員，複数地域からなるブロック内の転勤社員，全国転勤社員，グローバル（海外転勤）社員に区分される。そして地域の生計格差や，転勤に伴う負荷やリスクを考慮した処遇を設定している。

また，近年，高齢社員の第2の人生に配慮して再雇用に当たり，通常勤務のほかに短縮勤務形態コースや退職後に業務委託契約するといったコースを設定する企業も増えている。

④　進路選択制度

進路選択制度は，もともと定年延長・従業員の高齢化・ポスト不足など，中高年者対策の一環として中高年者の雇用の流動化を促すために導入されたものである。すなわち，一定年齢で自らのキャリアを選択させることで，個人のニーズにあった働き方を実現し，組織活性化を行うことを目的に行われるもので，選択定年制度がその例である（図表5-9）。

具体的には，「それまでと同じ条件で定年まで働き，その後60歳になったら退職する」というコースと，「定年になったらいったん退職し，その後改めて雇用契約を結び，65歳まで働く」というコースを企業側が用意し，従業員

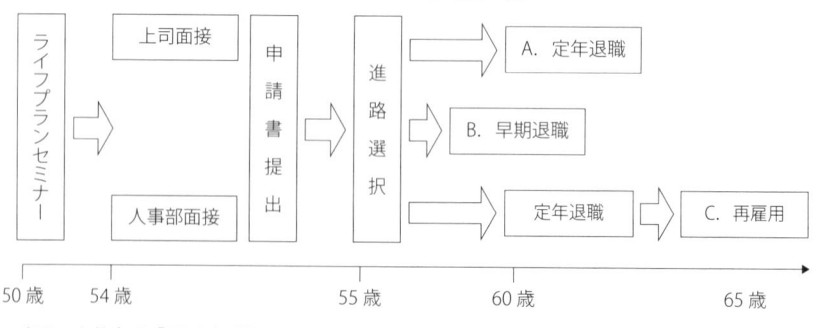

図表5-9　進路選択制度の例

出所：小林由香「雇用延長後の人事と賃金」『人事マネジメント』2006年8月，p.114。

に選ばせる。あくまで選択するのは従業員本人なので，企業が進路を指定したり，誘導したり，強制してはいけない。

□引用・参考文献

伊藤健一『よくわかる現代の労務管理』ミネルヴァ書房，2006年。
石田英夫『日本型HRM』慶応義塾大学出版会，2008年。
岩出博『LECTURE 人事労務管理』泉文堂，2007年。
岩出博『新・これからの人事労務』泉文堂，2009年。
今野浩一郎『人事管理入門』日本経済新聞出版，2009年。
佐藤博樹・藤村博之・八代充史『新しい人事労務管理（第3版）』有斐閣，2007年。
人事管理研究会『人事管理実務』産業能率大学出版部，2003年。
竹内一夫『人事労務管理』新世社，2001年。
永野仁『企業グループ内の人材移動の研究』多賀出版，1989年。
八代充史『人的資源管理論　理論と制度』中央経済社，2009年。
谷田部光一『専門職制度の設計と運用』経営書院，1992年。
労務行政研究所編『人事担当者のための次世代人材育成の手引き』労務行政研究所，2005年。
労務行政研究所編『高年齢者処遇の設計と実務』労務行政，2013年。

■演習問題

1．次の文章の（　）の中に適切な言葉を書き入れなさい。
1．従業員を特定の職務につける手続きを（　　　　）といい，現在従事している職務から別の職務に従業員を移す手続きを（　　　　）と呼ぶ。
2．社内異動には部門内や部門間で行われる（　　　　）異動と昇進・昇格といった（　　　　）異動がある。また，社外異動には企業間で行われる（　　　　）・（　　　　）といったものがある。
3．社員が自らの経歴や能力，希望する職種や職務を登録して売り込み，各部署や部門が必要とする社員を選抜するのが（　　　　）制度である。

4．キャリア選択コースには，（　　　　　）コース，（　　　　　）コース，（　　　　　）コースがある。
5．自分のライフスタイルに適した仕事をしたい社員が増加している中，企業ではいくつかのコースを設けた（　　　　　）人事制度が導入されている。

Ⅱ．次の問題を説明しなさい。
1．日米の配置・異動の特徴について説明しなさい。
2．社内公募制度と社内 FA 制度の違いについて説明しなさい。

第6章

昇進・昇格管理

1. 昇進・昇格とは

(1) 昇進と昇格の違い

　日本の人事制度は，資格制度と役職制度の2つの人事制度からなっている。すなわち，資格と役職を区分し，資格は「社内での位置づけ」を，役職は「組織における役割」を示している。係長→課長代理→課長→副部長→部長というように役職が上がることを昇進といい，特定の役職に対応する資格にいる社員の中から能力・適性を見極め，役職に任命する。また，主査→副参事→参事→参与というように資格が上がることを昇格といい，昇格によって賃金が上昇する。旧陸軍でも，連隊長の中佐と大隊長の中佐がいたが，連隊長や大隊長への就任が昇進，中佐への就任が昇格となる（佐藤・藤村・八代 2007）。

　能力があって上位資格に昇格しても管理職としての適性がなければ役職に昇進することはできない。仮に能力や適性があっても役職の欠員がなければ役職に就くことはできない。役職ポストは組織のためにあるのであって処遇のためにあるのではないからである。つまり昇格は昇進のための必要条件ではあっても十分条件ではないということである。

　ところで，昇格は現在格付けられている資格の能力を満たせば上位資格に上がるという卒業方式である。一方，昇進は課長としての能力と適性ある者が課長に就くといういわゆる入学方式である。また，昇格は卒業方式であるから原則的に降格はない。しかし，役職昇進は配置，担当の性格のものであるから能力や適性を失えば組織の都合によりその役職からはずれることもある。つまり降職もあればローテーションもあり得ることとなる。

昇格は卒業方式であるから定員はないが、昇進は組織上当然定員で制約される。さらに昇格は主として人事評価で運用されるが、昇進はその他に適性把握など広範なヒューマンアセスメントが適用されることになる（図表6-1）。

ヒューマン・アセスメント（Human Assessment）は、アメリカにおいて開発された人事アセスメント手法の1つである。第2次世界大戦後は、アメリカで管理者選抜、能力開発の手法として広く普及した。日本でも1970年代から紹介され、大手企業を中心に幅広く採用されたが、現在は、人事評価を補完する人事システムとしてヒューマン・アセスメントが利用されている。ヒューマン・アセスメントは、個人の能力や資質が目標職務においてどのように発揮されるかを、多面的・客観的に評価する技法である。通常、2日～3日間の集合研修スタイルで行い、研修期間中に観察された参加者の言動を評価の対象とする。

参加者にとっては研修期間中、マネジメントやリーダーシップに関する疑似体験をすることができ、自分自身の能力の強みや弱みについて大きな気付きを得ることに繋がる。

アメリカの場合は、昇進と昇格の区別はなく両者が一体となっているのが日本と対照的である。年功主義人事制度の下では、アメリカと同様に昇進と昇格が同時に行われていたが、能力主義人事制度として職能資格制度の導入とともに、昇進と昇格を分離して運用するようになった。その背景には、日本が高度経済成長から安定成長に移行し、年功主義人事では人件費の圧迫、人事停滞な

図表6-1　昇格と昇進の違い

昇　格	昇　進
能力上のステイタスの向上	一定の役職への配置
処遇	配置
卒業方式	入学方式
降格なし	降職あり
定員なし	定員あり
事後評価（人事考課）	事前評価（アセスメント）

出所：楠田丘『職能資格制度　その設計と運用』産業労働調査所，1989年，p. 229。

どのさまざまな運用上の問題が生じたからである。

　昇進と昇格を分離することによって処遇の安定化を図るとともに一方では人材を有効に活用し，かつ組織の柔軟性を維持するといったことが可能になる。

(2) 昇進・昇格の目的

　昇進・昇格が行われる目的は，企業側と従業員側の両方にある（上林・厨子・森田 2010, pp. 140-141）。

　まず，企業側としては，第1に，労働力の質的・量的な調整のためである。例えば，課長の役職に空席があった場合，そこには課長を担う能力を備えた人（質的）が1人必要となる。誰でも良いから1人をそのポジションに着けるのでなく，質的にも量的にも最適に状態を作り出すことは組織の効率を高めることになる。第2に，人材育成のためである。従業員はいろいろな仕事を経験することで成長していく。責任や権限がより大きな仕事を経験させるためには，それができる役職に従業員を就けることが必要になる。第3に，モチベーションの向上のためである。より大きな仕事ができるポジションに従業員を就かせることは人材育成の機能のみならず，モチベーション向上の機能も果たす。従業員の多くは，より上位の役職に就いて大きな仕事に取り組み，より高い給与を得ることにやる気を感じているからである。

　一方，従業員側が昇進・昇格を求める理由としては，第1に，報酬の獲得のためである。報酬には外的報酬と内的報酬とがあるが，昇進そのものと昇進に伴いより高い給与を得られることが外的報酬である。従業員はこのような外的報酬を得たいがために昇進・昇格を求めるのである。また，より大きな仕事をすることから得られる達成感や満足感，やりがいといった内的報酬に対する従業員の欲求も高い。第2に，キャリアの形成のためである。従業員は将来，自分がどのような職業人生を送りたいかという自身のキャリアを描いている。それは同じ組織の中のある部署でこういう仕事をしていたい，別の組織で仕事をしていたい，あるいは独立して事業をおこしていたいなど，さまざまであろう。したがって，やってみたい仕事をするためには上位の役職に就くことが必要な場合，従業員はキャリア形成のために昇進・昇格を求めることになる。

(3) 昇進・昇格管理の基本政策

　昇進・昇格制度を効果的に運用するためには，総合的な人事システムと関連した昇進・昇格計画をまず立てなければならない。また，企業は従業員に対する昇進・昇格管理の効率的な遂行のためには，昇進・昇格管理の基本政策及び方針に基づいて昇進・昇格の基準や方法を明確にし，公正に運用しなければならない。

　昇進・昇格政策は従業員の合理的な昇進・昇格管理のための基本方針と基本方向を意味するもので，企業の人事処遇制度の全般に大きな影響を及ぼすことになる。このような企業の昇進・昇格政策には基本的に勤続年数・年齢などの年功要素を基準に従業員の昇進・昇格を決定する年功序列主義と従業員の職務遂行能力や業績を基準に昇進・昇格を決定する能力主義や成果主義，そして年功主義や能力・成果主義を組み合わせたハイブリッド型の昇進・昇格に区別できる。

　昇進・昇格管理の基本原則は，次の3点である（松田2004）。

　① 適正性

　昇進・昇格する社員の数が適正であり，昇進・昇格できる能力と時期が到来したとき，昇進・昇格ができなければならない。昇進・昇格の要件を満たした時期になったにもかかわらず，人事停滞により昇進・昇格できるポストがなければ適正性に欠けているといえる。したがって，従業員の昇進欲求を満たすためには，中長期的な昇進・昇格計画を立てる必要がある。

　② 公正性

　昇進・昇格対象者に対して昇進・昇格の機会を公正に与えることは当然のことである。ところが，この原則が守れず昇進・昇格する者と昇進・昇格できない者が存在するとか，特定の部署だけに昇進・昇格者が偏り，他部署には昇進・昇格の機会が与えられていないとすれば，社員の不満が高まり，離職につながる恐れもある。したがって，昇進・昇格は公正に行わなければならない。

　③ 合理性

　昇進・昇格の決定に影響する評価要素を合理的に選択して評価したか，すなわち貢献度が高く，優れた能力を有する人を昇進・昇格させたならば，その貢献度と能力水準を何を持って評価したか，合理的な評価要素が用いられたかを

納得できるものでなければならない。

2. 昇進・昇格の運用と法的規制

(1) 昇進・昇格の基準・運用

　役職昇進の場合，ラインの意向が強く反映される。なぜなら，売り上げや利益に対して責任をもつ事業部門は，個別の人事に対して強い利害関係があるからである。また，本社の人事部門が試験，研修，面接結果など多面的な情報を収集し，それを人事評価と突き合わせることによって，誰を役職に登用するかを決定する（佐藤・藤村・八代 2007, p. 117）。企業内試験制度は，昇格・昇進，職種転換，能力検定，海外留学などの選考時に，特に活用されている。論文審査は，主に中堅・管理専門職としての習熟能力や総合的論理判断能力を見るために実施される。特に，現在から将来にわたる自社の経営政策にかかわるテーマや自部門の業務改善テーマなどが多い。

　近年は国際化，グローバル化に伴って昇進に TOEIC スコアを必須とする企業も現れている。日本企業のグローバル化，IT 化，外資系企業との提携など，英語によるコミュニケーション能力が業務を遂行する上で必須となりつつあるからだと考えられる。TOEIC のスコアを昇進の条件にしている企業は，パナソニック，日本 IBM，トヨタ自動車，コマツ，帝人デンソー，旭ガラス，日本精工などがその例である。日本 IBM は，アメリカ企業の日本法人であるが，次長以上 TOEIC730 点以上，課長以上 TOEIC600 点以上のスコアが昇進の条件になっている。日本 IBM では，新入社員にも TOEIC の受験を義務化しているが，学生時代に 730 点以上の TOEIC スコアを取得している者に対してはこれを免除している。

　パナソニックでは，TOEIC の昇進条件として，主任 450 点以上，海外関連業務従事者 650 点以上としている。また，TOEIC スコアに対して報奨金を支給する企業もある。今後，グローバル化に対応していくために，多くの企業が TOEIC スコアを基準に昇進昇格または海外赴任の基準として採用されると考えられる。〈図表 6-2〉は管理職・指導職位任命基準の例である。

図表 6-2　管理職・指導職位任命基準

役職	絶対基準		選考基準		見直し基準		審査	決定
	定員	対応等級	人材要件	キャリア要件	期間	判断基準		
部長（支店長・工場長）	部長職に空席ができたとき／部が新設され、新たに部長職席が設けられたとき	原則として8等級以上の等級に在籍している者	社会性、人間的魅力（人柄）、旺盛な責任感、細心の注意力、管理統率力、決断力を有する者	—	3年間とする／再任を妨げない	部の3年間の業績成果（貢献度）／3年間の人材要件の結果／3年間の人事考課の結果	部長・支店長・工場長の任命、見直しともに役員会で審査する	部長・支店長・工場長の任命、見直しともに社長が決定する
次長	次長の必要性を認めたとき／次長職に空席ができたとき／部が新設され、新たに次長席が設けられたとき	原則として8等級以上の等級に在籍している者	社会性、人間的魅力（人柄）、旺盛な責任感、細心の注意力、管理統率力、決断力を有する者	—	3年間とする／再任を妨げない	部の3年間の業績成果（貢献度）／3年間の人材要件の結果／3年間の人事考課の結果	次長の任命、見直しともに役員会で審査する	次長の任命、見直しともに社長が決定する
課長（課長補佐）	課長（課長補佐）職に空席ができたとき／課が新設され、新たに課長（課長補佐）職席が設けられたとき／課長補佐の必要性を認めたとき	原則として7等級以上の等級に在籍している者	社会性、人間的魅力（人柄）、旺盛な責任感、細心の注意力、管理統率力、決断力を有する者	—	3年間とする／再任を妨げない	課の3年間の業績成果（貢献度）／3年間の人材要件の結果／3年間の人事考課の結果	課長（課長補佐）の任命、見直しともに役員会で審査する	課長（課長補佐）の任命、見直しともに社長が決定する
係長	係長職に空席ができたとき　新しく係長席を設ける必要が生じたとき	原則として5等級以上の等級に在籍している者	指導育成力、判断力、バイタリティー等グループリーダーとして必要な能力を有する者	—	2年間とする／再任を妨げない	担当グループの業績成果／年間の人材要件の結果／2年間の人事考課の結果	係長の任命、見直しともに人事部（または総務部）で審査する	係長の任命、見直しともに社長が決定する
主任	主任職に空席ができたとき　新しく主任職を設ける必要が生じたとき	原則として5等級以上の等級に在籍している者	指導育成力、判断力、バイタリティー等グループリーダーとして必要な能力を有する者	—	2年間とする／再任を妨げない	担当グループの業績成果／2年間の人材要件の結果／2年間の人事考課の結果	主任の任命、見直しともに人事部（または総務部）で審査する	主任の任命、見直しともに社長が決定する

出所：松田憲二『昇格・昇進実践テキスト』経営書院、2004年、p. 273。

　企業が役職昇進について重視する要因をみると、「能力・業績」「資格制度上一定のレベルに達していること」「職場の上司の推薦」が多い（図表6-3）。

　資格昇格要件は企業によってさまざまである（図表6-4）。

　また、昇格を行う上での基本的な考え方は、大きく分けて3つある（図表6-5）。

図表6-3　昇進選抜において重視される要因

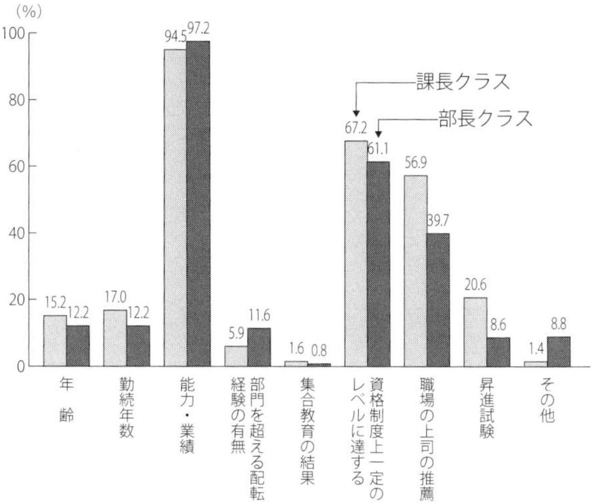

(%)　能力・業績 94.5 97.2
年齢 15.2 12.2
勤続年数 17.0 12.2
部門を超える配転 5.9 11.6
集合教育の結果 1.6 0.8
資格制度上一定のレベルに達する 67.2 61.1
職場の上司の推薦 56.9 39.7
昇進試験 20.6 8.6
その他 1.4 8.8

課長クラス／部長クラス

出所：八代充史『大企業ホワイトカラーのキャリアー異動と昇進の実証分析』日本労働研究機構，1995年，p. 19。

① 卒業方式

現在の資格等級の求める能力基準を中心とした昇格条件を充足したときに，昇格する。人事評価，一般常識テスト，上司推薦（審査）が中心で，現等級での資格要件を満たせば，上位の資格等級に位置づけられる。比較的低位の資格段階が対象となる。

② 折衷方式

現在の資格等級の求める能力基準を充足し，なおかつ上位等級の求める能力の一定の保有があると認められたときに昇格する。卒業方式の中における能力のレベルを，人事評価，試験制度（筆記，実技，論文など），上司の推薦，教育訓練などによってみるもので，（卒業方式＋入学方式）÷2の考え方による。中堅層から新任管理・監督者層への昇格基準としての運用に適している。

③ 入学方式

現在の資格等級の求める昇格基準を充足し，なおかつ上位等級の求める能力があると認定され，認定の試験に合格したときに昇格する。現在の資格権を満たしていることを当然と考え，それよりも上位資格等級としての期待し要求す

図表6-4 大手企業の資格別昇格要件（A社の例）

職能ランク	資格等級	最短在級年数	人事考課成績	職能評定	論文審査	面接審査	総合審査
上　　級 管理専門職	参事1級（15等級）		○				○
	参事2級（14等級）		○			役員面接 ○	○
一　　般 管理専門職	参事補（13等級）		○				○
	副参事1級（12等級）		○				○
	副参事2級（11等級）		○		○	役員面接 ○	○
上　　級	主事1級（10等級）		○				○
	主事2級（9等級）		○				○
	主事補（8等級）		○	○	○		○
中　　堅	7等級		○				○
	6等級	○	○				○
	5等級	○	○	○			○
一　　般	4等級	○	○				○
	3等級	○	○	○			○
初　　級	2等級	○	○				○

注：最短在級年数は，前の等級でそれぞれ2年ずつとする。
出所：松田憲二『昇格・昇進実践テキスト』経営書院，2004年，p. 43。

るレベルを十分にこなしうる能力があるかないかを，事前にチェックし，判定したうえで，昇格させるものである。管理者層の段階でみられる。

適正な昇格が行われるためには，昇格基準を明確にし，公平性・納得性・妥当性・客観性・信頼性を高めなければならない。昇格が一部の地位ある人，発言力の強い人によって左右されたり，特定の人の恣意によって決まったりするようなことがあってはならない。昇格基準に基づいて選考するルールを確立することが重要である（松田2004）。

図表6-5　昇格基準の考え方モデル

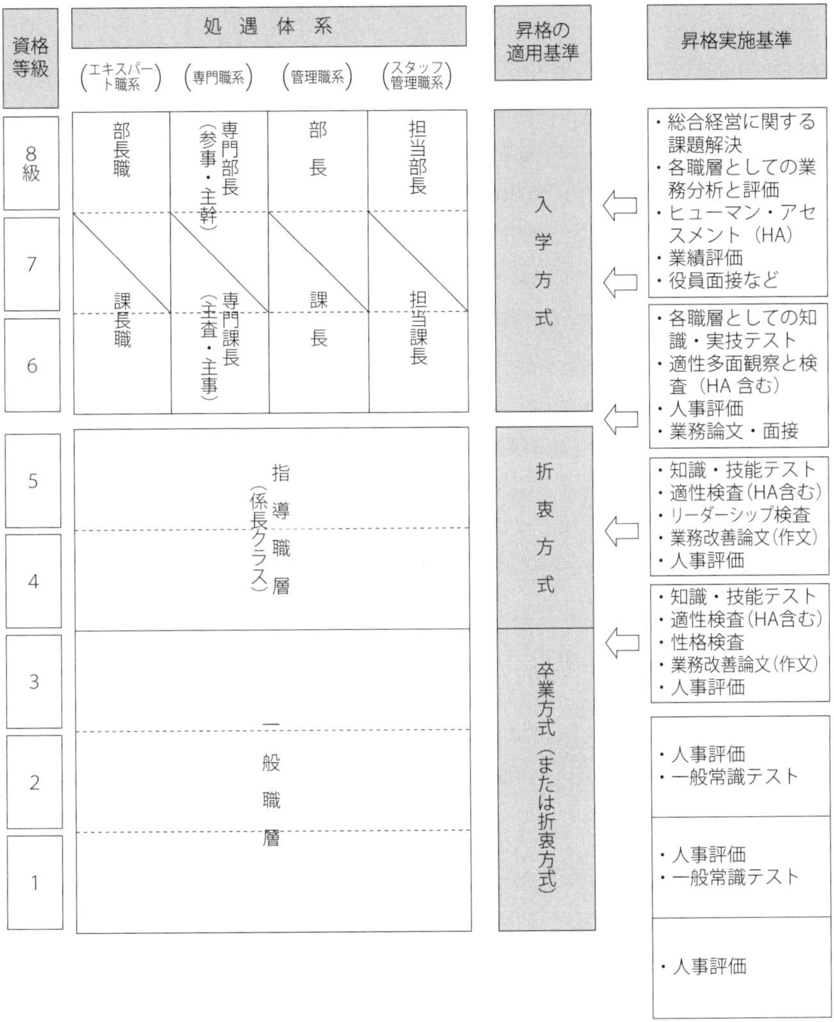

資格等級	処遇体系				昇格の適用基準	昇格実施基準
	(エキスパート職系)	(専門職系)	(管理職系)	(スタッフ管理職系)		
8級	部長職	専門部長（参事・主幹）	部長	担当部長	入学方式	・総合経営に関する課題解決 ・各職層としての業務分析と評価 ・ヒューマン・アセスメント（HA） ・業績評価 ・役員面接など
7級	課長職	専門課長（主査・主事）	課長	担当課長		
6級						・各職層としての知識・実技テスト ・適性多面観察と検査（HA含む） ・人事評価 ・業務論文・面接
5級	指導職層（係長クラス）				折衷方式	・知識・技能テスト ・適性検査（HA含む） ・リーダーシップ検査 ・業務改善論文（作文） ・人事評価
4級						
3級	一般職層				卒業方式（または折衷方式）	・知識・技能テスト ・適性検査（HA含む） ・性格検査 ・業務改善論文（作文） ・人事評価
2級						・人事評価 ・一般常識テスト
1級						・人事評価 ・一般常識テスト
						・人事評価

出所：松田憲二『昇格・昇進実践テキスト』経営書院，2004年，p.21。

(2) 昇進・昇格と男女雇用機会均等法

　日本では，働く女性の数が年々増加している。これに伴い，雇用者全体に占める女性の比率も高まっている。しかし，働く女性の数や雇用者全体に占める女性の比率に比較すると，女性の管理職や役職者は少ない。企業の中には，女性は原則として課長以上には登用しないところもあるといわれる。役職者をどのような基準で選ぶかは，基本的にはそれぞれの企業が自由に決定すべき事項であるが，女性を男性に比較して不利に取り扱うことは「男女雇用機会均等法」によって禁止されている。

　同法は，昇進に関して「事業主は，労働者の配置及び昇進について，女子労働者に対して男子労働者と均等な取扱いをするように努めなければならない」と規定している（8条）。

　昇進・昇格に関して，禁止されている具体的な例を一部挙げると，次のとおりである。

---

① 女性労働者についてのみ，役職への昇進の機会を与えない，又は一定の役職までしか昇進できないものとすること。
② 一定の役職に昇進するための試験について，その受験資格を男女のいずれかに対してのみ与えること。
③ 女性労働者についてのみ，婚姻したこと，一定の年齢に達したこと又は子を有していることを理由として，昇格できない，又は一定の役職までしか昇進できないものとすること。
④ 課長への昇進に当たり，女性労働者については課長補佐を経ることを要するものとする一方，男性労働者については課長補佐を経ることなく課長に昇進できるものとすること。
⑤ 男性労働者については出勤率が一定の率以上である場合又は一定の勤続年数を経た場合に昇格させるが，女性労働者についてはこれらを超える出勤率又は勤続年数がなければ昇格できないものとすること。
⑥ 一定の役職に昇進するための試験について，女性労働者についてのみ上司の推薦を受けることを受験の条件とすること。
⑦ 課長に昇進するための試験の合格基準を，男女で異なるものとすること。
⑧ 男性労働者については人事考課において平均的な評価がなされている場合には昇進させるが，女性労働者については特に優秀という評価がなされている場合にのみその対象とすること。
⑨ AからEまでの5段階の人事考課制度を設けている場合において，男性労働者については最低の評価であってもCランクとする一方，女性労働者については最高の評価であってもCランクとする運用を行うこと。
⑩ 一定年齢に達した男性労働者については全員役職に昇進できるように人事考課を行うものとするが，女性労働者についてはそのような取扱いをしないこと。

　出所：厚生労働省「男女雇用機会均等法のあらまし」。

3. 昇進選抜と日本の昇進構造

(1) 昇進選抜の類型

　企業内の組織構造は，一般にピラミッド型である。したがって，役職の数は上位に行くほど少なくなるために，役職数を一定にすると，役職昇進には選抜が不可欠となる。昇進選抜のパターンは大きく ① トーナメント型昇進システム，② 競馬型昇進システム，③ 幹部候補生型昇進システムに分けられる（今野・佐藤 2002；八代 2009；竹内 2001）。

　① トーナメント型昇進システム

　これはキャリアの各段階における選抜によって，昇進競争への参加者が次第に絞られていく選抜方式である。昇進を続けるためには，キャリアの各段階での選抜に勝ち続ける必要がある。トーナメント型昇進システムでは，競争の勝者に対してつぎの段階の競争への参加機会を与えることで，動機づけが可能となり，しかも勝者のみに昇進のための教育訓練を集中でき，教育訓練投資が効率的となる。トーナメント型昇進システムは，社員に対する動機づけと教育訓練投資の2つを同時に実現しようとする仕組みとなっている。昇進競争に脱落した人は，転職するか，途中で昇進を諦めなければならない。

　② 競馬型昇進システム

　これはキャリアの初期段階で全員が昇進競争に参加するが，ある段階で昇進が早かったとしてもつぎの昇進競争で早くなるとは限らない。この昇進選抜は，競馬競技のように，最初にスタートが良かったからといって最後までそのままゴールすることはない。スタートが出遅れた人も途中あるいは最後のホームストレッチで抜き返し，経営者層に到達することができる。いわゆる敗者復活システムを取り込んだ昇進競争の仕組みである。

　③ 幹部候補生型昇進システム

　これはキャリアの初期段階でごく少数のエリート社員を選抜し，選抜された者に対してはその後の昇進を約束する。将来，経営幹部になることを企業が期待し，特別の訓練や機会を与えて，経営幹部に育成していく方式である。この

昇進システムのもとでは，ノン・エリートの競争参加への動機づけが困難となるが，選抜された少数の社員に対して教育訓練を行うことが可能となり，教育訓練投資の効率化が実現できる。

これら3つの昇進選抜の類型の中で，組織の活性化という観点からすると，昇進速度をある程度遅くし，より長く従業員が競争する競馬型昇進システムのほうが効率的である。しかし，組織階層の上位になると，ポストの数が減り，敗者を脱落していくトーナメント型昇進システムにならざるを得ない（竹内 2001）。

(2) 日本の昇進構造

日本の昇進選抜はどうなのか。日本の昇進選抜の特徴として，3つが指摘されている。1つは，昇進選抜が同一年次の中で行われること，2つは，昇進選抜が長期の競争に基づいて行われること，3つは，同一年次内の格差は，まず賃金の差と現れ，それが「資格昇格選抜」に影響し，最後にそれらが「役職昇進選抜」に反映するという形で拡大していくこと，である（佐藤・藤村・八代 2007）。日本の大企業では入社後一定期間は同一年次入社の間に昇進・昇格で差をつけないし，その期間は「入社後5年」で，昇進選抜の時期については，「課長昇進に際して」選抜が行われる（佐藤・藤村・八代 2007）。

日本企業の昇進競争モデルには，①一律年功モデル，②トーナメント競争モデル，③昇進スピード競争モデルがある（今田・平田 1995）。

一律年功モデルは，すべての従業員が年功に応じて一律に昇進するモデルである。このモデルは一定の勤続年数が経過した場合，例外なくすべての人が上位職位に昇進される。トーナメント競争モデルは，競争の勝者だけが更に上位の競争に参加する権利を得，敗者はその時点で競争から降りなければならない。ただし，勝者も次の競争への権利を得ただけであるので，次の競争で負ければ敗者となり，その時点で競争から降りなければならない。昇進スピード競争モデルは，一律年功モデルとトーナメント競争モデルの折衷モデルで，昇進スピードに差が生じるものの，敗者も一定期間の間に勝者に追いつくことができるモデルである（図表6-6）。

以上の3つの競争モデルは日本企業では，キャリア発達の段階によって，競

図表6-6　組織内キャリアの3類型

(1) 一律年功モデル　　(2) トーナメント型　　(3) 昇進スピード
　　　　　　　　　　　　　競争モデル　　　　　　競争モデル

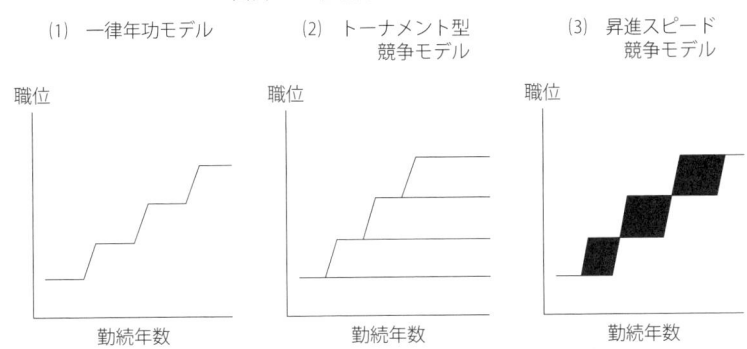

出所：今田幸子・平田周一『ホワイトカラーの昇進構造』日本労働研究機構, 1995年, p. 8。

争のやり方が異なる重層型昇進構造を成しているという（今田・平田1995）。

　まず，第1に，一律年功モデルが用いられる。入社後数年間は勤続年数に応じて一律に昇進する。すなわち，同期入社者を同一年次の中で横並びに昇進させることで，組織への一体化や適応を促すことができる。

　第2は，昇進スピード競争モデルが用いられる。一定期間が経過してから昇進のスピードに差がつく第1選抜が行われる。すなわち，昇進できるかできないかではなく，昇進が速い人と遅い人が現れることである。この時期に昇進スピードに差がついても，頑張っていればいつかは同期に追いつくことができるという暗黙の認識が形成されるとともに，適度な競争を喚起することができる。

　第3は，トーナメント競争モデルが用いられる。課長昇進までの競争とは異なって，昇進競争の勝者だけが上位の競争に参加できるというトーナメント形式で行われる。この時期に昇進できる人と昇進できない人が出現する。その結果，昇進機会を絶たれ，同一役職に滞留する者が増大するのである。

　以上のように，日本企業の昇進は長期にわたり，徐々に厳しい競争による選抜が行われている。その背景には，日本は長期雇用を前提にしてきたので，競争が激しすぎても，逆に全く競争がなくても，長期にわたり従業員のやる気を高め続けることができないからである。

4. 日米の昇進管理の比較

　日本の昇進制度は，欧米と比較して次の特徴がある。まず，日本では内部昇進が基本であり，外部からの中途採用は少ない。欧米では内部昇進はあるが，一般的ではなく，外部昇進が多い。昇進速度は，日本では長期的にゆっくりと昇進する傾向が強い。大企業ホワイトカラーの場合，一定期間は昇進に差をつけず，同期入社者を同時に昇進させる。その後，係長昇進時から昇進に差がつき，昇進競争が始まる。昇進において大学院卒（MBA）はそれほど有利でない。一方，欧米では，早い段階から昇進選抜が行われ，短期間で昇進に差がつく早期選抜が主流である。特急組の速い昇進システムが存在しており，トーナメント方式で行われる。MBA など大学院卒は非常に有利である（竹内 2001）。

　昇進の際の職歴は，日本では定期人事異動が組み合わされるので，広く・浅い職歴が形成されるのに対し，欧米では，一部の経営者・管理者を除き，職務中心の狭く・深い職歴が形成される。このような違いは，日本と欧米のキャリア形成の仕組みが異なるからである。すなわち，日本は企業内の多くの職場を渡り歩き，多能的なキャリアを積むゼネラリスト中心でキャリア形成であるのに対し，欧米は１つの職種を軸として企業を渡り歩き，キャリアを積むスペシャリスト中心のキャリア形成である（岩出 2007）。

　昇進基準は，日本では年功と能力が重視されるのに対して，欧米では業績と能力が重視される（図表6-7）。ブルーカラーの場合は，先任権ルールによって勤続年数が重視される。先任権（seniority）とは，先に採用された者が昇進・

図表6-7　日米の昇進制度の違い

	日本	欧米
昇進方法	内部昇進	内部昇進＋外部昇進
昇進速度	長期的・遅い	短期的・速い
職歴の幅	幅広いキャリア（ゼネラリスト）	狭いキャリア（スペシャリスト）
昇進基準	年功＋能力（資格）	業績＋能力＋先任権（勤続年数）

出所：鈴木滋『エッセンス人事労務管理』税務経理協会，2002年，p. 82。

解雇・配転・休職に際し，後から採用された者より有利な取扱いを受ける権利を有する制度である。米国では使用者の人事権の専制を排し経験労働者の移動を防止するために労使の協約上などで規定化されている例が多い。アメリカでは，レイオフ（一時解雇）に際して先任権の短い従業員から実施しているが，日本では勤続年数の長い従業員から解雇しており，アメリカとは対照的である（鈴木 2002）。

5. 役職ポスト不足への企業の対応

　日本の昇進管理の特徴として年功序列昇進があるが，それが可能になったのは，高度経済成長によって経営規模が拡大し，管理職のポスト数が増加したことで，昇進候補者数に比べて役職ポスト数が多かったためである。しかし，低経済成長期に入ると，役職ポスト数よりも昇進候補者数が増加し，その結果，役職ポスト不足と昇進の遅れという事態が発生する。日本の大企業では，終身雇用慣行の下で昇進スピードに差はあったものの，全員に昇進可能性があることを前提に従業員の動機づけを図ってきた（鈴木 2002）。

　日本企業は，役職ポスト不足と昇進の遅れに対応するために，次のような対策を講じてきた（鈴木 2002；日経連職務分析センター編 1992）。

　① 役職ポストの増大

　役職ポスト数を増やすために，これまでの役職に加えて新たなポストを新設した。例えば，代理・待遇・補佐・副・付けなどさまざまな職位が増設された。この場合，企業成長によって，将来もポストを増やせるならば問題はないが，そうでなければ表面的には問題は解決するが，それはポストの乱発であり，組織の効率を低下させることになる。また，管理階層の複雑化や意思決定の混乱，さらには人件費の増加など，多くの問題点をもたらすこととなる。そこで，組織のフラット化（簡素化）によるチーム制を導入する動きがあった。

　② 昇進基準年数の延長

　昇進のためには，一定の年数を経過しなければならないという昇進規定がある。ポスト不足に伴い，管理職予備軍を減らすために，人為的に昇進基準年数

③ 職能資格制度の導入

能力主義管理とポスト不足の問題を解消するために，役職制度とは別に昇進と昇格を分離・運用する職能資格制度を導入した。職能資格制度では，定員がなく職務遂行能力があれば上位の資格に昇格され，それに見合った賃金が支払われる。従来は役職中心の昇進が一般的であったために，昇進しないと賃金も地位も上がらなかった。職能資格制度の下では，資格昇進によって役職につかない人の不満を解消する狙いがあった。

職能資格制度は，多くの企業に導入され，資格名称に役職名称を用いるなどさまざまな取り組みがなされてきたが，定員がないことが逆に昇格人員の増加につながり人件費負担が大きくなるなど，さまざまな弊害ももたらした。

④ 役職定年制・役職任期制の導入

役職定年制とは，役職者が一定年齢に達したら管理職ポストをはずれ，専門職などに異動する制度である。管理職定年制ともいう。定年の決め方には2つがある。1つは，すべての役職について一律に定年年齢を決める方法で，たとえばすべての役職の定年を55才とするものである。2つは，定年年齢を職位ごとに決める方法で，たとえば部長は57歳，課長は55歳，係長は53歳とするものである。役職から外された者は，専門職で継続雇用，関連会社への出向または転籍される場合が多い。

大手企業では1980年代以前から導入した企業もあるが，概ね1980年代から行われた55歳定年制から60歳定年制への移行に際して，主に新陳代謝の促進による組織の活性化，人件費の増加の抑制などのねらいで導入されたケースと，1990年代以降に従業員構成の高齢化に伴うポスト不足の解消などのねらいから導入されたケースが多い。

また，役職任期制は，あらかじめ2年とか3年という一定の任期を定めて役職に就任させるというものである。任期が満了すると任期中の業績を評価したうえで再任するかどうかを決める。役職者としてそれなりの実績を上げたと評価されれば再任されるが，そうでないと再任されない。

役職定年制度と同じように新陳代謝の促進による組織の活性化，人件費の増加の抑制などのねらいで導入された。

⑤ 選択定年制の導入

選択定年制とは，定年年齢より早期に退職を希望する場合に優遇するという選択肢を提示して退職させる制度である。早期退職優遇制度ともいう。一般に，退職金の優遇（会社都合の支給率を適用する，特別加算をつけるなど）が行われる。主なねらいとして，人件費増加の抑制や将来の退職金負担の抑制，ポスト不足の解消による組織活性化，従業員構成の若年化といったことが挙げられる。

⑥ 専門職制度の導入

専門職制度とは，企業内で仕事を通じて専門的な知識や能力をもつ人材をライン役職とは別に，処遇するために設けられた制度である。判断力や指導力に優れている者は管理職へ，エキスパートは専任職へ，そしてスペシャリストは専門職へ進むように昇進の多様化を図った複線型昇進制度である。この制度はそれぞれのキャリア目標や適性に応じてキャリア形成を促すのが目的である（図表6-8）。

専門職制度を導入している企業では，会社の組織の中で，部長，課長，係長といったライン組織とは別に，専門的な知識や技術を持つ人を専門部長とか専

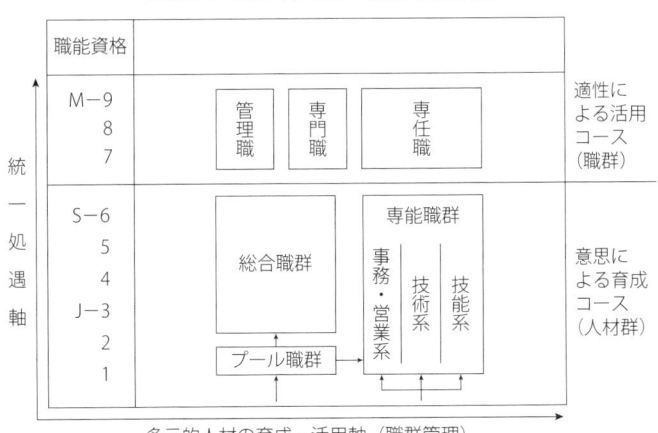

図表6-8 昇進の多様化―複線型昇進制度―

出所：労務行政研究所編『人事労務管理実務入門』労務行政研究所，1998年，p. 40。

門課長といった名称をつけ，昇進，昇格などについてライン組織の人と同等の待遇を与えているのが一般的である。通常，専門職の部課長は部下を持たない。

　専門職制度の導入目的の1つとして，企業内高齢化による管理職ポストの不足に伴い，管理職になれなかった人のモラールが大幅に低下することが予想されたため，それを回避することにあった。

　しかし，これからは管理職になれない者を専門職，専任職にするといったような単なる肩書だけの処遇職としての専門職，専任職ではなく，人材の有効活用という観点から考えていく必要がある。

6. 昇進・昇格管理の近年の動向

　近年，日本企業の人事制度の改革の動きが活発である。1990年代以降，経済のグローバル化や国際競争の激化の中で，人事制度もグローバルスタンダードに合わせて大幅に変革している。昇進・昇格においては，成果主義の流れの中で職能資格制度を廃止し，それに代わって職務や役割を重視した職務・役割等級制度を導入する企業が増大している。職能資格制度では，人の能力を重視してきたが，職務・役割等級制度では，担当する職務や役割の大きさや重要度など仕事が重視される。

　また，同一年次内の昇進格差も拡大している。実態としては，係長まではあまり差をつけず，その上の課長や部長への昇進については，抜擢人事も行われ，昇進格差が拡大する傾向にある。抜擢人事とは，年功や学歴を飛び越えて人材を登用したり，比較的若い人材を高いポストに起用することである。人的資源管理の枠組みが年功を重視したものから，成果や業績を重視したものに切り替わりつつあり，それに伴って後輩の社員が先輩を追い越して昇進・昇格することが珍しくない時代となりつつある。

　労務行政研究所が2009年に「役職別実在者の平均年齢」を調査したところ，係長は39.6歳，課長45.1歳，部長50.7歳となり，役職間の年齢差はおおむね5歳前後となっている（図表6-9）。また，5年前の2004年と比較した昇

図表6-9　大卒社員の役職への昇進年齢

(歳)

	実在者の年齢		
	平均	最年少者（平均）	最年長者（平均）
係長	39.6	31.4	53.4
課長	45.1	35.9	56.8
部長	50.7	43.6	57.4

出所：労務行政研究所「役職別昇進年齢の実態と昇進スピード変化の動向」『労政時報』第3771号，2010年4月9日より再作成．

進スピードの変化については，約3割の企業が早くなっていると回答している。昇進が早くなっている理由としては，若返りを図るため，若手を積極登用したことや成果主義，能力主義の浸透で，経営幹部候補や優秀者の積極登用が変化の主な要因として挙げられている。

役職昇進スピードの変化に加え，同期入社または入社年次の近い一般社員が「課長に昇進するまでのスピードの個人差の変化」についても，同様に5年前との比較で尋ねたところ，「変わらない」52.0％がなお過半数を占めているものの，「昇進までの年数の個人差が大きくなった（早い者と遅い者との差が広がった）」も43.9％に上っており，優秀者の早期登用や，成果・能力に応じた評価等が昇進スピードに影響していることがわかる（図表6-10）。

図表6-10　役職昇進スピードと役職昇進スピードの個人差の変化　(％)

区　分		役職昇進スピードの個人差の変化			
		合　計	昇進までの年数の個人差が大きくなった（早い者と遅い者との差が広がった）	昇進までの年数の個人差が小さくなった（早い者と遅い者との差が少なくなった）	変わらない
役職昇進スピードの変化	合　計	100.0	44.3	4.1	51.6
	早くなっている	30.3	20.5	2.5	7.4
	変わらない	54.9	15.6	0.8	38.5
	遅くなっている	14.8	8.2	0.8	5.7

出所：労務行政研究所「役職別昇進年齢の実態と昇進スピード変化の動向」『労政時報』第3771号，2010年4月9日より再作成．

このように，課長までの昇進スピードそのものは5年前に比べても大きく変化していないものの，その中で個人間の昇進スピード差が広がっている企業も一定割合みられる。

同一年次内の昇進格差の拡大は，単に管理職ポストの不足という外部環境の変化によって生じるのではなく，「経済的効率」の観点から，企業によって意識的に行われているという側面もある。

□引用・参考文献

今田幸子・平田周一『ホワイトカラーの昇進構造』日本労働研究機構, 1995年。
今野浩一郎・佐藤博樹『人事管理入門』日本経済新聞出版社, 2002年。
岩出博『LECTURE 人事労務管理』泉文堂, 2007年。
上林憲雄・厨子直之・森田雅也『経験から学ぶ人的資源管理』有斐閣, 2010年。
楠田丘『職能資格制度 その設計と運用』産業労働調査所, 1989年。
佐藤博樹・藤村博之・八代充史『新しい人事労務管理』有斐閣, 2007年。
鈴木滋『エッセンス人事労務管理』税務経理協会, 2002年。
竹内一夫『人事労務管理』新世社, 2001年。
日経連職務分析センター編『新時代の管理職処遇』日経連弘報部, 1992年。
松田憲二『昇格・昇進実践テキスト』経営書院, 2004年。
八代充史『大企業ホワイトカラーのキャリア—異動と昇進の実証分析』日本労働研究機構, 1995年。
八代充史『人的資源管理論』中央経済社, 2009年。
谷田部光一『専門職制度の設計と運用』経営書院, 1992年。

■演習問題

1．次の文章の（　）の中に適切な言葉を書き入れなさい。
1．日本では，係長→課長代理→課長→副部長→部長というように（　　　）が上がることを（　　　）といい，主査→副参事→参事→参与というように（　　　）が上がることを（　　　）という。

2．昇格運用の考え方として現在の資格等級の求める昇格基準を充足し，なおかつ上位等級の求める能力があると認定された場合，昇格させる（　　　　）方式と現在の資格等級で求める能力や昇格基準を充足したときに，昇格させる（　　　　）方式がある。
3．昇進選抜のパターンには，①（　　　　）昇進システム，②（　　　　）昇進システム，③幹部候補生型昇進システムがある。
4．日本では働く女性が年々増加している中，女性を男性に比較して不利に取り扱うことを（　　　　）の法律によって禁止している。
5．本人の適性による人材活用のために，日本企業ではコースを設けて判断力や指導力に優れている者は（　　　　）へ，エキスパートは（　　　　）へ，そしてスペシャリストは（　　　　）へ進むように（　　　　）昇進制度が導入されている。

Ⅱ．次の問題を説明しなさい。
1．役職ポスト不足の原因と企業の対応策について説明しなさい。
2．日本の企業内昇進構造の特徴について説明しなさい。

第 7 章

退職管理

1. 退職と解雇

(1) 退職の種類

　退職とは，労働者がその職を退き労働契約を解除することをいう。退社，離職，辞職という表現をとる場合もある。退職には，「定年退職」「自己都合退職」「会社都合退職」「早期優遇退職」「希望退職」などがある（図表7-1）。終身雇用の時代には，定年退職，自己都合退職，解雇くらいしか会社を辞めるための手段が無かったが，バブル崩壊後の日本は雇用制度が変化して会社都合退職と早期優遇退職という新しい退職手段が現れている。

　定年退職は，雇用契約で示された年齢に到達した時点で雇用関係が満了する退職である。基本的には，従業員が一定年齢になった時点で定年とみなされる。

　自己都合退職は，従業員自身が置かれている事情などによって会社との雇用契約関係を維持できなくなった場合に行われる退職である。たとえば，転職，病気，結婚など自らの意志で退職した場合がそれである。

　会社都合退職は，従業員の意志ではなく，雇用者である会社側から行われる退職である。会社都合退職としては俗に「肩叩き」といわれる勧奨退職があるが，会社都合退職になるのは，リストラや事業縮小による人員整理などの会社が従業員を減らさなければならない場合である。

　早期退職は，企業が人員整理のために定年退職年齢に満たない社員の退職を促すことである。中高年を対象とした雇用調整の一環とされ，対象年齢は徐々に低下傾向にある。その背景には，高齢化の進行と経済成長の低迷により，年

図表7-1　退職の種類

```
          ┌── 定年退職
          │
退職 ──────┼── 自己都合退職
          │
          │                  ┌── 早期優遇退職
          └── 会社都合退職 ──┤
                             └── 希望退職
```

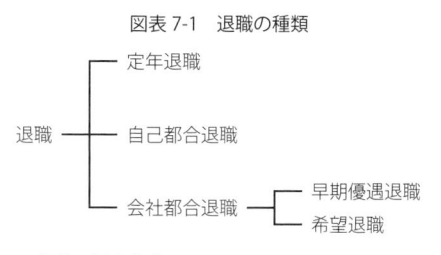

出所：筆者作成。

功序列的な賃金体系が維持できなくなったことが挙げられる。企業にとっては人件費が削減できる反面，若手社員のモラール低下，優秀な人材の流出というリスクも否めない。

　早期退職は希望退職とともに，多くの企業に早期退職優遇制度あるいは希望退職制度として定着している。早期退職優遇制度は，希望退職制度の一手法であり，希望退職制度は，業績が悪化した企業が人件費削減のために一時的に早期退職をする従業員を人員数限定で募集し，応募者に割増退職金を支払って退社してもらう制度をいう。リストラのために希望退職者を募る場合，大企業は給与の1年分程度，中小企業は給与3カ月程度を退職金に上乗せするケースが多い。

　一方，早期退職優遇制度は，業績が悪化していなくとも年代間の人員バランスの均衡を図る目的などで，継続的・恒常的に早期退職する従業員を人員数の限定なく随時募集し，応募者に割増退職金を支払い，また，転職先の紹介をするなどして退社してもらう制度をいう。選択定年制度ともいう。この制度の対象となるのは，一般に，全ての社員ではなく，年齢に関しては，40歳を上回る者とするのがほとんどである。また，年齢に加えて勤続年数の条件を加える企業もある。その場合，勤続年数15年以上とか20年以上とする企業が多い。

(2) **解雇の種類**

　解雇とは，企業が従業員に対して労働契約の解除を行うことである。解雇については従業員の同意は不要となっており，企業の通告によって成立する。解雇には普通解雇，懲戒解雇，整理解雇などがある（菅野2008）。

　普通解雇は，会社の都合により行われる懲戒解雇以外の事由による解雇のこ

とを指す。一般的に，単に解雇と言う場合は，普通解雇を指す。普通解雇の事由は就業規則に定められている必要があり，客観的に合理性があるか，解雇としての相当性があるか審査される。また，普通解雇にあたって企業は，従業員へ30日前までの解雇予告とともに解雇予告手当の支給が必要となる。普通解雇の一般的な理由の例としては，怪我や病気により労働できない状態，著しい職務怠慢，暴力や暴言などがある。

懲戒解雇とは，従業員の長期の無断欠勤，会社の金品の横領，職務・会計上での不正，重大な過失による業務の妨害，重大な犯罪行為などの理由により行われる解雇である。公務員の場合は「懲戒免職」と呼ばれる。懲戒免職の場合，事前の解雇予告や手当の支給はされず，労働基準監督署長の解雇予告の除外認定により即時解雇となる。また，退職金の支給も多くの場合，支給されない。懲戒解雇の場合，再就職が非常に困難となることもあり，懲戒解雇を普通解雇に，あるいは従業員に自発的な退職の説得を行うことで，勧奨退職を勧めることもある。これを諭旨解雇という。

整理解雇は，事業の継続が現在，あるいは将来予想される困難について，人員整理として従業員を解雇することである。一般的に言うリストラがこの整理解雇にあたる。

(3) 整理解雇の4要件

日本では企業がリストラに伴って希望退職者を募集し，希望退職者が削減目標数に達しないときに整理解雇を行うことがある。こうしたリストラに伴う人員整理（整理解雇）については，裁判所が「解雇権濫用禁止の法理」を適用し，整理解雇の有効・無効を判断している（菅野2008）。

整理解雇が有効かどうかは，法令で定められている解雇禁止事由に抵触しないことや事前に解雇の予告を行うこと，また労働協約や就業規則の規定を遵守した上で，次の4要件をベースに整理解雇の正当性を判断する裁判例が多くなっている（菅野2008）。

① 会社を維持するために人員整理を行う経営上の必要性があること（人員削減の必要性）

会社の合理化の必要上やむを得ないような理由が現に存在しなければならな

い。具体的には，売上げや業務量の低下の程度，資産や借入れの状況，新規従業員の募集，採用の程度などから総合的に判断される。

② 解雇を避けるための努力がなされていること（解雇回避努力の有無）

解雇を避けるために，「役員報酬のカット」や「労働時間の短縮」，「賃金・ボーナスのカット」，「出向」，「希望退職者の募集」など解雇を避けるための措置が取られていなければならない。

③ 解雇をされる人の選定基準が妥当であること（解雇者選定の妥当性）

客観的に合理的な基準を設定し，公平に適用する必要がある。基準としては，企業への貢献度，年齢，再就職の可能性などを考慮することが考えられる。なお，「夫のある女性」や「何歳以上の女性」とする決め方は，男女雇用機会均等法に定める性別による差別と判断され違法となる。

④ 事前に従業員側に対し十分な事情説明があること（解雇手続きの合理性）

事前に，労働組合や従業員代表と十分な協議がなされ，従業員側に対して整理解雇について説明し納得を得るように努力をしなければならない。

2. 定年制と年齢差別

(1) 定年制とは

定年とは，企業の従業員が一定の年齢に達したことを理由として退職，雇用契約を終了させることをいう。また，定年制とは，一般的には一定年齢に到達時に労働者の働く意思と能力と関係なく自動的かつ強制的に雇用関係が終了する制度で，就業規則や団体協約に定められている。定年により退職することを「定年退職」という。定年制はいわゆる終身雇用という長期雇用慣行やその中での年功賃金制度，年功昇進制度と不可分のものであり，労使紛争から自由な雇用調整の有力な機能を果たしてきた。定年制は現在，企業規模のいかんにかかわらず広く普及している。日本では終身雇用という意味とは異なり，定年制を設け，一定年齢に達すると，退職するように定めている。日本のような定年制度はアメリカやヨーロッパではみられない。

定年制は，定年年齢に到達すると，能力や意欲にかかわらず一律に雇用関係を解消するもので，年齢による差別の典型といえる。

定年制がもつ機能としては，大きく4点があげられる（上林・厨子・森田 2010, pp. 233-234）。

第1に，企業内の労働力の新陳代謝機能がある。一定の年齢に到達した従業員が退職することによって，高齢化を防ぐとともに新しい従業員を採用することができる。また，このような人の入れ替わりは組織の活性化にもつながる。

第2に，昇進管理に寄与する機能がある。年功昇進によって年長者が高いポストに就いていると若い人の昇進機会が遅れることになる。定年退職者が出るとその人が就いていたポジションに空きが出て若い人がそのポジションに就くことになり，昇進管理が円滑に行われる。

第3に，紛争なき離職を導く機能がある。退職が解雇となると労使紛争になりかねない。しかし，定年退職の場合，円満な形で雇用関係を終えることができる。定年になると誰もが強制的に退職せざるを得ないことが社会的に広く認知されているので労使間のトラブルが生じない。

第4に，労務費増大の抑止機能がある。年功的な賃金制度の下では右肩上がりの賃金カーブは上昇し続けることになるため，定年制は労務費増大を抑制することが出来るとともに，賃金コストの予測も可能となる。

(2) **年齢差別**

日本では2007年10月1日から改正雇用対策法が施行されている。これにより募集・採用時の年齢制限が禁止となり（改正前は努力義務），事業主は労働者の年齢を理由として募集または採用の対象からその労働者を排除できなくなった。終身雇用制や定年制を根幹とする雇用制度をもつ日本が，募集・採用時に限定するとはいえ，年齢差別禁止制を導入することは大きな改革である。しかしながら，日本の年齢差別是正に向けた取り組みは限定的である。すなわち，募集・採用時の年齢制限の緩和が企業の「努力義務」から「義務化」へと引き上げられただけである。2001年10月から施行された改正雇用対策法では，求人募集や採用において企業が年齢制限を行うことを原則禁止した。しかし，年齢差別の1つである定年制については，まだ議論が行われている。

このような年齢差別是正に向けた取り組みは，諸外国にもみられる（図表7-2）。アメリカでは1967年に「雇用における年齢差別禁止法」が制定され，雇用のすべての局面において年齢を理由とする使用者の差別行為が禁止されることになった（八代2009）。アメリカでは，1960年代の黒人差別撤廃運動に代表される公民権運動が展開され，1964年，包括的な差別禁止法である公民権法が成立した。雇用分野では，人種，肌の色，宗教，出身国，性を理由とする不利益取り扱いを違法な差別として禁止した。同法は，20人以上の被用者を雇用する企業，公共団体，労働組合などに適用され，雇用の全ステージ（募集・採用から賃金・昇格，解雇に至るまで）で，40歳以上の労働者に対する雇用面での異なる取り扱いを禁止している。1986年，連邦議会は，70歳という年齢上限を撤廃し，文字通り年齢による差別が禁止されている（大嶋2007）。

図表7-2　年齢差別禁止に向けた諸外国の取り組み

米国		1967年に「雇用における年齢差別禁止法（ADEA）」成立
カナダ		70年代までにすべての州で初めて年齢差別禁止法制を立法化
豪州		90年代に南オーストラリア州で初めて年齢差別禁止法制を立法化
EU		「雇用及び職業における均等処遇の一般的枠組みを設定する指令」 ・加盟国に宗教および信条，障害，年齢，性的志向による差別を禁止する国内法の整備を義務づけ ・期限は2003年12月（年齢と障害は3年の期限延長が可能）
	英国	2006年に「雇用均等（年齢）規則」を施行
	フランス	2001年の「差別防止に関する法」により，労働法典における差別禁止事由に年齢等を追加
	ドイツ	2006年に年齢を含む幅広い事由による差別を包括的に禁止する「一般均等待遇法」が成立
	ベルギー	2003年に包括的な年齢差別禁止法を制定
	アイルランド	98年の「雇用均等法」で年齢を含む幅広い事由による雇用差別を禁止
	フィンランド	2000年の憲法改正で年齢差別を禁止，「雇用契約法」改正（2001年），「差別禁止法」改正（2004年）によりEU指令に対応
	オランダ	2003年に「雇用における均等待遇（年齢差別）法」成立
	イタリア	2003年の政令でEU指令に対応

出所：大嶋寧子「欧米諸国における年齢差別禁止と日本への示唆」『みずほリサーチ』2007年6月，p. 10。

近年，定年年齢が問題になっている背景には，グローバル化が進展する中，バブル経済崩壊後の不況により深刻な雇用状況が発生し，就業構造に大きな変化をもたらしたことである。日本においては終身雇用慣行があったため，定年制は定年年齢までの雇用保障としての機能が社会的に広く理解されていた。そのため，企業は定年までの雇用を前提に教育訓練や賃金などの人事体系を構築し，定年をもって組織の新陳代謝を図ってきた。また，労働者は定年までの就業を前提に生活のプランを立ててきた。しかし，雇用のあり方が変化したことによって，定年制は雇用保障機能を弱め，定年前の早期退職を余儀なくされた。一方，定年後も安定した生活基盤が動揺している。従来は，定年によって就業から引退し，年金によって生活の安定を図ってきたが，公的年金の支給開始年齢の引き上げによって，定年年齢と年金支給開始年齢との間にギャップが生じることになった。そのため，就業から引退へのスムーズな移行が難しくなり，安定した生活が確保できなくなった。

このような状況から1990年代後半から，定年制をめぐっては，定年制廃止派と定年制維持派の間で議論が行われてきた。定年制廃止派は，定年制は働く者の意欲や能力にかかわらず一律に雇用関係を終了させるものであり，これからの企業は定年までの雇用保障が困難なため，定年制は廃止し，社会全体として雇用保障に取り組むべきであるという見解である。これに対し，定年制維持派は，定年制は高齢者の雇用機会の維持・確保に貢献していることから，現段階で定年制を廃止することは労働市場の混乱を招くことになる。したがって，高齢者の雇用は，定年年齢の引き上げや定年後の継続雇用制度によって少なくとも65歳までは年齢によって働くことが阻害されることのない就業システムを作る必要があるという見解である（戎野2008）。

ところで，定年制を廃止することによって人的資源管理上にさまざまな問題が生じることにも注意する必要がある。第1に，これまでの賃金体系を前提に生涯現役で雇用が行えるとすれば，企業の人件費負担が大幅に増加することになる。第2に，定年制は雇用調整の機能を持っているため，それを廃止した場合，解雇が容易でない企業はどのような形で雇用調整を行うのかである。第3に，企業の人員計画が定年制を前提に立てられていることである。定年制の下では退職者数の把握が容易である。このような，問題を解決するためには定年

制の廃止と引き替えに「年齢以外の基準」による解雇権を拡大し，これまでの年功的な処遇を大幅に見直すことが不可欠である（八代 2009）。

3. 高齢化と定年延長

(1) 高齢化の現状

国際連合（UN）は，高齢化率（65歳以上の人口が総人口に占める割合）により，3つの社会に分類している。高齢化率が7％～14％を高齢化社会，14％～21％を高齢社会，21％以上を超高齢社会と定義している。

この分類によると，日本の高齢化率は，1970年（7.1％）で高齢化社会，1995年（14.5％）で高齢社会に入り，2007年（21.5％）に超高齢社会となった。日本は，平均寿命，高齢者数，高齢化のスピード面において世界一の高齢化社会といわれている。日本の少子高齢化の原因は，出生数が減り，一方で，平均寿命が延びて高齢者が増えているためである。

2012年に国立社会保障・人口問題研究所が公表した「日本の将来推計人口」によると，日本の総人口は，今後，長期の人口減少過程に入り，2026年に人口1億2000万人を下回った後も減少を続け，2048年には1億人を割って9913

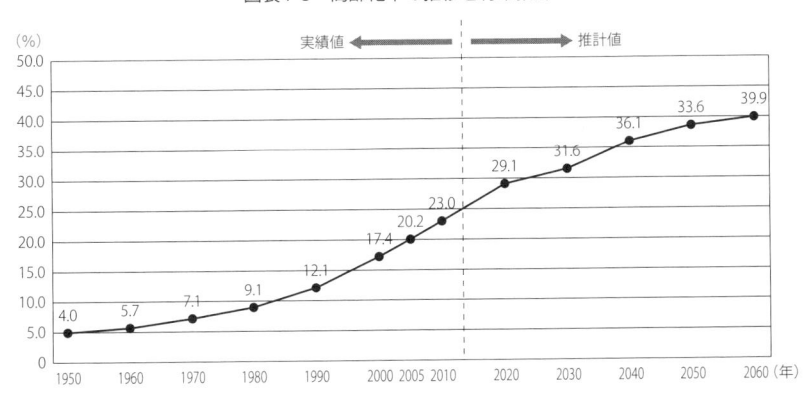

図表7-3　高齢化率の推移と将来推計

出所：内閣府『平成24年版　高齢社会白書』より再作成。

図表 7-4 平均寿命の推移と将来推計

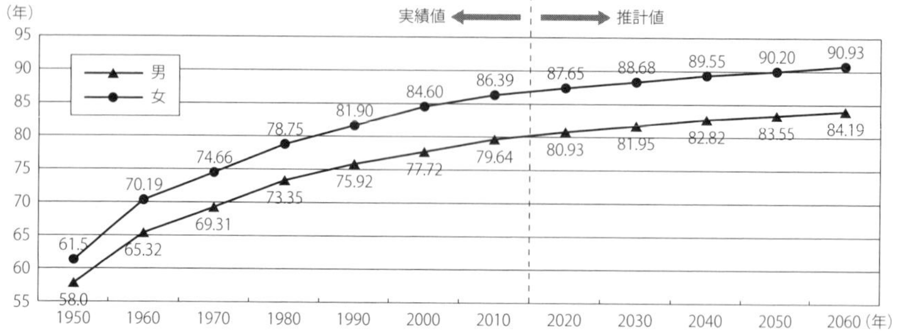

男性: 1950年 58.0、1960年 65.32、1970年 69.31、1980年 73.35、1990年 75.92、2000年 77.72、2010年 79.64、2020年 80.93、2030年 81.95、2040年 82.82、2050年 83.55、2060年 84.19

女性: 1950年 61.5、1960年 70.19、1970年 74.66、1980年 78.75、1990年 81.90、2000年 84.60、2010年 86.39、2020年 87.65、2030年 88.68、2040年 89.55、2050年 90.20、2060年 90.93

（2015年を境に左側が実績値、右側が推計値）

出所：内閣府『平成24年版　高齢社会白書』。

万人となり，2060年には8674万人になると推計されている。総人口が減少するなかで高齢者が増加することにより高齢化率は上昇を続け，2013年には高齢化率が25.1%で4人に1人となり，2035年に33.4%で3人に1人となる。

2042年以降は高齢者人口が減少に転じても高齢化率は上昇を続け，2060年には39.9%に達して，国民の約2.5人に1人が65歳以上の高齢者となる社会が到来すると推計されている（図表7-3）。

また，平均寿命は，2010年現在，男性79.64年，女性86.39年と伸び続けており，2060年には，男性84.19年，女性90.93年となり，女性の平均寿命は90年を超える（図表7-4）。

(2) 高齢者雇用安定法の改正と定年延長

日本では1970～80年代前半までの定年年齢は，55歳が主流となっていた。1960年代から労働組合によって定年延長の機運が高まった。高齢化の進展とともに，「昭和60年60歳定年実施」というスローガンの下，政府は企業に従来の55歳定年制から60歳定年制へと定年延長を促すためのキャンペーンを推進してきた。その成果として1986年には高齢者雇用安定法が制定され，60歳以上定年制が「努力義務」とされた。その後，1994年の高年齢者雇用安定法の改正では，60歳以上定年制の努力義務がなくなり，代わって60歳未満定年制が禁止され，60歳定年制が義務化された。施行は1998年4月1日とされ

た。同時に65歳までの継続雇用が努力義務とされた。60歳未満定年制を禁止する法律が成立した背景には，既にこの時点で大半の企業は60歳定年制へと移行していたという事実がある（上林2008）。

そして，2004年に再び高年齢者雇用安定法が改正された。同法では，① 定年年齢の引き上げ，② 継続雇用制度の導入，③ 定年制の廃止，のいずれかの措置を講じることが義務づけられ，65歳まで雇用確保を図ることとなった。この法は2006年から施行され，大企業（301人以上規模）は2008年3月31日まで，中小企業（300人以下規模）は2010年3月31日までに65歳までの雇用確保を実施することが義務付けられた。

しかし，多くの企業は定年延長や定年制の廃止ではなく，継続雇用で対応しているのが実態である。その理由は，60歳定年到達に伴い賃金制度を正社員から非正社員を対象としたものに移行させ，結果として人件費コストの弾力化を図ることができるからである。すなわち，継続雇用社員の労働時間や出勤日を少なくすると，人件費を大幅に減らすことができる。したがって，継続雇用制度は同じ人件費で定年延長に比べてより多くの従業員を雇用することができるのである（八代2009）。

しかし，正規雇用か継続雇用かという雇用形態の違いのため，同じ仕事にもかかわらず賃金が低下してしまう。その結果，同じ仕事をしている正社員とパートタイマーの間の賃金格差とまったく同じ問題が生じるのである。

したがって，定年延長に伴う継続雇用で賃金調整を行うのであれば，従来の経験を生かせる仕事をさせるのは当然として，賃金の低下に合わせて職責の変更を行うことが必要である。たとえば，「営業部長」だった者を「営業専任部長」にして，管理的責任を免除することが考えられる（八代2009）。

4. 60歳以降の雇用延長

60歳台前半層の就業意欲が高いことと老齢厚生年金支給開始年齢が60歳から65歳へ引き上げられることによって，雇用延長が余儀なくされているが，企業にとって2つの大きな問題がある。1つは，現在の年功賃金体系をそのま

ま残して定年延長を行うことは，賃金コストの高騰を招くおそれがあることである。つまり，職務との関連において労働能力が低下するのに対して賃金額は自動的に上昇し両者間のギャップが大きくなるからである。また，日本の退職金制度は勤続年数が長くなるにつれて支給額が大きくなり，年功賃金体系の補完的役割を果たしていることも問題となる。もう1つは，定年年齢の延長に伴い人事が停滞することである。企業においては役職者のポストは限られているので，定年年齢の延長によって昇進のポストの回転率が低下し，このことが従業員のモラールに影響を与えるおそれがあることである。

　これらの問題があるため，先述したように雇用延長の方法として多くの企業では，定年年齢の引き上げや定年制の廃止ではなく，継続雇用制度で対応している。継続雇用制度には勤務延長制度と再雇用制度の2種類がある。再雇用制度は，定年等一定年齢で退職させたのちに再び雇用する制度であるのに対して，勤務延長制度は，一定年齢で退職させることなく引き続き雇用する制度である。再雇用制度は，社内の身分，雇用形態を，正社員から臨時，嘱託，パートタイマー（短時間労働者）などに変えて，有期雇用契約により，再び雇い入れる。この場合，役職も賃金もダウンするのが一般的である。勤務延長制度はこれまでと同様に雇用契約の中断がなく，役職や資格，賃金などに基本的な変更もなく維持される（笹島 2005）。

　これら2つの継続雇用制度のうち，多くの企業は再雇用制度を採用している。その理由は，再雇用の場合，労働時間や出勤日を少なくすることで，人件費を大幅に減らすことができることと，同じ人件費で定年延長に比べてより多くの従業員を雇用することができるからである。

5. 定年延長に伴う企業の対応と課題

　定年延長は企業の人的資源管理にさまざまな影響を及ぼすことになる。そのため企業では役職定年制，役職任期制，専門職制度，選択定年制，早期退職優遇制度の導入，そして出向・転籍などが実施された。特に，日本的経営の特徴の1つとして年功賃金が定年延長に伴う大きな問題として指摘された。定年延

長による年功賃金は基本給と退職金に影響し，大きな人件費負担となる。したがって，企業では年功賃金カーブや退職金の修正が行われた。例えば，定期昇給額の逓減，定期昇給の停止，基本給の昇給基準線の修正などの賃金制度改定が実施された（日本生産性本部賃金制度専門委員会編 1978）。

昇給基準線の変化のパターンは5つの型に分けられる（図表 7-5）。

これらのパターンのうち，多くの企業がA型でゆるやかに変化させてきた。また，昇給基準線を変化される年齢は，労働者にとって穏やかに変化するパターンは比較的早い年齢から開始され，賃金をダウンさせる厳しい変化は遅い年齢で開始された。

退職金においても勤続年数によって累進的に増加することから一定年齢からは支給率を停止あるいは削減，算定基礎額の修正などの改善がなされた。

今後，企業にとって，高齢者が長い職業人生を培ってきた業務知識や経験・ノウハウをいかに有効活用していくかが重要な課題となっている。そのため高齢者が年齢に関係なく意欲と能力に応じて働き，企業に貢献できる環境を整備していくことが肝要である。具体的には，第1に，高齢者が意欲をもって働くためには，仕事の達成感や自らの責任感を維持していくための動機づけが必要である。第2に，高齢者への仕事への取組みと実績を公正かつ透明に評価し，

図表 7-5　昇給基準線変化のパターン

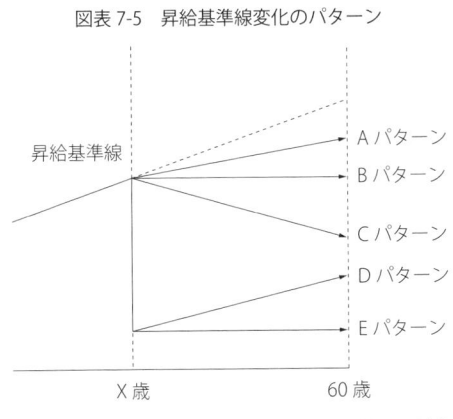

出所：これからの賃金制度のあり方に関する研究会『65歳までの継続雇用と賃金制度』雇用情報センター，1990年，p.63.

高齢者の幅広いキャリアを活かしていく必要がある。第3に，高齢者の意欲や能力は個人差が大きく，働き方に対する意識も多様化していることから，フルタイムだけでなくパートタイムなど多様な勤務形態を整備する必要がある。第4に，高齢者の加齢による心身機能の低下に対応するため，作業スペースにおける照明やパソコン等の文字サイズ調整など，高齢者が働きやすい職場環境を整備する必要がある。

6. 雇用調整とアウトプレースメント

(1) 雇用調整の形態

　これまで日本企業の多くは終身雇用慣行のもとで，なるべく解雇しないような傾向があった。しかし，景気の低迷による企業業績の悪化にともなって雇用調整を行っており，そのなかには従業員を解雇しているケースも比較的多く見られるようになった。

　雇用調整とは労働力需要の変化に応じて，労働供給の質量を変えることである。仕事量が多くなれば人を雇ったり，仕事量が少なければ残業をなくしたりする対応である。1973年に第1次オイルショックが発生し，1974年には経済成長率が戦後初めてマイナス成長になった。長引く不況の中で，1975年には雇用調整助成金が制度化された。

　雇用調整はさまざまな形態で行われる（図表7-6）。雇用調整の形態は，賃金の抑制という賃金の調整，労働者数や労働時間という量の調整，労働者の配置という質の調整とに分けることができる（上林・厨子・森田2010；岩出2007）。賃金の調整では人件費を抑制するために，ベースアップを凍結したり，定期昇給を中止したり，賞与を削減する対応である。労働時間の調整では残業をできるだけ減らしたり，1人1人の労働時間を短くすることで，全体としての雇用者数の維持・拡大をめざすワークシェアリングが行われる。また，一時帰休も行われる。一時帰休とは，就業の一定期間の停止を意味するもので，繊維産業などで働く女工を不況時に故郷の親元に帰らせて休ませたことから，帰休といわれるようになった（上林・厨子・森田2010）。一時帰休は，雇

図表 7-6　雇用調整の諸形態

1. 労働時間の調整	所定労働時間の短縮（ワークシェアリング） 残業の規制，一時帰休
2. 労働者数の調整	新規採用の中止　中途採用の削減・中止 非正規社員の再契約中止 希望退職者・早期退職者の募集 解雇（指名解雇・整理解雇）
3. 労働者配置の調整	配置転換（間接部門から直接部門へ） 出向・転籍
4. 賃金調整	ベースアップの凍結 定期昇給の停止・延期 賞与の削減

出所：上林憲雄・厨子直之・森田雅也『経験から学ぶ人的資源管理』
　　　有斐閣，2010 年，p. 238 を基に修正・加筆作成。

用関係を維持したまま就業を一定期間停止するもので，休業手当が支払われる。労働基準法では使用者に責任のある休業期間中は平均賃金の 60％以上の手当を支払うことが義務づけられている。アメリカで行われているレイオフは雇用関係が断絶する解雇であり，一時帰休とは異なる。

　労働者数の調整では，新規採用を抑制したり，退職者の欠員を補充しなかったり，有期契約している非正規労働者の契約を更新しなかったりすることで，人員を削減する。また，希望退職者や早期退職者の募集をすることである。さらには，一方的に雇用関係を終了する解雇という方法もある。

　最後に，労働者配置の調整では，組織全体の労働者数に変化がなくても，部門間での配置転換を行うことで，組織全体の需給を一致させることが行われる。工場閉鎖などを行う際には，閉鎖される工場に勤める従業員を対象に希望者を自社の別の工場へ配置転換することで行われる。また，企業グループ内での出向や転籍という形で行われることもある（上林・厨子・森田 2010；中馬 1994）。

　日本企業の雇用調整は，大きく 5 段階で行われる（図表 7-7）。まず，① ベースアップの凍結，賞与の削減などの賃金調整，② 残業の抑制や操業短縮などの労働時間の調整，③ 臨時・季節工，パートタイム労働者の再契約の中止，新規採用や中途採用の削減・中止などの労働者数の調整，④ 配置転換や出向

図表 7-7　日本の雇用調整の段階

段階	調整形態	調整方法
第1段階	賃金の調整	ベースアップの凍結，賞与の削減
第2段階	労働時間の調整	残業の抑制や時間外労働の短縮，操業短縮
第3段階	労働者数の調整	有期契約の雇い止め，新規採用や中途採用の削減，停止
第4段階	労働者配置の調整	配置転換や出向
第5段階	労働時間と労働者数の調整	一時帰休，希望退職の募集，解雇

出所：上林憲雄・厨子直之・森田雅也『経験から学ぶ人的資源管理』有斐閣, 2010年, p. 239 より再作成。

など合理化のための労働者配置の調整，⑤一時帰休，希望退職者の募集・解雇などの労働時間と労働者数の調整が最終的に実施される。

日本では景気変動などで事業活動の縮小を余儀なくされ，従業員を休業，教育訓練，出向などをさせる事業主に対し，賃金などの負担の一部を国が助成する雇用調整助成金制度がある。この雇用調整助成金は失業予防を目的とした助成金である。

アメリカ企業の雇用調整として，しばしばレイオフがとりあげられる。レイオフは再雇用の可能性は残されているものの，企業との雇用関係はなくなるのでその意味では解雇と同義である。レイオフされる順番は勤続年数の短いものから始まり，逆に再雇用はレイオフされたものの中で勤続年数が長いものから行われる。これは先任権（seniority）制度と呼ばれている。アメリカ企業は，賃金の調整速度は相対的に遅く，雇用調整と言っても，日本企業は賃金の調整，アメリカ企業は量的調整を主として採用している点で異なっている（竹内 2001；岩出 2007）。

(2) アウトプレースメント

アウトプレースメント（outplacement）とは再就職支援ともいい，雇用調整により人員削減をする企業の依頼を受け，解雇もしくは退職した社員の再就職へ向けての各種の支援を行うビジネスのことである。一般に，人材ビジネスとは人材派遣，人材紹介，アウトプレースメントの3つを指すが，このうち，人材派遣や人材紹介は求職者が事業者に登録をして職を探し，その費用は受け入れた会社が負担するのに対し，アウトプレースメントは，人員削減をする会社

の依頼により職を探し，その費用は人員削減を行う会社が負担するという違いがある。アウトプレースメントはあくまでも削減対象者の再就職支援を行うのが目的であり，必ずしも再就職先提供を約束するものではない。

アウトプレースメントは，アメリカで1980年代頃から盛んに取り入れられるようになってきたビジネスで，好不況にかかわらず，比較的容易に人員削減をするアメリカにおいて，このビジネスは受け入れられるようになった。一方，日本においては，1990年代のバブル崩壊により人員削減を余儀なくされ，その一環としてこのビジネスが受け入れられるようになった。

日本では，特に中高年労働者が新しい職を見つけるのは容易ではなく，しかも元雇用主が社会的道義性を果たすことの倫理価値や雇用責任を意識し，再就職が決まるまでアウトプレースメント会社が面倒を見てくれることを求める傾向がある。

アウトプレースメント会社では，履歴書の書き方や面接の受け方などの指導やキャリアに関するカウンセリングに加えて，再就職先の紹介まで行うのが一般的である。アウトプレースメント会社に支払うコストは企業が負担する（八代2009）。

□引用・参考文献

岩出博『LECTURE 人事労務管理』泉文堂，2007年。
戎野淑子「「定年制」を考える」『日本労働研究雑誌』No. 573/April，2008年。
荻原勝『雇用調整の実務』中央経済社，2010年。
上林憲雄・厨子直之・森田雅也『経験から学ぶ人的資源管理』有斐閣，2010年。
上林千恵子「高齢者雇用の増加と定年制の機能変化〜2004年改正高年齢者雇用安定法の影響を中心に」法政大学『社会志林』54/4，2008年，pp. 63-74。
笹島芳雄『65歳への雇用延長と人事・賃金制度』労働法令協会，2005年。
白井泰四郎『現代日本の労務管理』東洋経済新報社，1982年。
菅野和夫『労働法（第八版）』弘文堂，2008年。
清家篤『定年破壊』講談社，2000年。

竹内一夫『人事労務管理』新世社，2001年。
中馬宏之『検証　日本型「雇用調整」』集英社，1994年。
寺園成章『定年制の話』日本経済新聞社，1980年。
日本生産性本部賃金制度専門委員会編『高齢化時代の賃金・雇用制度』日本生産性本部，1978年。
八代充史『人的資源管理論　理論と制度』中央経済社，2009年。
労働政策研究・研修機構編『高齢者雇用の現状と課題』労働政策研究・研修機構，2012年。
労務行政研究所編『65歳雇用時代の中・高年齢層処遇の実務』労務行政，2013年。

■演習問題

Ⅰ．次の文章の（　）の中に適切な言葉を書き入れなさい。
1．整理解雇の要件としては，①（　　　　　）の必要性，②（　　　　　）の有無，③（　　　　　）の妥当性，④（　　　　　）の合理性がある。
2．一定年齢の到達時に労働者の働く意思と能力と関係なく自動的かつ強制的に（　　　　　）を終了する制度を（　　　　　）といい，定年により退職することを定年退職という。
3．日本の高年齢者雇用安定法では，60歳以降の雇用延長のために，企業が①（　　　　　），②（　　　　　），③定年制の廃止，のいずれかの措置を講じることが義務づけられている。
4．雇用調整の諸形態には，（　　　　　）の調整，（　　　　　）の調整，労働者配置の調整，賃金調整がある。
5．アメリカではレイオフの際に，勤続年数を基準に行われる（　　　　　）制度と呼ばれるルールがある。

Ⅱ．次の問題を説明しなさい。
1．定年延長に伴う人的資源管理上の問題点について説明しなさい。
2．雇用調整の日本的特徴について説明しなさい。

第8章

教育訓練管理

1. 教育訓練とは

　経営資源として「ヒト」「モノ」「カネ」「情報」といわれる。これらのうち，「ヒト」が最も重要である。ヒトなくしては，モノもカネも情報も機能しないからである。教育訓練という言葉は従来から広く使われてきた。一般的に，教育とは新しい知識や技術を長期的視点により主に集合教育で，教え込むことであり，訓練とはすぐに役立つ技能を短期的視点により主に実際の仕事の場で修得することである。このように，厳密に言えば教育と訓練の意味は異なるが，実務上では両者を区別することなく教育訓練として使用されるのが一般的である。近年においては，人的資源管理論が普及する中で，人を競争上の優位を獲得する人的資源としてとらえ，人的資源開発や人材育成などさまざまな言葉が用いられている。いずれの言葉も人の能力を開発する点においては共通する。教育訓練は能力開発のための有力な手段であるといえる。したがって，ここでは教育訓練という言葉を用いながら必要に応じて人的資源開発あるいは人材育成という言葉を教育訓練と同義語として用いることにする。

　経営環境の変化によって「ヒト」という資源の強化，すなわち教育訓練の重要性が高まっている。「企業は人なり」「人材ではなく人財」などといわれるように，企業が発展していくためには，教育訓練が不可欠である。

　教育訓練の目的は，従業員個々の能力開発にあるが，あくまでも最終目的は企業の最大限の利益を追求するところにある。近年，企業の競争優位の源泉であった商品やサービスは，ITの浸透や市場の成熟化によって，すぐに他社に模倣され，一度確立した競争優位もすぐに陳腐化してしまうことになる。そこ

で商品やサービスそのものよりも，その企業の風土や社員のモチベーションの高さが他社との差別化を生む競争力の源泉となると考えられるようになった。なぜなら，企業を構成する従業員によって築き上げられた価値観や風土は，競合他社がいくら真似したくても短期間で達成することは困難なため，競合他社に対する大きな競争優位となるからである。

　そのためには，従業員一人ひとりが自律的に考え，行動し，個々人の能力が企業の競争力に結びつくことが必要である。このような行動を促進させるためには，社員一人ひとりの意識，モチベーションを高めることが求められる。

2．教育訓練の体系

　教育訓練は，OJT，Off-JT，自己啓発の3つの体系から構成されている。Off-JTは，さらに階層別教育と職能別教育に分かれる（図表8-1）。

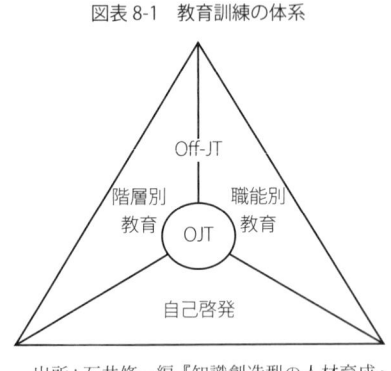

図表8-1　教育訓練の体系

出所：石井修一編『知識創造型の人材育成』
　　　中央経済社，2003年，p. 73。

(1)　OJT（職場内訓練）

　OJT（On the Job Training）とは，職場内で上司・先輩が部下に日常の仕事を通じて，計画的に必要な知識・技能・仕事への取り組み等を目的に行う職場内訓練をいう。日本では社内における職務遂行能力がより求められるため，OJT

図表8-2　OJTのメリット・デメリット

メリット	・集合教育に比べてコストも安く，時間的にもゆとりがある ・社員の個性や能力，現状に沿ってきめ細かな個別指導ができる ・後継者育成に適している
デメリット	・仕事中心であるため，とかく短期志向的，視野狭窄に陥りやすい ・上司，先輩の知識，経験に大きく制約される ・上司－部下のタテ関係で展開されるため，ヨコへの広がりをもった組織行動の改善には適さない

出所：石井修一編『知識創造型の人材育成』中央経済社，2003年，p.74。

が主流となっているが，これは終身雇用が前提となっていたためである。

　OJTを実施する目的は，①部下である社員が担当する業務を上手く遂行できるようにするため，②会社や部門の業績を向上させるため，③部下である社員の成長のため，④指導育成を通して，上司自らが成長するため，などさまざまである（山田1998）。

　OJTは集合教育に比べてコストも安く，時間的にもゆとりがあるというメリットがある反面，上司や先輩の知識，経験に大きく制約されるというデメリットもある（図表8-2）。

　OJTを効果的に進めるには，次のプロセスを踏み，計画的に部下を育成することが重要である（山田1998）。すなわち，

① 部下となる社員の仕事ぶりをしっかりと把握しておく（部下の情報収集）。
② 部下に対して，成長して欲しいというレベルを明確に描く（育成目標作成）。
③ 成長して欲しいレベルと現在の部下のレベルとのギャップを明確にする（現状把握）。
④ ギャップを解消するための長期教育計画を作成する。（育成計画作成）
　具体的に何を指導すればよいかといった短期教育計画を作成する（指導計画作成）。

(2) **Off-JT（職場外訓練）**

　Off-JT（Off the Job Training）とは，知識やスキルを習得させるため，職場を

図表 8-3　Off-JT のメリット・デメリット

メリット	・専門的，理論的な知識を習得できる。 ・業務を離れて実施するので，研修に専念できる。 ・効果的なカリキュラムを組める。 ・多数の人数を効率的に研修できる。
デメリット	・研修内容が実際の業務に応用できない場合がある。 ・研修期間内は職場を離れなければならない。 ・時間と費用がかかる。

出所：労務行政研究所編『はじめて人事担当者になったとき知っておくべき，7の基本。8つの主な役割』労務行政，2012年，p. 112 加筆作成。

離れて行われる職場外訓練のことをいう。たとえば，集合研修，通信教育，講習会などがある。Off-JT は専門的な知識を習得できるというメリットがある反面，時間と費用がかかるというデメリットもある（図表 8-3）。

Off-JT には，階層別教育，職能別教育，課題別教育の 3 種類がある。階層別教育は職能横断的に組織階層に応じて期待される役割を果たすために必要とされる職務能力の向上を目的とするものである。階層別教育には，新入社員研修，課長研修，部長研修，経営幹部研修などがある。また，内定後入社までに発生しやすい内定辞退を防止する目的で行われる内定者研修あるいは入社前研修も多くの企業で実施している。

職能別教育は実際に担当している仕事を遂行していく上で必要となる職能専門的な知識や技能の習得を目的とするものである。販売・営業，事務，技術，経理などがそれである。

課題別教育は，職場が抱える短期及び中長期的な課題に対応し研修テーマを絞り，選定されたテーマの具体的課題解決を図るための研修である。たとえば，コンピューター教育，語学教育，海外派遣要員の派遣前教育などである（図表 8-4）。

(3) **自己啓発**

自己啓発とは，従業員自らの意思によって能力開発，スキル習得を図る取り組みのことをいう。能力主義，成果主義への移行を背景にして，これまでの企業が行う受け身の教育だけでなく，自ら自分の能力の向上をめざす個人の積極

図表8-4 三井住友海上火災保険の教育研修体系

実施主体	階層別研修		人事			事			部		人事制度	自己啓発・形成キャリア支援					ブロック/部支店		各部門
区分	総合職・エリア総合職等	業務職	人事制度関連	選択型	マネジメント力向上	ビジネスプロフェッショナル育成プログラム	経営感覚・ビジネス感覚育成プログラム				目標チャレンジ制度	社内論文・社員表彰	資格取得支援	社外通信講座	MS e-Learning	社内トレーニー制度	ブロック・部支店教育・研修	部門研修	
役員																			
部長	新任部支店長研修																		
次長																			
課長	新任課長研修			オープン研修	考課者研修														
課長代理	中堅課長代理研修	業務主任昇進時研修		営業・損害サービス部門別研修	多面評価	ビジネスリーダー養成プログラム													
主任	新任課長代理研修	業務リーダー昇進時研修	マネジャー研修		全ライン長マネジメント研修	グローバル人材育成プログラム	MS経営塾								ネクストステージ・チャレンジプラン				
3年目	3年目研修		部門異動者研修			MSビジネスユニバーシティ										アクチュアリー研修			
2年目	2年目研修 損保講座本科	2年目研修																	
1年目	長期インターバル研修 損保講座本科	入社時研修																	

注：「MS」とは「三井(M)住友(S)」の頭文字をとったもの。出所：労務行政研究所編『これからの人材育成研究』労務行政、2008年、p.211。

的な取り組み姿勢が表れてきている。企業には競争力を強化する視点から，自己啓発の動機の方向づけや自己啓発の機会の付与など，個人の取り組みを促進・支援する諸条件の整備が求められている。

そのため企業の対応は，自己啓発努力を側面から援助する制度的・環境的整備にあり，自己啓発プログラムメニューの充実や自己啓発を促す金銭的・時間的な援助が主な内容になっている。主なプログラムとしては，① 通信教育講座の開設，② 公的資格・免許取得の援助，③ 社外セミナー・講演会の開催，④ 自主的研究会への援助などがある。

また，国も自己啓発への取り組みを支援するため，補助金・支援金を支給している。それは「教育訓練給付制度」によって支援される。教育訓練給付制度とは，労働者が主体的に能力開発に取り組むことを支援し，雇用の安定と再就職の促進を図ることを目的として設けた雇用保険の給付制度である。

一定の条件（雇用保険を 3 年以上収めていること）を満たしている一般被保険者（在職中）または一般被保険者であった人（離職者）が，自ら費用を負担して，厚生労働大臣が指定する教育訓練講座を受講し修了した場合，本人がその教育訓練施設に支払った経費の一部が支給される。経費は，ハローワーク（公共職業安定所）に申請することで，教育訓練施設に支払った経費の 40％（上限 20 万円）に相当する額がハローワークから支給される。この制度は 1988 年から施行された。

教育訓練給付制度では，情報処理技術者資格，簿記検定，訪問介護員，社会保険労務士資格などをめざす講座や働く人の職業能力アップを支援する多彩な講座が指定されている。

3. 教育訓練の計画と効果測定

教育訓練を実施するためには，教育訓練の計画を立てる必要がある。教育訓練の計画は大きく 4 段階に分かれる。まず，第 1 段階は，教育ニーズの把握である。現状を把握し，そのニーズと照らし合わせて教育訓練の目的を決める。第 2 段階は，教育内容の決定である。教育テーマ，教育内容と範囲を考え，

図表 8-5　教育訓練の 5W3H

5W3H	内容
Why	教育訓練目的・ニーズ
What	教育テーマ・内容
Who	指導教師
When	実施期間・日時
Where	実施場所・会場
How	教育方法・効果測定
How many	実施回数・受講者数
How much	教育費用・予算は

出所：労務行政研究所編『人事労務管理実務入門』労務行政研究所，1998 年，p. 209。

受講者のニーズを考える。そして教育の重要度，緊急性，効果から順位を決める。第 3 段階は，教育訓練の実施に当たっての手順，方法などを詳細に決める。第 4 段階は，教育訓練の計画書を作成する。

これらの中で特に，第 1 段階の教育のニーズを把握することが重要である。これが不明確だと一体何のためにその教育を行うのかが曖昧となり，これまで毎年決まっているから行うといった，教育それ自体が形式的で形骸化をもたらすことになる。

教育訓練の一定の効果を上げるためには，具体的な教育訓練計画に基づいて実施される必要がある。一般に，教育訓練を実施する上では，5W3H 方式に従って，教育訓練のプログラムが作成される（図表 8-5）。

教育訓練を終えた後は必ずそれを評価しなければならないが，その評価には教育訓練の効果測定と業務評価の 2 つがある。教育訓練の効果測定は参加者の知識や能力がどれくらい向上したのかを評価することであり，業務評価は教育訓練の運営方法，カリキュラムの内容，講師の指導方法，会場の設備や食事といった教育訓練の業務全般について評価することである。

このような教育訓練の評価を実施するねらいは，以下のようなことが挙げられる（桐村 2000）。

① 教育訓練の技法や方法によって成果に差が出る場合，どれが有効かがわ

かり教育訓練方法の向上に役立つ。
② 教育訓練の効果の程度を知ることによって今後の教育訓練計画の参考とする。
③ どのくらい成果が上がったかを受講生に知らせて自信を持たせ，学習の励みとしてもらう。
④ 受講生の間で成果に個人差が大きい場合は，何が原因でそうなったかを明確にし，今後の自己啓発に対する指針を与える。
⑤ 教育訓練の結果を上司にフィードバックし，今後の部下指導に役立たせる。
⑥ 教育訓練の成果をトップおよび経営幹部に理解してもらい，教育に関する支持を得る。

このような教育訓練の効果を知るための方法としては，①アンケートによる方法，②試験による方法，③観察による方法，④面接による方法，⑤経済効果による方法がある。

教育訓練の効果測定に関して，アメリカのカーク・パトリック（Donald L.

図表8-6 カーク・パトリックの4段階評価

区分	内容	測定方法
1. Reaction（反応）	受講者の受講直後の評判・満足度を評価し，「参加者はそのプログラムを気に入っていたか？」を問うもの	測定方法は受講中や受講直後のアンケート，受講者の観察など
2. Learning（学習）	到達目標に対する理解・修得を評価し，「目標を達成したか？参加者はそのプログラムにおいて何を学習したか？」を問うもの	受講直後の理解度テスト（修了テスト），実技演習など
3. Behavior（行動）	教育の結果として得られる受講者の行動の変化・変容を評価し，「参加者は学習したことに基づき彼らの行動を変化させたか？」を問うもの	数カ月後に受講者や上司に対して行うアンケートやインタビューが中心
4. Results（成果）	学習によって組織として得られた成果（利益）を評価し，「参加者の行動変容は組織に良い影響をもたらしたか？」を問うもの	各種指標（売上高，利益，生産性など）の変化に対する貢献度分析が中心

出所：労務行政研究所編『これからの人材育成研究』労務行政，2008年，p.39。

Kirkpatrick）の4段階評価と呼ばれるものがある。カーク・パトリックは，4つのレベルに分けている（図表8-6）。まず，① レベル1のリアクション（Reaction）では，受講者の反応を評価する。これは教育直後にアンケートを用いて，受講者から教育の感想を聞くもので，教育の満足度を評価するものである。② レベル2のラーニング（Learning）では，教育の中で提供された内容をどれだけ理解・習得したか，理解度を見る評価である。③ レベル3のビヘイビア（Behavior）では，受講者の行動の変容を測定するものである。例えば，管理者教育で，管理者に求められる立場の役割や行動が提示され，それに沿った教育内容が展開される。その行動が，現実に職場で行われているのかの程度を見るのがこの段階である。④ レベル4のリザルツ（Results）では，結果であり，受講者の行動変容が，組織にどのような成果を達成させたかの度合いを測るものである（労務行政研究所編 2008）。

4. 教育訓練の技法

　教育訓練の際に用いられる主な教育訓練の技法として，次のようなものがある（山田 1998；桐村 2000）。
　① 講義法
　講義法は，もっとも一般的に採用されている教育訓練技法の1つである。この形式は多数の受講者を相手に講師が知識や概念の説明，事実の周知などを同時に行おうとする場合，きわめて能率的な方法である。しかし，この方法は受講者が受身の立場に立つので，本人が積極的に傾聴しようとする姿勢がない場合には形式的な授業になりやすいし，また，講師の話し方など個人差にも影響されやすいこともある。
　② 討議法
　討議法は，討議によって課題を掘り下げ，多角的に考え，理解を深め解決につなげていく方式である。メンバー中心で参加度が高く結果が受け入れやすいなどの長所がある反面，時間がかかる，体系的に学びにくい，メンバーのレベルによって結果が違うなどの短所がある。この方法としてパネル討議，フォー

ラム，シンポジウムなどが活用されている。

　③　役割演技法

　役割演技法は，現実に近い実験的な対話場面を設定し，受講生にいずれかの役割を演技させることによって，その役割の理解や状況に対応する行動力，コミュニケーション能力などを開発するための方式である。役割演技法は，販売員訓練などで対人場面での望ましい行動の仕方を教えたり，所定の立場に立って行動させることによって態度を変容させたり，人間関係への洞察を深めたりするのに有効である。

　④　ケース・メソッド法

　ケース・メソッド法は，ハーバード大学で開発されたもので，現実の企業経営の事例を受講生に与え，その問題点を分析し，最終的には具体的な解決行動を起こさせるように指導する教育訓練技法である。すなわち，実践に役立つ原理・原則を習得させ，意思決定能力を高めようとする方式である。これは事例に関する経験や情報をある程度もっている経営者や管理・監督者層に有効な方法である。

　⑤　ビジネス・ゲーム法

　ビジネス・ゲーム法は，ある企業経営のモデルを用いて，各グループが経営管理の現実の場面と同じく経営幹部の立場に立ち，設備投資や製品コストなどについて意思決定を行い，毎期貸借対照表や損益計算書を作成し，各社の経営業績を競う訓練である。ビジネス・ゲームの効用は，参加者に経営の意思決定の重要性とそれに伴う役割関係の流動性，そして各部門の調和や手段選択の重要性を身をもって知らせることができることである。

　⑥　イン・バスケット法

　イン・バスケット法は，イン・トレイ方式ともいわれるもので，管理者の決済能力を高めるための訓練である。管理者に業務決裁の場面を想定し，グループ内で各人が管理者として未決裁書類箱に入った書類を次々に検討，意思決定し，既決裁箱の中に入れていくのである。管理者が置かれている状況をそのままに設定し，限られた時間内に多量の書類を処理させることによって読み取りの能力，判断力，決断力などを高めようとするものである。この訓練は，さらに途中で電話がかかってきたり，来訪者があったりといったストレスをかけた

場面で行うこともある。

⑦ ブレーン・ストーミング法

ブレーン・ストーミング法とは，特定の課題について自由にアイディアを出し合い，相互に影響し合って各人の発想力や創造性を刺激し，集団啓発の力で優れた発想を生み出していこうとする方式である。

5. 教育訓練の新たな動向

(1) 選択型研修

選択型研修とは，会社が用意した研修メニューを従業員が選択できる制度のことである。さまざまな選択肢の中から選ぶことから，カフェテリア研修ともいう。この研修は，会社が決めた研修プログラムに従うのではなく，従業員自らが自分のキャリア・パスを前提に，自主的に研修メニューを選ぶことで，高い研修効果が期待できる。ただし選択者が一部の研修に偏ることがあり，会社が期待する研修効果がでにくい問題もある。

選択型研修を導入するようになった背景としては，2つの理由が挙げられる。

1つは，日本的特徴であった年功序列の人事処遇制度が行き詰まり，能力主義人事が求められる中で，従業員の育成システムも従来のヨコ並び・一律の集合教育から従業員一人ひとりの将来の進路に見合った個別的な能力開発と個別的な育成方策が必要とされてきたことである。

もう1つは，これまでの従業員の能力開発は，どちらかといえばさまざまな業務を全般的に管理監督できるゼネラリストの育成に重点が置かれてきた。しかし，業務の多様化と高度化で，より専門的な知識・技術を持ったスペシャリストの確保や実際に実務をこなせる，能力発揮ができる人材の育成が，どこの企業でも急務の教育課題となってきたことである。

このように，選択型研修の最大のねらいは，これまでの会社主導の教育から従業員社員個々人が自己責任の下で，自ら進んで能力開発に取り組む自立型人材の育成にあるといえる（図表8-7）。

158 第2部 人的資源管理の各論

図表8-7 選択型研修の事例（横河電機）

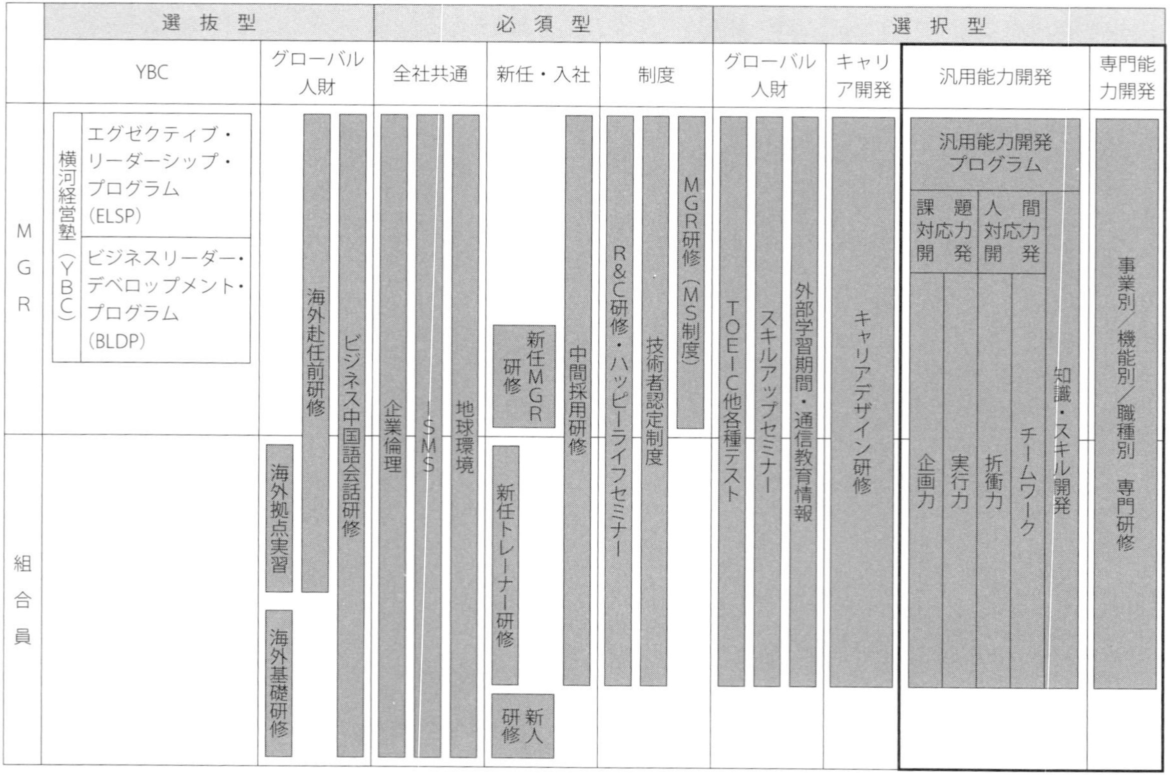

選択型	専門能力開発	事業別／機能別／職種別 専門研修	
	汎用能力開発	汎用能力開発プログラム	知識・スキル開発
			人間対応力開発：チームワーク／折衝力
			課題対応力開発：実行力／企画力
	キャリア開発	キャリアデザイン研修	
	グローバル人財	外部学習期間・通信教育情報	
		スキルアップセミナー	
		TOEIC他各種テスト	
	制度	MGR研修（MS制度）	
		技術者認定制度	
		R&I研修・パーソナリティセミナー	
必須型	新任・入社	中間採用研修	
		新任MGR研修／新任トレーナー研修／新入研修	
	全社共通	地球環境	
		ISMS	
		企業倫理	
	グローバル人財	ビジネス中国語会話研修	
		海外赴任前研修	
		海外拠点実習／海外基礎研修	
選抜型	YBC	エグゼクティブ・リーダーシップ・プログラム（ELSP）／横河経営塾（YBC）／ビジネスリーダー・デベロップメント・プログラム（BLDP）	

MGR ─────────── 組合員

出所：労務行政研究所編『これからの人材育成研究』労務行政、2008年、p. 228。

(2) 選抜型研修

　選抜型研修とは，会社が一定基準により従業員を選抜して，将来，経営を担うコア人材を育成する目的で実施する教育訓練である。企業によっては後継者育成という意味からサクセッション・プラン（succession plan）ともいう。この研修は，バブル崩壊後，エリート養成を目的とした研修形態である。能力差に関係なく一律に実施されてきた階層別教育の効率性の反省から，次世代リーダーの育成とその効果を上げるために導入された。

　日本企業における次世代リーダーの育成は，少数精鋭の選抜型で実施される場合が多くなっている。選抜の対象となる層は，30代後半から40代前半の課長クラスが主流である。選抜基準としては，「上司推薦」「過去の人事評価」によって選抜している企業が多い。

　経営幹部を育成する選抜型研修では，多くの場合，体系化された特別なプ

図表8-8　社内大学の例

企業名	名称	概要
富士通	FUJITSUユニバーシティ	2002年4月に発足。オンライン上に企業内大学の仕組みを構築。グループの教育戦略・実行の一元化を図り，理念に基づいて多彩な教育を提供する場を設ける。高度な人材の育成を目指す。
トヨタ自動車	トヨタインスティテュート	2002年1月に発足。トヨタの経営戦略を実践する組織であり，日本人外国人の区別なくホワイトカラーのマネジメント能力などを高めることを目指す。グローバルに活躍できる次世代の経営人材の育成と全世界のミドルマネジメントを対象とした研修を行う。
東芝	Toshiba e-University	2002年12月に発足。全社員を対象に最新のITや営業手法を，インターネットを使って学習。幹部育成や技術変化へのキャッチアップのみにとどまらず，社員が自立する企業文化への変革も目指す。
ソニー	ソニーユニバーシティ	2000年に発足。次世代のリーダー育成から個人の能力向上のための研修まで，多様なニーズに応じたプログラムを展開。
資生堂	エコール資生堂	全社員の業務を7分類して，各学部ごとに専門的な知識の習得を図る研修を行う。学部を横断する研修として，「教養課程」，「国際課程」を設置する。さらに，「経営大学院」を設置し，次世代経営幹部を育成する。

出所：大嶋淳俊「日本型「企業内大学」の発展」日本国際情報学会，2009年，p.6より抜粋。

ログラムを用意し，研修施設に集めて教育が行われる。大企業では社内大学（Corporate University）を作って次世代リーダー養成に取り組んでいる。社内大学とは，企業が従業員教育のため社内に大学のように複数の講座を従業員に受講させるものである（図表8-8）。

企業によってその体系はさまざまであるが，一般的には，大学の講義のように必修講座と選択講座があり，従業員は自分の目標や都合に合わせてプランを組み立てられる。社内大学が誕生したのは，アメリカである。日本では2000年代に入って，大企業を中心に社内大学の設置がブームとなってきた（大嶋2009）。

(3) eラーニング

従業員の能力開発が活発化している動きの中，近年注目を浴びている教育手法がeラーニングである。eラーニングとは，パソコンやコンピュータネットワークなど情報技術（IT）を利用して教育を行うものである。eラーニングの最大のメリットは"anytime, anywhere"（いつでも，どこでも）学習できることである。また，教室で学習を行う場合と比べて，遠隔地にも教育を提供できる点や，コンピュータならではの教材が利用できる点などが特徴である。

ブロードバンドの普及でネットを通じて音声・画像を含むさまざまな動画コンテンツの配信が可能となった。従来の教育研修は，どこかの会場に集まって行われていたが，eラーニングでは会社や自宅などどこでも講師の話を聞くことができる。さらに，双方向システムであればリアルタイムで質疑応答も可能

図表8-9　eラーニングのメリット・デメリット

メリット	・職場や自宅などで学習できる。 ・自分のペースで学習できる。 ・進捗状況やテスト結果などのフィードバックが即座に確認できる。 ・結果をもとに最適な学習方法が選択され，効果的に習得できる。 ・操作説明など，画面上の動きがわかりやすい。 ・音声や動画により，学習理解度をさらに深められる。
デメリット	・スポーツなどの実技がともなう学習では，効果的に習得しにくい。 ・一般的に，リアルタイムに講師側との交流が取れない。

出所：人事管理研究会『人事管理実務』産業能率大学出版部，2003年。

である（人事管理研究会 2003）。

　e ラーニングのメリット・デメリットは〈図表 8-9〉のとおりである。

6. キャリア開発と CDP

(1) キャリア開発とは

　最近，キャリアという言葉が頻繁に使われている。たとえば，キャリア形成，キャリア開発，キャリア・パス，キャリア採用といったものがそれである。英語の career は「経歴」「履歴」といった意味で，これはどの会社へ入り，どんな部署に配属され，何をしてきたか，という履歴書や職務経歴書に書けるものであり，客観的キャリアと呼ばれている。これに対し，①自分は何をしてきて，その結果，どんな事に興味や関心があるのか，②自らの譲れない価値観とは何か，③どんな能力・スキルを身につけてきたのか，というのを主観的キャリアと呼ぶ（谷田部 2010；大久保 2006）。

　つまり，キャリアとは長期的な視点から見た自分自身の仕事生活のパターンと，そこから得られた自己理解といえる。

　また，キャリアは過去だけでなく，将来へ伸びる道でもある。私はなぜ働くのか，仕事をする意味とは何か，自分の仕事と生活をどのように関わらせるのか，これらに対する答えとも言える。

　キャリア開発（career development）とは，端的にいえば，従業員一人ひとりの職業人としての人生設計（キャリア・デザイン）を行い，それに基づいた職業・職種・職務選択および能力開発を行うことをいう。個人が主体的に自身のキャリアを捉え，スキルと知識を習得し，仕事を通じて成長していくことである。終身雇用を前提とした従来の日本型経営システムにおいては，キャリア開発の主体は企業であったが，現在は従業員個人にシフトしてきている。今後は個人が自らのキャリアに責任を持つことが大切になってくる（奥林他 2010）。

　20 世紀において，日本企業では終身雇用制のもと，従業員はひとつの会社で一生のキャリアを終えるのが当たり前とされていた。しかし昨今の経済情勢の変化により，個人のキャリアに対する意識も大きく変化し，個人が自分自身

図表 8-10　組織内キャリア開発・形成を支援する諸制度・施策の例

区分	諸制度・施策
(1) 採用管理	①職種別採用　②専門契約社員制度
(2) 配置・異動	①自己申告制度　②社内人材公募制度　③社内FA制度　④社内求人・求職制度（社内ハローワーク）　⑤社内ベンチャー制度　⑥勤務地選択制度，限定勤務地制度　⑦出向・転籍　⑧CDP　⑨計画的ジョブローテーション
(3) 人事制度	①複線型人事制度　②複線型役職制度（複線型昇進制度）　③専門職制度　④昇格チャレンジ制度　⑤役職チャレンジ制度（昇進チャレンジ制度）　⑥キャリア面談制度
(4) 退職管理	①早期退職優遇制度　②選択定年制　③転身・独立支援制度
(5) 能力開発	①OJT, Off-JT　②自己啓発援助制度，資格取得援助制度　③教育休暇制度　④自己選択型研修　⑤選択型研修
(6) 評価制度	①育成・活用型絶対考課　②目標管理と面談制度　③人材評価制度（人材アセスメント）
(7) キャリア開発支援	①キャリア支援部署の設置　②キャリア・アドバイザーの配置　③キャリアカウンセリング　④キャリア・デザイン研修，キャリア開発研修　⑤メンターリング（メンター制度）　⑥コーチング

出所：谷田部光一『キャリア・マネジメント』晃洋書房, 2010年, p.53。

でキャリアに責任を持ち，キャリアを積み上げていくことが必要となってきた。そこで登場したのがキャリア開発という概念である。

　人はキャリアを積んでいくことで能力やスキルなどの人材としての価値を高めていく。そのため，どういうキャリアを歩んできたかによって，その人の人材としての価値（いわゆるエンプロイアビリティ）は大きく異なってくる。なぜならば，人材としての価値は，仕事の経験を積むことによってしか獲得できないからである。

　従業員が組織のキャリア開発・形成する場合の具体的な手段，方法は，人的資源管理の諸制度である。組織内キャリア開発・形成に関連する制度・施策を広く捉えれば，人的資源管理の全般にわたる（図表8-10）。

(2) キャリア開発とCDP

　キャリア理論の1つとして心理学者シャイン（E. H. Shein）が提唱したキャリア・アンカー（career anchor）理論がある。キャリア・アンカーとは，個人が自らのキャリアを選択する際，最も大切にし，他に譲ることのない価値観や

欲求のことである。キャリア・アンカーは，一度形成されるとすぐに変わりづらく，生涯に渡ってその人が重要な意思決定を行う際に影響を与え続けるとされている（寺崎 2004）。

キャリア・アンカーは，5つに分類される。
① 『管理能力』⇒組織の中で責任のある役割を担うことを望むこと
② 『技術・機能的能力』⇒自分の専門性が高まることを望むこと
③ 『安全性』⇒1つの組織に長く属することを望むこと
④ 『創造性』⇒新しいことを生み出すことを望むこと
⑤ 『自律と独立』⇒自分で独立することを望むこと

個人にとって，自らのキャリア・アンカーを見極めることは，職業選択を行う際の欠かすことができない重要な判断の基軸となる。また，組織にとっても，従業員のキャリア・アンカーを見極めることで，自社の教育研修体系の構築や異動・配置を行う際などさまざまな局面において役立てることが可能となる（図表8-11）。

組織内キャリアを生涯労働を通じて個人に獲得させていくことがキャリア形成で，一般に CDP と呼ばれている。CDP（Career Development Program）とは，企業が従業員の能力を開発し，人材の育成・活用を図るための経歴開発プログラムである。CDP を効果的に展開していくためには，個々人のキャリア・ニーズと企業が求める人材像，すなわち組織ニーズとすり合わせ，長期的な視点か

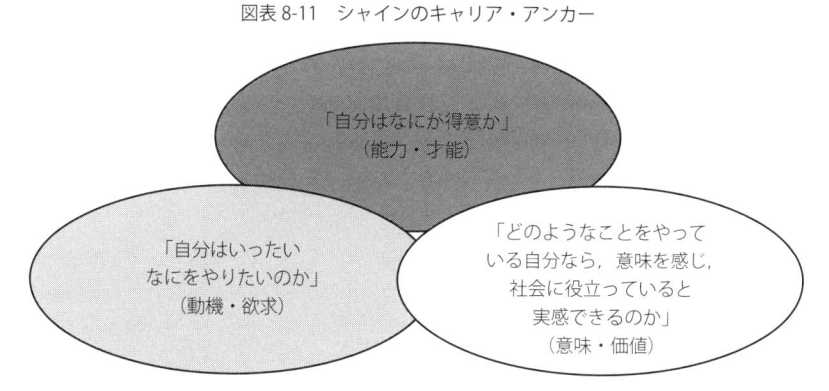

図表8-11　シャインのキャリア・アンカー

「自分はなにが得意か」
（能力・才能）

「自分はいったい
なにをやりたいのか」
（動機・欲求）

「どのようなことをやっている自分なら，意味を感じ，社会に役立っていると実感できるのか」
（意味・価値）

出所：寺崎文勝『人事マネジメント基礎講座』労務行政，2009年，p. 182。

ら人材育成していかなければならない。

　従来は，組織の論理を優先し，組織ニーズ優先でCDPが展開されてきた。しかし，働く人の価値観が多様化し，仕事志向が強まっていることで，キャリアの概念を個人の視点から捉えなおすことが求められつつある。

(3) ビジネスキャリア制度

　ビジネス・キャリア制度は，ホワイトカラーの事務系従業員を対象とする資格認定制度で，職業能力評価試験のことである。自らの職業能力の習得を支援し，キャリアアップのための職業能力の客観的な証明を行うことを目的として，1994年に厚生労働省が創設したものである。この制度の導入背景には，人事制度が成果主義・能力主義に変わりつつある現在，企業も個人も能力を把握する重要性が高まってきているからである。

　この制度は，2007年に「ビジネス・キャリア検定制度」として改称，新たに公的資格となった。検定試験は，中央職業能力開発協会が年2回・全国都道府県で実施される。検定試験の職務分野としては，人事・人材開発・労務管理，経理・財務管理，営業・マーケティング，生産管理などの8分野がある。

7. グローバル人材の育成

(1) グローバル人材とは

　グローバル人材の明確な定義はなく人によってさまざまである。一般的には，「ビジネスのグローバル化に対応できる人材」といった意味合いで用いられることが多い。産学人材育成パートナーシップ委員会は，グローバル人材を次のように定義している。グローバル人材とは，「グローバル化が進展している世界の中で，主体的に物事を考え，多様なバックグラウンドをもつ同僚，取引先，顧客等に自分の考えを分かりやすく伝え，文化的・歴史的なバックグラウンドに由来する価値観や特性の差異を乗り越えて，相手の立場に立って互いを理解し，更にはそうした差異からそれぞれの強みを引き出して活用し，相乗効果を生み出して，新しい価値を生み出すことができる人材」であると具体

な内容を盛り込んだ定義となっている（産学人材育成パートナーシップグローバル人材育成委員会 2010）。

　要するに，グローバル人材とは，「グローバル化が進展している中で，多様な人々と共に仕事をし，活躍できる人材」であるといえる。

(2) グローバル人材育成の必要性

　日本の急速な少子高齢化の進展，国内市場の縮小が予想される中，海外市場の重要性は近年ますます高まっている。新興国を中心に大きな成長が見込まれる海外市場でのビジネス展開のためにはグローバルなビジネスフィールドで活躍できる人材（＝グローバル人材）の育成が必要不可欠であり，経営の重要課題の1つとなっている。

　グローバル市場で勝ち残ることのできる競争力を実現するのは人材の力である。日本企業にとって世界中のグループ各組織が高い人材競争力を備えることがますます必要になっており，企業にとって最も重要な経営資源である人材の育成への本格的な取組みが求められている。

　グローバル人材の必要性が高まっている中，日本政府は，産学官でグローバル人材の育成に取り組む対策が講じられている。その背景には，次のような実態があるからである。

　スイスの研究機関であるIMDによると，日本人の語学力は，調査対象の57カ国・地域中55位となっている。また，留学経験，マネジメント層の国際経験についてもそれぞれ41位，52位とグローバルに活躍する上で，必要不可欠といえる語学力や国際経験において，日本人は他のアジア主要国・地域と比べ低い水準と評価されている。それだけではなく，より深刻なのは，将来の日本のグローバル化を支える国内人材として期待される若者の海外志向の低下が懸念されていることである。さらに，新入社員の海外就労・勤務に対する受容性も低下傾向にあり，国内就労を志向する比率が上昇している（産学人材育成パートナーシップグローバル人材育成委員会 2010）。

(3) グローバル人材育成の事例

　グローバル化に対応していくために，日本企業ではグローバル人材の育成に

さまざまな取り組みを行っている（図表8-12）。

図表8-12　グローバル人材育成の取り組み事例

【旭硝子】
Dynamic Leadership Session（Senior/Middle Manager class 対象）では，半年間のトレーニングを受ける。ここでは，グローバルなチームを作って議論し，最終的にはトップに提言をする。

【コマツ】
日本人を海外に派遣する場合，特定の分野のプロである，つまりコマツウェイを体得し専門分野の知識，仕組みを語ることができる人物で，かつ，その地域の歴史や文化を尊重し，違いを認めることのできる人物を，海外現地法人トップを支える存在として派遣する。上記の能力があれば，言葉は後で付いてくるという考え方である。今後は，各国の人材で，当該国以外で活躍できるグローバル人材の評価，派遣の制度を作っていくことが課題である。

【武田薬品工業】
日本でのチャレンジを希望する現地スタッフに数名赴任してもらっている。これには，本社の受入れ体制と，現地における帰国後のキャリアパス設計といった両者の問題がある。また，本社のグローバル化を目指し日本独自の取り組みとして"グローバル・ローテーション"を行っている。この制度では，中堅社員の人材プールから人選し，海外子会社で現地マネジャーの下に付け，現地メンバーとして勤務する。

【トヨタ自動車】
OT-club（Overseas Trainee-culture, language, business）の仕組みにより，日本人が現地事業体に赴任し，現地の仕事，特性，ビジネス慣習等を覚え，ローカルスタッフと渡り合える高いコミュニケーション力を獲得していく。期間は約1年で，比較的若いメンバーが赴任する。また，グローバルサクセッションコミッティ（GSC）を作り，機能・地域本部長が集まり，グローバル人材を海外から日本へ，日本から海外へ異動するといった検討を行う。（※対象者：約900人，外国人：約200名）

【三菱商事】
計画的に多様な経験を積ませ，仕事を通じて鍛えることが基本。本店，海外現地法人，国内外のグループ企業での経験，或いは，全く異なる事業分野への配置等様々なキャリアパスを積ませて行く。若手・中堅人材のグローバル・コンピテンシー強化の為，グローバル研修制度を設置。以下3つで構成。①語学研修制度，②ビジネススクールへの派遣，③入社8年目までの海外経験の為のトレイニー制度。③は2008年度より実施，6カ月〜1年間の海外派遣。当初は海外現法・支店が中心だったが，グループ企業にビジネス現場の移転が進む中で，グループ企業への派遣が増加。

【ヤマトホールディングス】
初歩的な語学研修も行っているが，その後は現地に人を派遣し育成している。異文化企業の中に1人で派遣し，様々な経験を積ませる取り組みも始めようとしている。

【良品計画】
Off JTを実施する"人材育成委員会"と，社員の配置・育成を検討する"人材委員会"を通じて育成していく。全課長を海外に派遣する。海外派遣する際，派遣国毎のミッションを持たせる。

出所：経済同友会『日本企業のグローバル経営における組織・人材マネジメント』（報告書）2012年。

□引用・参考文献

大久保幸夫『キャリアデザイン入門Ⅰ』日本経済新聞出版社，2006年。
奥林康司・上林憲雄・平野光俊『入門人的資源管理』中央経済社，2010年。
桐村晋次『人材育成の進め方』日本経済新聞社，2000年。
経済同友会『日本企業のグローバル経営における組織・人材マネジメント』（報告書）2012年。
産学人材育成パートナーシップグローバル人材育成委員会『産学官でグローバル人材の育成を』（報告書）経済産業省，2010年。
高原暢恭『人材育成の教科書』労務行政，2011年。
谷内篤博「企業内教育の新たな展開」石井修二編『知識創造型人材育成』中央経済社，2003年。
寺崎文勝『人事マネジメント基礎講座』労務行政，2009年。
日本経団連出版編『キャリア開発支援制度事例集』日本経団連出版，2006年。
守島基博『人材マネジメント入門』日本経済新聞社，2004年。
谷田部光一『キャリア・マネジメント』晃洋書房，2010年。
山田雄一『社内教育入門』日本経済新聞社，1998年。
吉田寿『世界で闘うためのグローバル人材マネジメント入門』日本実業出版社，2012年。
労務行政研究所『次世代人材育成の手引き』労務行政，2005年。
労務行政研究所『これからの人材育成研究』労務行政，2008年。

■演習問題

1．次の文章の（　）の中に適切な言葉を書き入れなさい。
1．教育訓練には，職場内で上司・先輩が，部下に日常の仕事を通じて行う（　　　　）と職場を離れ，日常業務外で行われる（　　　　）がある。
2．教育訓練のためにさまざまな技法が開発されているが，現実の企業経営の事例を受講生に与え，その問題点を分析し，最終的には具体的な解決行動を起こさせるように指導する技法を（　　　　）という。

3. 企業が将来，経営を担う（　　　　）人材を育成する目的で実施される（　　　　）研修を導入する企業が増えてきている。企業によっては後継者育成という意味から（　　　　）ともいう。
4. 組織内キャリアを生涯労働を通じて個人に獲得させていくことを（　　　　）形成といい，一般に（　　　　）と呼ばれている。
5. パソコンやコンピュータネットワークなど，情報技術（IT）を利用して行う教育を（　　　　）という。

Ⅱ．次の問題を説明しなさい。
1. 教育訓練の近年の動きについて説明しなさい。
2. 企業内のキャリア開発の支援策について説明しなさい。

第9章
人事評価管理

1. 人事評価とは

　人事評価とは，従業員一人一人の日常の職務行動を通して，各人の職務遂行度や業績，能力を細かに分析・評価し，これを人的資源管理の全般または一部に反映させる仕組みのことをいう（楠田 1981）。日本では人事評価という言葉の他に人事考課，人事査定，勤務評定などと呼ばれている。アメリカでも personnel appraisal, performance appraisal, performance evaluation, employee rating, merit rating など，さまざまな言葉が用いられている。人事考課や人事査定という言葉はどちらかといえば，処遇決定のために行われる評価に限定されることが多いので，ここでは処遇決定だけでなく人材育成のためにも行われることから人事評価という言葉を用いることにする。

　人事評価は，職務分析や職務評価とならんで，職務中心の人的資源管理を展開するための基礎的手段である。職務分析との対比でいえば，職務分析が職務についての基礎的情報を収集するのと同様に，人事評価は従業員についての多面的な情報を収集する。また，職務評価との対比でいえば，職務評価は職務の相対的価値または困難度を評価し，人事評価は職務の担当者である従業員の相対的価値を評価する。評価を通して従業員についての多面的な情報を収集するのである（佐護 2003）。

　人事評価は，従業員個々人の組織に対する貢献を評価する上で不可欠であり，公平な処遇を行うための重要な役割を担っている。しかも，人事評価は人的資源管理の目的である人材の有効活用と従業員の仕事への満足，そして労使関係の安定や経営社会秩序の安定のための手段として重要な機能を果たしてい

る。いかに適切に従業員を評価し、そしてそれを人事処遇に反映させるかは、従業員のモラールと動機づけと将来の業績に大きな影響を与えることになる。特に、人事評価は能力主義や成果主義を徹底させる上で不可欠かつ重要性が増していることからここでは人事評価管理としてとらえることにした。

2. 人事評価の活用目的と種類

(1) 人事評価の活用目的

日本では、1980年代までは昇給、昇格・昇進および賞与といった処遇のために人事評価が活用された。しかし、1990年代に入り、とくにバブル崩壊以降は、年功的人事から能力・成果主義人事への転換傾向が強まり、人事評価の活用目的も多様化してきている。人事評価の活用目的は大きくつぎの3点にある（図表9-1）。

① 昇給・賞与など、賃金を決定する（人材の処遇）

多くの企業では、従業員個々の給与や賞与を決める方法として、人事評価を用いている。例えば、「昇給金額の決定」「号俸数の決定」「賞与の支給月数の

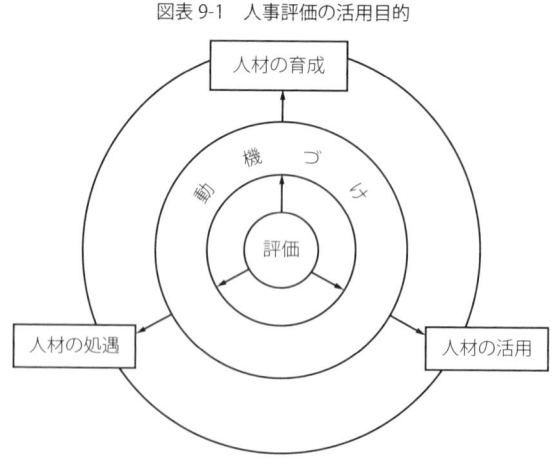

図表9-1 人事評価の活用目的

出所：筆者作成。

決定」などが，人事評価の結果によって決定されることになる。
　②　配置・異動，昇進・昇格などのポジションを決定する（人材の活用）
　人事ローテーションに伴う配置・異動の際にも，人事評価が活用される。人事評価の結果を基に，従業員の強み・弱みなどを分析し，より適した部署や職務などを決定していく。また，昇進・昇格を決定する場合にも，人事評価が用いられる。この場合，過去数年間の人事評価結果が一定以上であることが多い。
　③　能力開発，人材育成へ活用する（人材の育成）
　人事評価は賃金やポジション決定の処遇面だけではなく，従業員の能力開発にも活用される。人事評価の結果を分析することによって，本人の長所をさらに伸ばし，弱みを克服するような教育訓練，何より人材育成を実現していくことを大きな目的とする企業が増えてきている。
　このように，人事評価は，従業員の能力や成果，働きぶりを評価し，その結果を賃金，昇進，昇格，教育訓練など，その活用目的は多岐にわたっている。特に，人事処遇に反映されるのであれば，人事評価の公平性・納得性，客観性が強く求められることになる。

(2)　**人事評価の種類**

　人事評価の種類は，活用目的や評価対象によっていくつかの種類に分けられる。活用目的からは，昇格・昇進者を決定するための昇格・昇進考課，昇給額の決定のための昇給評価，賞与の決定のための賞与評価がある。また，評価の対象からは職務遂行能力を評価するための能力評価，勤務態度を評価するための情意評価，仕事に取り組んだ結果を評価するための業績評価がある。
　しかし，近年においては，これまでの人事評価に加えて，コンピテンシー評価やバリュー評価といった評価方法も導入されている（図表9-2）。人事評価の種類や活用目的は会社により，さまざまである。
　人事評価結果の活用目的によって評価対象も異なってくる。一般的に各期の業績により支給額を決める賞与は「業績評価」の結果を重視し，昇給や昇格は，安定的に発揮できる能力を見極めるために「能力評価」や「情意評価」の結果を重視する傾向がある（図表9-3）。

図表 9-2　評価対象で分類した人事評価の種類

評価の種類	評価の対象
能力評価	判断力や統率力といった仕事をする上で発揮していた能力を評価の対象とする。
情意評価	積極性や法令順守（コンプライアンス）など，仕事の取り組み姿勢や勤務態度を評価の対象とする。
業績評価	売上目標の達成度や生産個数といった仕事であげた実績を評価の対象とする。
コンピテンシー評価	業績に結び付く行動を評価の対象とする。
バリュー評価	会社の経営理念の実践度などを評価対象とする。

出所：労務行政研究所編『はじめて人事担当者になったとき知っておくべき，7 の基本，8 つの主な役割。(入門編)』労務行政，2012 年，p. 93 を修正作成。

図表 9-3　評価結果の活用目的と評価対象との関係

		評価対象				
		能力評価	情意評価	業績評価	コンピテンシー評価	バリュー評価
評価結果の活用目的	昇格・昇進	◎	◎	○	◎	△
	昇給	◎	◎	○	◎	―
	賞与	○	△	◎	○	―
	異動・配置	△	△	△	△	―
	能力開発	△	△	△	△	―

◎強く反映　○反映　△参考程度
出所：労務行政研究所編『はじめて人事担当者になったとき知っておくべき，7 の基本，8 つの主な役割。(入門編)』労務行政，2012 年，p. 93。

3. 評価要素と評価プロセス

(1) 評価要素の選択

　従業員を評価する際に，どのような角度から評価するかは評価要素の選択において重要である。会社が従業員に対してどのような能力や勤務態度などを期待するのかという要求水準によって，評価要素が選定されることになる。この評価要素は，従事する職能や階層によって異なってくる（図表 9-4）。また，

第9章 人事評価管理 173

図表9-4 人事評価表の例

《人事考課表》一般職・8〜7等級用

年度	第一次考課者	第二次考課者	調整者	決定者
	㊞	㊞	㊞	㊞

氏 名	所 属 部・課 係	資格等級 等級	職 掌 職	考 課 区 分 賞与（夏・冬），昇給	職 場 異 動 年　月　日転入

考課要素	評価点・着眼点	評価点（上段…第一次考課者／下段…第二次考課者）	着　眼　点
業績考課	仕事の質	Ⓐ A B C D 10 8 6 4 2	①仕事のできばえは，手順よく正確，緻密であったか。②できばえは信頼のおけるものであったか。③仕事を遂行する手段は，目的に適合していたか。④仕事の後始末は十分であったか。
	仕事の量	Ⓐ A B C D 10 8 6 4 2	①仕事は渋滞することなく，迅速に処理できたか。②仕事の量の多少はどうだったか。
	改善工夫	Ⓐ A B C D 10 8 6 4 2	①効果的に仕事をするうえでの提案・改善実施，変更等の成果はどうだったか。②QCサークルや改善への取組みはどうだったか。
能力考課	知　識	Ⓐ A B C D 5 4 3 2 1	①仕事をするうえでの基礎的知識，実践的知識の幅はもっているか。②関連する知識や保有知識は，当該職能資格に見合っているか。
	技　能	Ⓐ A B C D 5 4 3 2 1	①経験と知識の積み重ねにより得た事務・作業上の処理能力はどうか。②実務知識のもとに，関連知識をふまえた技能はどうか。
	理解力	Ⓐ A B C D 10 8 6 4 2	①上司の指示・命令に対してその内容を的確に理解できる能力はどうか。
	表現力	Ⓐ A B C D 10 8 6 4 2	①仕事をするうえでの，口頭・文書による適切に表現できる能力はどうか。
意欲・態度考課	規律・態度	Ⓐ A B C D 10 8 6 4 2	①会社の諸規則や職場規律に対する理解はどうか。②上司の指示・命令に対する理解および下位等級者に模範を示したか。
	協調性	Ⓐ A B C D 10 8 6 4 2	①職場の一員としての自覚（規律・約束事）はどうだったか。②上司，同僚，後輩，他部門の人との人間関係はどうだったか。③自分の立場，相手の立場を考えて行動したか。
	積極性	Ⓐ A B C D 10 8 6 4 2	①仕事に取り組む姿勢は意欲的か。②仕事の改善工夫，提案を意欲的に行なったか。③自己啓発をよくやっているか。
	原価意識	Ⓐ A B C D 10 8 6 4 2	①仕事の進め方を常に能率的に考え，コスト意識をもって行動したか。②材料や時間の節約，ムダに留意したか。

考課者の所見と評価	第一次	所見	評価点　点／ランク	評価点とランク	評 価 点 の 意 味
	第二次	所見	評価点　点／ランク	賞与　Ⓐ（60点以上）／A（49〜59点）／B（39〜48点）／C（25〜38点）／D（24点以下）	Ⓐ……きわめて優れている→上位の資格等級の仕事も十分に遂行できる（できた）／A……優れている→仕事上のミスや問題点がなく，申し分ない（なかった）／C……標準的→仕事上のミスや問題点は多少あるが，仕事には支障ない標準的である（あった）／C……標準より劣り，努力を要す→ミスや問題点はかなりあるが，一応は遂行でき，もう少しの努力がいる（要した）／D……標準をかなり下回り，努力を要す→仕事に支障をきたし，かなりの努力を要す（要した）
	調整		点／ランク　決定　ランク	昇給　Ⓐ（85点以上）／A（70〜84点）／B（55〜69点）／C（35〜54点）／D（34点以下）	

出所：松田憲二『精選人事考課規定・マニュアルとつくり方』経営書院，1997年，p.454。

同一の階層内であっても，さらに従業員の熟練度や能力水準ごとに分けて考える必要がある。さらに，各評価要素の選定だけでなく，各評価要素間のウェイトづけについても，職能や階層，熟練度，能力レベルによって異なってくる。要するに，すべての従業員を同一のものさしで評価するのではなく，各人に対する企業からの期待を十分に考慮する必要がある。

評価要素が選定されると，具体的に何を見るのか，どのような内容を評価するのかということを明確にしておかなければならない。すなわち，評価要素の着眼点をあらかじめ定義づけておくのである。これは被評価者に対して期待される能力，業績などを示すものであり，また評価の客観性を保つためにも必要なことである。

また，評価要素は，一般社員・中堅社員・管理職等の階層によって重視する評価要素をウエイトづけするのが適切である。なぜなら階層別に仕事の内容や責任，役割が異なるからである。

(2) 人事評価の実施プロセス

人事評価を実施する時期になると，人事部は，評価者に人事評価表を配布する。人事評価表には，評価対象となる従業員の職種や等級に応じて，評価項目と評価基準が記載してある。評価者は，評価基準に基づいて評価を行った後，記入済みの人事評価表を人事部に提出する。人事部は，全部門の人事評価表を回収し，部門により評価の付け方にバラツキがないかをチェックし，必要に応じて部門間の調整を行う。一般的に，1次評価者の場合は育成の観点から絶対評価を行い，2次評価者と人事部による部門間の調整においては，人件費予算等を考慮して相対評価が行われることが多い。場合によっては評価結果を修正することもある。

近年は，上司が評価する前に被評価者本人が自らの能力発揮や姿勢態度を評価する自己評価を組み込んだり，上司から被評価者に対して評価結果をフィードバックすることを義務付けたりしているケースが多い。これらによって，人事評価に対する納得性を高めると同時に，被評価者の能力開発を図っている。

公平で納得性のある人事評価のためには，次のような心構えが重要である。

・客観的基準を設け，公開する。

・基準と照らしあわせる絶対評価で行う。
・事実に基づいて評価する。
・仕事上の行動のみを対象にする。
・評価結果は本人にフィードバックする。

4. 絶対評価と相対評価

　人事評価は，公平に評価することが何よりも必要であり，そのために各種の評価方法が考案・開発されてきている。評価方法には絶対評価と相対評価の2つがある。絶対評価とは，あらかじめ定められた基準に従って評価点を算出する方法である。一方，相対評価とは，被評価者同士を比較し順位付けすることによって評価する方法である（図表9-5）。

　たとえば，100点満点で評価したものを「S，A，B，C，D」5段階の評語に置き換える場合，「90点以上をS，80点以上をA···」とする方法が絶対評価であり，「上位5％をS，中間の60％をB···」とする方法が相対評価となる。相対評価は，あらかじめ評価分布を限定しておいて評価することから分布制限法あるいは強制割当法ともいう。

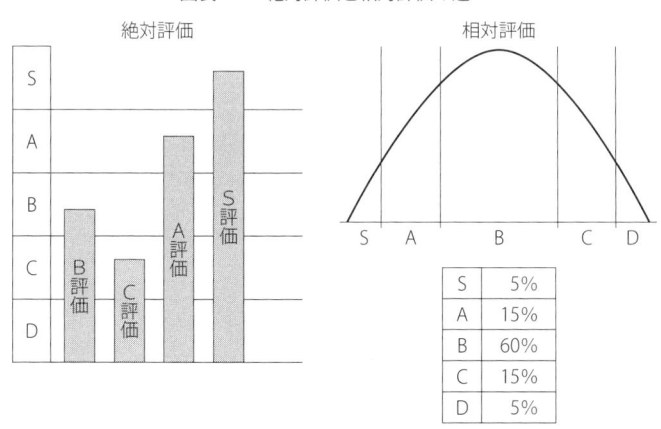

図表9-5　絶対評価と相対評価の違い

S	5%
A	15%
B	60%
C	15%
D	5%

出所：高原暢恭『人事評価の教科書』労務行政，2008年，p.150。

これまで，日本企業においては，主に相対評価が行われていた。相対評価であれば，全員がよい評価になることはあり得ないので，人事評価結果を昇給や賞与に反映させるときに，見込んでいた予算をオーバーすることなく，確実にメリハリをつけることができる点でメリットが大きかったからである。

ところが，相対評価の場合，「全員が同じぐらいの能力・成果でも無理矢理に差を付けなければならない」「優秀な人がいると，他の人は頑張っても評価が上がらない」など，運用上の問題がある。

そこで，近年では，絶対評価を用いる企業が増えている。絶対評価は，会社が要求する成果や能力の基準を従業員に示し，それに達しているかどうかで評価を確定するため，従業員の能力開発を促進し，かつ納得性も高いというメリットがある。

人事評価結果を人事処遇すなわち，昇給，賞与，昇進，昇格に活用するためには，評価結果と処遇制度との連動性を明確にし，その関連性を公開した上で運用しなければならない。人事評価の結果は個人ごとに点数に置き換えられる。さらに，賞与，昇給，昇格，昇進などに結び付けられる際には，相対区分か絶対区分かに分けられる。人事評価は絶対区分が望ましいが，これを処遇に結び付ける場合は，予算の枠があったり定員の枠がある場合は，相対区分の方法をとらざるをえない（楠田 1981）。

実際，企業では賞与は業績によって総額を決め，これを個々人に配分している。また，昇進はポストに定員があり，欠員がなければ昇進させることができ

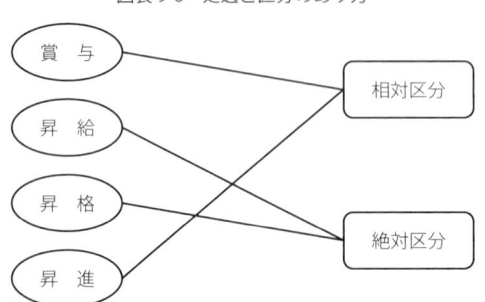

図表 9-6　処遇と区分のあり方

出所：楠田丘『人事考課の手引』日本経済新聞社，1981 年，p. 168。

ない。したがって，賞与と昇進の場合は相対区分方式を適用せざるをえない。一方，昇給と昇格は，枠が決まっていないので絶対区分方式によって処遇に結び付けることができる（図表9-6）。

5. 多面評価制度

　人事評価をその主体から分類すると，上司による評価，同僚による評価，部下による評価，自己による評価，外部による評価などがある。多面評価とは，通常の上司からだけの評価ではなく，部下や同僚，仕事で関係のある他部門の担当者，更には取引先や顧客による評価といった，多方面から被評価者を評価する制度である。360度評価ともいう（図表9-7）。
　一方向からの評価では，被評価者の一部しか見ることができないため評価が偏る可能性がある。なるべく多くの角度から評価を受け入れることでより公平な評価に近づけることが可能になる。また，このような多角的な評価を通じて評価者が客観的に自己を振り返り今後の行動改善や育成の一助になる。同時に評価者と被評価者にとっても仕事や仕事上の人的連携について，再考するきっかけを与えることも期待できる。

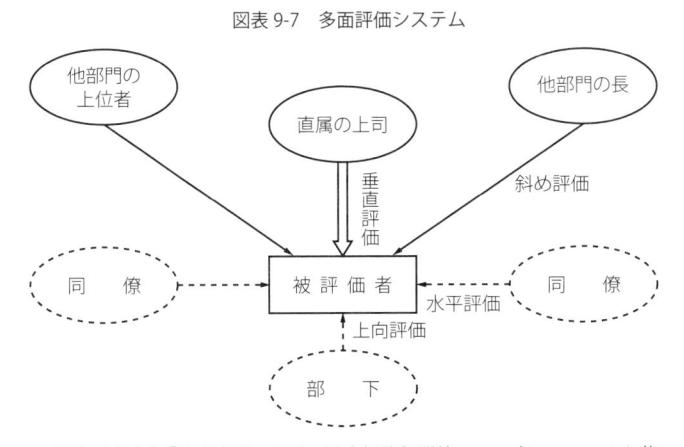

図表9-7　多面評価システム

出所：楠田丘『人事考課の手引』日本経済新聞社，1981年，p. 112より修正作成。

多面評価の導入の目的としては，複数の評価者が評価することで客観性・公平性を実現することである。しかし，評価者が部下で，被評価者が上司である場合には上司が部下から嫌われないような態度をとったり，同僚同士であれば談合が行われる恐れもある。また，評価者が評価者訓練を受けていない場合は，適切な評価になりにくいことがある。

　そのため，多面評価制度を導入している企業では，評価の結果を処遇に反映させるのではなく，管理職に対する部下育成への活用という視点で，結果を本人にフィードバックするに留める場合が多い。

　多面評価のメリットとしては，評価の客観性，納得性が高まることと，上司の目が行き届かない点を適切に評価することができる点にある。一方，デメリットとしては，評価の手間がかかることと，上司が部下に対して厳しく接することができなくなる点にある。

6. 目標管理制度とコンピテンシー評価

　近年，経営を取り巻く環境変化が激しくなる中，年功主義から脱却し，成果主義の導入に伴って，成果・業績を重視するようになった。そのため，目標の達成度と報酬とを直接リンクさせる評価方法として，目標管理制度やコンピテンシーを人事評価に導入する企業が増えてきている（図表9-8）。

　日本における目標管理の歴史は長い。日本における目標管理の歴史を概観すると，日本で目標管理が始まったのは，1960年代後半からである。当初はトッ

図表9-8　戦後人事評価の変化

	1960-70年代	1970-80年代	1990年代以降
経済	高度成長期	安定成長／低成長期	バブル崩壊期
評価視点	年齢・勤続年数	職務遂行能力	成果・業績
評価種類	・人物評価 ・年功評価	・能力評価 ・業績評価 ・情意評価	・目標管理による評価 ・コンピテンシー評価

出所：筆者作成。

プダウンの性質を強く持ったノルマ的な目標管理であった。1970年代にはアメリカの行動科学的管理の影響を受け，マグレガーのY理論に基づく参加的な目標管理が普及した。1980年代には目標管理を導入する企業が減少するなど，沈滞状況にあったが，1990年代に入ると，「集団主義から個人主義へ」，「個を活かす経営」など，人的資源管理の流れから個人尊重を指向する目標管理が注目された。また，1990年代半ば以降は，成果主義的な人事制度が強調される中で，個人の成果を客観的に測定する人事評価の手法として目標管理を導入する企業が急増した（奥野 2004）。

(1) **目標管理とは**

目標管理とは，組織のマネジメント手法の1つで，個々の従業員に自らの業務目標を設定，申告させ，その進捗や実行を各人が自ら主体的に管理する手法である。目標管理という考え方については，経営学者であるドラッカーが「目標による管理と自己統制による管理」を1950年代に提唱したことから始まった。本人の自主性に任せることで，主体性が発揮されて結果として大きな成果が得られるという人間観に基づくものである。目標管理は，Management By Objectives といい，MBO と略される（金津 1995）。

目標管理は個々人の目標を設定し，主体的な目標達成への行動を促進することで，最終的に企業の業績向上に結びつけることを意図した制度である。

目標管理は期初に目標設定し，目標を実行し，期末に目標達成度の評価を行ういわゆる Plan-Do-See のサイクルで行われる（図表9-9）。日本では「目標による管理」ではなく「目標を管理する」という単なるノルマ管理を運用するといった問題点も指摘されている。

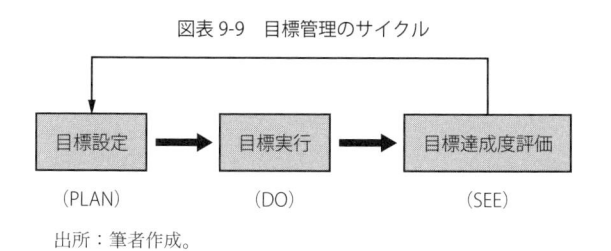

図表9-9 目標管理のサイクル

目標設定（PLAN） → 目標実行（DO） → 目標達成度評価（SEE）

出所：筆者作成。

目標管理制度を運用するときには，次の3つの原則がある。
① 目標の設定は，所属部門の目標を踏まえて，従業員本人が行うこと
② 達成度は，本人が自己評価を行った上で上司が評価すること
③ 目標設定，達成度評価の段階で，本人と上司が面談を行うこと

これらの原則に基づいて運用される目標管理制度には，次の効果を期待することができる。
① 従業員の主体性を重視することにより，モチベーションが高まる。
② 個別に目標を設定するため，仕事に対して具体的なイメージを掴むことができる。
③ 各自が目標を実行することにより，組織目標を効率的に達成できる。
④ 目標設定の面談，評価面談を通じて，上司と部下の間のコミュニケーションが活性化される。
⑤ 目標達成ができたこと，達成できなかったことが明確になるため，従業員の能力開発が図られる。

(2) 目標管理による業績評価

能力評価や情意評価は，仕事を通じてその人の能力や勤務態度などを捉えるものである。人事評価においては，これとは別に，一定期間における仕事の結果（成果，実績）を捉えることも必要である。目標管理による業績評価は，個別またはグループ別に毎年その目標を設定し，年度末にその達成度を評価する評価制度である。個別に何を達成するかを明確にし，ある一定期間にどれだけ実績を上げたかを判定できることから，成果重視の人事制度では欠かせないものとなっている。例えば，営業マンの売上高を自ら目標を設定させ，その達成度を評価し，これを個人の成果として給与や賞与に反映させるのである（図表9-10）。

成果を評価する基準として最もわかりやすいのは，営業成績である。従業員1人1人が達成した販売実績が会社の売上高であり，販売実績によって報酬に差がつけられる。しかし，公平で納得性の高い業績評価になるためには，売り上げに影響を及ぼすさまざまな要因を考慮しなければならない。たとえば，同じ会社でも個人によって大企業の担当者と個人客の担当者では，同じ努力をし

ても売上高は異なることがある。また，取引先や地域によっても努力と売上高は必ずしも比例しない。

したがって，営業成績だけで機械的に評価するのではなく，職務の難易度や環境要因，プロセスなど数値に現れない要素も考慮されないと，不公平感が生まれる。

図表9-10　目標項目と達成基準

〈営業部門の例〉

目標項目	達成基準
売上高向上	①売上金額アップ ②売上個数・ケース数アップ ③定番化率アップ
売上利益向上	①粗利益率アップ
新規開拓強化	①新規契約件数アップ ②新規訪問件数アップ ③新規取扱品目数アップ
売上シェアの向上	①取引店率アップ ②ウインドシェア率アップ
営業活動の強化	①総訪問回数アップ ②1軒当たり平均訪問回数アップ

〈生産部門の例〉

目標項目	達成基準
品質向上	①クレーム件数率の低減 ②破損率の低減 ③不良率の低減
期限の厳守	納期遵守率の○○％アップ
コスト削減	①資　材　費の○○％ダウン ②一般諸経費の○○％ダウン ③外　注　費の○○％ダウン ④人　件　費の○○％ダウン
生産性向上	①提案件数率の○○％アップ ②ロボット化率の○○％アップ ③標準化件数の○○％アップ ④生産工数化率の○○％アップ
安全性の向上	事故件数○／年→○／年

出所：金津健治『目標管理の手引』日本経済新聞社，1995年，p. 79。

上司が部下を評価する場合，数値で示せる定量評価と数値で示せない定性評価の両面で評価するのが一般的である。定量評価だけではプロセスを勘案することができず，定性評価だけでは実績を客観的に基準で判断することができない（金津 1995）。

(3) 目標管理の運用

目標管理を評価に結びつけるためには，全社目標と連動して個人目標が設定されなければならない（金津 1995）。目標管理がうまく機能するかどうかは，この目標設定段階によるといって過言ではない。このように，目標管理において最も重要なのが，目標設定である。目標管理は，次のような流れで実施される（図表 9-11）。

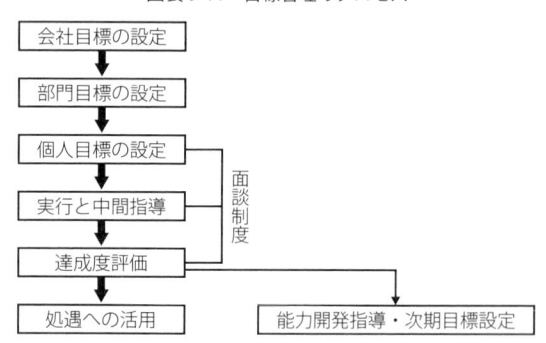

図表 9-11　目標管理のプロセス

```
会社目標の設定
    ↓
部門目標の設定
    ↓
個人目標の設定 ─┐
    ↓          │
実行と中間指導 ─┤ 面談制度
    ↓          │
達成度評価 ─────┤
    ↓          │
処遇への活用    └→ 能力開発指導・次期目標設定
```

出所：奥林康司・上林憲雄・平野光俊『入門人的資源管理』
中央経済社，2010 年，p. 120 より再作成。

1）組織目標の設定

企業は，外部環境や内部環境の変化を考えながら経営戦略あるいは経営計画を立てる。その際，企業全体としての「全社目標」として全社員に知らされる。この全社目標を達成するために部レベルで目標が設定され，さらに部レベルの目標は課レベルにブレイクダウンされ，課レベルの目標が設定される。そして課レベルの目標は，個人レベルの目標へとブレイクダウンされることになる。このことを「目標の連鎖」という。このように，個々人の目標を設定するには，まず全社目標と上位の目標を確かめておく必要がある。

2）個人目標の設定

組織目標が設定されるとそれを受けて，個人目標を設定する。個人目標は，組織目標と同様，その年度において重点をおいて取り組む目標なのでいくつかに絞られて設定されることになる。個人目標の数は3〜5程度で設定される。個人目標は目標項目や達成基準について本人と上司が面談を通じて，達成可能な目標設定をし，目標を共有する（図表9-12）。

目標管理の導入における目標設定に際しては，以下の点に留意することが重

図表9-12　目標設定のシート・モデル

年度	1995年 001211	資格	主事	所属	販売一課	氏名	鈴木一郎

項目	ウェイト	達成基準	達成手段・方法	期間
深耕開拓強化	40%	既存取引先 取引品目アップ （前年5軒→今年10軒）	①取引品目拡大余地に基づき深耕開拓先を選定 ②価格他取引条件でライバルの差異化計画をアプローチ先別に立案 ③開拓先訪問および2カ月に1回取引条件見直し	95.4月中 95.4〜9 95.5〜94.4
後輩A君の指導育成	30%	新製品Aの企画提案書の作成ができるようにする	①新製品Aの他社品との特性比較表作成指導 ②既存品Cの企画提案書で作り方指導 ③Aの企画提案書添削指導 ④提案書の最終チェックとロールプレイング実施指導	95.4〜5 95.6 95.7〜12 96.3
マーケティングに関する知識の向上	30%	購読本のレポート枚数(3枚3冊)	①「マーケティング戦略の実際」（日経文庫）を読みレポート化 ②「マーケティングマネジメント」（ダイヤモンド社）を読みレポート化	95.4〜6 95.7〜12

面接	95年3月24日	課長	次長	部長

本人記入	上司記入		
営業の一担当者として得意先管理の職責を果たすだけでなく，後輩指導にも力を入れていきたい。	新規開拓も大切ですが，深耕開拓も重要です。私も月1回は同行します。		
	署名 山田太郎	記入	95年3月25日

出所：金津健治『目標管理の手引』日本経済新聞社，1995年，p.146。

要である．
① 明確で具体的な目標であること
② 適正な目標レベルを設定すること
③ 時間軸の設定
④ 目標を達成するための方法を明記すること
⑤ 会社目標との関連や自分の使命は何かを考えながら目標設定すること

3）目標達成までのプロセス管理

個々人の目標設定が確定すると，目標達成に向けて取り組むことになる．その際，目標の進捗状況をチェックし，必要な場合，目標の修正を行わなければならない．環境変化によって，目標を到底達成できないことがあれば，それを修正して達成可能な目標を迅速に見直す必要がある．

基本的に目標管理は，自己管理をベースにした制度であるが，上司は定期的に部下の目標の達成状況を把握し，支援していかなければならない

4）目標達成結果の評価

目標管理の最後のステップは，目標を設定し，展開してきた結果，最終的にどの程度達成できたのか，その結果とプロセスを確認し，達成レベルを評価する．一般に，達成度の評価の手順は，目標設定手順と同様，上司と部下が面談するところから始められる．ここで重要なのは，達成度がどうであったかではなく，結果を踏まえて，達成結果において優れている点，反省すべき点を本人にフィードバックしなければならない．また，達成できなかったのであれば，その原因について十分に話し合い，次年度の目標達成に向けての能力開発のために支援する必要がある．

(4) コンピテンシー評価

1）コンピテンシーとは

近年，新しい能力評価基準としてコンピテンシー（competency）が注目されている．コンピテンシーとは，一定の職務や作業において，絶えず安定的に期待される業績をあげている人に共通して観察される行動特性のことをいう．つ

まり，「高業績者の行動特性」のことで，ある豊富な知識や高い技能，思考力のある人が必ずしも業績をあげられない事実に着目し，高業績を達成している人材（ハイパフォーマー）にみられる行動，態度，思考パターン，判断基準などを特性として列挙したものをさす。コンピテンシーは行動プロセスにおける「潜在能力」ではなく，「顕在能力」が評価される。アメリカで1990年代に人材の採用，昇格，配置などの基準として普及し，日本でも1990年代後半から人事評価基準に取り入れる企業が増えている（太田1999）。

　1970年代初め，アメリカ国務省から「学歴や入省試験結果が似通った人物でも外交官としての実績に差がでるのはなぜか」との調査依頼に基づき，ハーバード大学心理学教授のマクレランド（D. C. McClelland）らの研究内容から生まれた概念である。学歴や知能は業績とあまり関係がなく，高業績者には「良好な対人関係の構築力」「高い感受性」「信念の強さ」など，複数の特性がみられるとの結論がコンピテンシー理論の基礎となった（太田1999）。

2）コンピテンシーの評価への活用

　成果主義による業績評価は，業績評価を通して企業業績の向上を図ることにあるが，結果だけを重視すると評価において最も重要な公平性が損なわれる危険がある。したがって，結果だけでなく，そこに至るまでのプロセスも併せて評価する必要がある（相原2002）。たとえば，営業職の場合，一般的には販売実績などを評価基準とする企業がほとんどであるが，これでは結果だけしかわからない。コンピテンシーを利用すれば，「なぜそうなったのか」といった営業活動のプロセスを把握することで，より公平な評価が期待され，具体的な人材開発にも活用できる。

　従来は，プロセスの評価として知識・スキル，態度・取り組み姿勢を評価の対象としてきた。しかし，知識・スキルの場合，その判断が難しく評価者の恣意性を排除しづらいという問題がある。同時に，高度な知識・スキルを保有しているとか，態度や取り組み姿勢が良いからといって高い業績が上がる保証はなく，貢献度の評価ということからは遠いという問題もある（相原2002）。

　したがって，プロセスの中で最も客観的に把握できるのは，発揮された行動であり，また，貢献度との関係からいえば，発揮される行動の中でも成果に結

図表 9-13 コンピテンシーの例

コンピテンシー	行動レベル
リーダーシップ	1. 部門のビジョンや短期・長期の目標を誰にでもわかるように，具体的に示している
	2. 目標を達成するために，個々のメンバーが取るべき行動を示し，全体をまとめている
	3. トラブルや問題が発生した時に，気軽に相談に乗って相手の立場に立ったアドバイスをしている
	4. 目標や計画の変更などがある時，状況説明や適切な指示を行っている
	5. トラブルや失敗した時に，言い逃れや自己正当化しないで結果に責任をとっている
チームワーク力	1. 他部門の人との交流を積極的に行っている
	2. 部門やチームのメンバーのスキルや特性を把握している
	3. 部門やチームのメンバーの意思疎通を図る場や機会を設定している
	4. 部門やチームのメンバーの意見や声をよく聞いている
	5. 部門やチームのメンバーが気持よく働ける環境を提供している
部下育成力	1. 難しい仕事や高い成果をあげた部下を，素直に認めている
	2. 部下が仕事の失敗をした時に，勇気づけや自信を持たせている
	3. 部下の能力開発や強化すべきスキルについて，アドバイスを行っている
	4. 部下の質問や相談などに対して，すばやくフィードバックしている
	5. 役に立つ情報や知識や効果的な仕事の進め方について，部下にアドバイスを行っている
革新力	1. 形式やしがらみにとらわれないで，良い方法に変えようとしている
	2. 新しいことに，いつもチャレンジしている
	3. 新しい考えや方法を生み出している
	4. 現状に満足しないで，自己啓発や社外の勉強会などに参加して自己を革新しようとしている
	5. 改善や改革をタイムリーに実行している
決断力	1. 迅速に決断している
	2. 前例や過去の成功体験にとらわれないで，状況に応じた決断をしている
	3. 直感にとらわれず事実や状況を分析したうえで決断している
	4. 他の事柄との関連を考慮したうえで決断している
	5. 決断に誤りがあった時，それにとらわれないで他の方法に変えている

出所：人事の日本型スタンダードをつくる会編『企業の実務家が考えた「新・日本型人事制度」のつくり方』経営書院，2003年。

びつく行動のみを取り出して評価の対象とすることが，最も妥当性の高い評価となる。いわゆるコンピテンシーに基づく行動評価といえる（図表9-13）。

　成果主義の下では，結果を捉える業績評価が中心となるが，業績評価とコンピテンシー行動評価との組み合わせが必要である。多くの企業において評価における一番の問題点は，評価が会社が期待する成果を捉えるようなものになっていないという点である。換言すると，評価基準がそれぞれの仕事の期待成果を測るものになっていないということである。評価は，ある方向へ向けて従業員1人1人の行動を導くものであって，その方向が正しく示されていなければ，誤った行動を促し，結果として会社の期待する成果を上げることには結びつかなくなることになってしまう。正しい方向づけをするためには，まずは成果責任に基づいて正しい目標を設定すること，そして次に，その達成に結びつく行動を抽出し，評価の基準とすることが必要である（相原 2002）。

7. 評価者訓練と評価誤差

(1) 評価者訓練の意義

　人事評価制度が本来の目的を達成するためには，評価者に対する教育訓練が必要である。人事評価は人が人を評価するという難しさのために優れた評価者なしにはその成果は期待できない。また，企業の発展の大きな要因に従業員の活性化があげられる。そのためには，従業員個々人の能力の開発とその能力の活用，そして各人の納得のいく公正な評価・処遇を行える環境作りが必要となる。現在，人事制度の流れは，より能力や業績に強く連動した賃金制度となっている。しかし，どんなに立派な制度ができてもその運用・決定方法が明確でなければ社内のコンセンサスは得られない。

　人事評価は，管理者の重要な職務（部下能力把握と育成）であり，分析的に評価をし，部下の良い点・悪い点を把握し，指導・育成することが本来の目的である。そのためには，まずは評価基準の確立，評価者の評価能力の向上，評価者間の評価基準のすり合わせは絶対不可欠なのである。評価者訓練を行うということは，人事評価の基本的ルールを理解することはもちろんであるが，同

図表9-14　評価者訓練のねらい

① 自社の人事制度のシステムと目的を理解する。
② 評価ルールを明確にし，全社員が理解する。
③ 評価基準をすり合わせ，評価者相互間の統一を図る。
④ 能力開発への活用法を理解する。
⑤ 評価エラーを未然に防止する。
⑥ 人事評価者の心構えを確認する。

出所：楠田丘『人事考課の手引』日本経済新聞社，1981年より作成。

時に評価者に「評価をする・育成をする」ということに対しての責任の重さに気づかせることにもなり，管理者教育の一貫としても非常に高い効果が期待される（図表9-14）。

(2) 評価誤差と対応策

人事部門でどんなに客観的で公正な人事評価制度を設計し導入しても，実際に評価を行う管理監督者が評価を誤ったのでは結果として適正な人事評価にならない。評価者である管理監督者がいかに期待されているとおり評価されるかが大きな問題である。人事評価の目的・仕組みといったものを正しく理解したとしてもなお大きな評価上の問題が残されている。

それは評価誤差と呼ばれるもので，評価者が評価に際して無意識のうちに誤った評価を行ってしまう心理的特性である。評価誤差には，つぎのような種類がある（佐護2003；高原2008；楠田1981）。

① ハロー効果

ハロー効果とは，ある1つの評価項目が優れていると他のすべての項目についても同じように評価してしまう傾向をいう。ある特性が優れていると判定された従業員は他の特性においても優れていると評価し，逆に，目立った短所が1つあると，その他の特性の一部ないし全部が低く評価されることである。すなわち，全体印象が他の評価に対して影響し，誤った評価をしてしまうことである。たとえば，英語が堪能であるから英語が得意というだけで国際的に通用する人材だと思い込んでしまうことである。ハロー効果を避けるためには，①1つ1つの特性を分離して評価し，先入観を排除する，②評価項目を正し

く理解する，③思いつきや感情によって評価することなく被評価者の具体的事実に基づいて評価する。

② 中心化傾向

中心化（中央化）傾向とは，被評価者または各特性に対する評価者の評価が「普通」ないし尺度上の中心点の近くに集中する傾向をいう。評価者が自分の下す評価に自信がない場合，このようなエラーが現れやすく，一般に，極端な評価を避けようとする人間の心理に起因する。例えば，悪い評価をしてしまっては部下の反感を買うかもしれないという理由から評価をしてしまうエラーである。中心化傾向を避けるためには，①評価基準を正しく理解する，②日頃から部下の仕事振りを把握し記録する，③具体的事実に基づいて評価する，④曖昧な評価は部下の能力開発の妨げになることを認識する。

③ 寛大化傾向

寛大化傾向とは，被評価者が実際あるよりも高く評価される傾向をいう。被評価者への配慮で，どの人にも甘い評価をしてしまうことによって生じる誤差である。逆に，どの人にも必要以上に厳しく，辛く評価をしてしまうことによって生じる誤差を厳格化傾向という。寛大化傾向を避けるためには，①評価基準を正しく理解する，②日頃から部下の仕事振りを把握し記録する，③具体的事実に基づいて評価する，④甘過ぎる評価は部下の能力開発の妨げになることを認識する。

④ 論理的誤差

論理的誤差とは，事実を確認しないで評価者が評価項目の相互間に論理的に関係があると，誤って判断してしまう傾向をいう。たとえば，評価者が自ら作った理屈で責任感が強いから当然，規律性も高いはずだといった評価がその例である。論理的誤差を避けるためには，①評価要素ごとに何を評価するのかをはっきりと認識する，②評価項目ごとに評価を行う。

⑤ 対比誤差

対比誤差とは，評価者が定められた評価基準ではなく，自分と比べて被評価者を過大または過少に評価する傾向をいう。例えば，自分の専門外の知識を持っている部下を実際以上に高く評価することである。対比誤差を避けるためには，①客観的事実をもとに各特性を切り離して評価する，②評価基準を正

しく理解する，③ 専門知識の理解による各基準の高低がないように評価する。

　⑥　近接誤差

　近接誤差とは，被評価者の最近の働きぶりが印象強く残り，それだけで期間全体を評価してしまう傾向をいう。期末誤差ともいう。例えば，評価時期の1カ月前から急に頑張り始めた部下を，ずっと前から頑張っていたかのように錯覚して高く評価してしまうことである。近接誤差を避けるためには，日頃から部下の仕事振りを把握し記録することが重要である。

　⑦　逆算化傾向

　逆算化傾向とは，評価者が被評価者を先に総合評価で序列をつけておき，それにあわせて逆算して個別評価をしてしまう傾向をいう。逆算化傾向を避けるためには，分析評価を経て総合評価を行う手順を踏むことが重要である。

　⑧　年功誤差

　年功誤差とは，評価者が職務遂行とは関係ない個人的な先入観で学歴や年齢，勤続年数といった年功的要素などによって，優劣を判断する傾向をいう。年功誤差を避けるためには，年功要素を仕事から外してあくまでも職務遂行上に現れた事実に基づいて評価することである。

□引用・参考文献

相原孝夫『コンピテンシー活用の実際』日本経済新聞社，2002年。
内田研二『成果主義と人事評価』講談社（講談社現代新書），2001年。
太田隆次『アメリカを救った人事革命　コンピテンシー』経営書院，1999年。
奥野明子『目標管理コンティンジェンシー・アプローチ』白桃書房，2004年。
金津健治『目標管理の手引』日本経済新聞社（日経文庫），1995年。
楠田丘『人事考課の手引』日本経済新聞社，1981年。
久保淳志『人事考課と多面評価の実務』中央経済社，2006年。
斎藤清一『人事考課実践テキスト』経営書院，2003年。
佐護譽『人的資源管理概論』文眞堂，2003年。
高原暢恭『人事評価の教科書』労務行政，2008年。
日経連職務分析センター編『新人事考課制度の設計と活用』日経連広報部，

1989年。
村上良三『人事考課ハンドブック』法令総合出版，1987年。
本寺大志『コンピテンシーマネジメント』日経連出版部，2000年。
労務行政研究所『最新人事考課制度』（労政時報別冊）労務行政，2006年。

■演習問題

Ⅰ．次の文章の（　）の中に適切な言葉を書き入れなさい。
1．人事評価は人材の（　　　　），人材の（　　　　），人材の（　　　　）のために行われる。
2．近年，これまでの人事評価に加えて，業績に結び付く行動を評価の対象とする（　　　　）評価や会社の経営理念の実践度などを評価対象とする（　　　　）評価といった評価が導入されている。
3．人事評価の客観性・公平性を高めるために（　　　　）だけでなく，複数の評価者から被評価者を評価することを（　　　　）という。
4．成果主義の導入により従業員自らが業務目標を設定し，その達成度を評価する（　　　　）が広く導入されている。
5．評価誤差には評価者がある１つの評価項目が優れていると他のすべての項目についても同じように評価してしまう（　　　　）と，評価者が被評価者の最近の働きぶりが印象強く残り，それだけで評価期間の全体を評価してしまう（　　　　）がある。

Ⅱ．次の問題を説明しなさい。
1．目標管理とコンピテンシー評価について説明しなさい。
2．評価者が陥りやすい評価誤差を取り上げ，それぞれの概念を説明しなさい。

第 10 章
賃金管理

1. 賃金とは

(1) 賃金の定義

　労働基準法第 11 条によると，「賃金とは賃金，給料，手当，賞与その他の名称を問わず，労働の対償として使用者が労働者に支払うすべてのものをいう」と規定している。したがって，この賃金の中には月々の月給，日給などだけでなく，一般に夏や年末に支払われる賞与や退職金も含まれる。しかし，恩恵的・任意的給付としての退職金，病気見舞金，死亡弔慰金，災害見舞金などと，福利厚生的給付として支給される制服や作業服などの現物給付は，福利厚生的給付であり原則として賃金には含まれない。

　賃金と類似した用語としては，給与，俸給，給料など多様に呼ばれているが，その内容はほとんど同じであるといえる。ただ Wage と Salary を区分して前者は肉体労働者（blue collar）に，後者は精神労働者（white collar）に使う場合もある（白井 1982）。

　労働基準法第 24 条は賃金の支払いについて，① 通貨払いの原則，② 直接払いの原則，③ 全額払いの原則，④ 毎月一回以上の原則，⑤ 一定期日払いの原則を定めている。これらは「賃金支払 5 原則」と呼ばれる（菅野 2008）。

　賃金を構成する要素は国によって異なるが，各賃金項目の組み合わせを表すのが賃金構成である。賃金は大きく月例賃金と賞与，退職金から構成されている。月例賃金は毎月きまって支給する賃金であり，賞与は一定の時期に支給される賃金である。退職金は雇用契約が終了して退職時に支給される賃金である。

月例賃金には，所定内賃金と所定外賃金がある。所定内賃金は，月例賃金のうち，所定外賃金に該当しない賃金のことである。基本給や手当が含まれる。所定外賃金は，月例賃金のうち，所定外労働時間の労働に対して支給する賃金のことである。超過勤務手当，休日勤務手当，深夜勤務手当などが該当する。

日本では一般的に次のような賃金構成となっている（図表 10-1）。

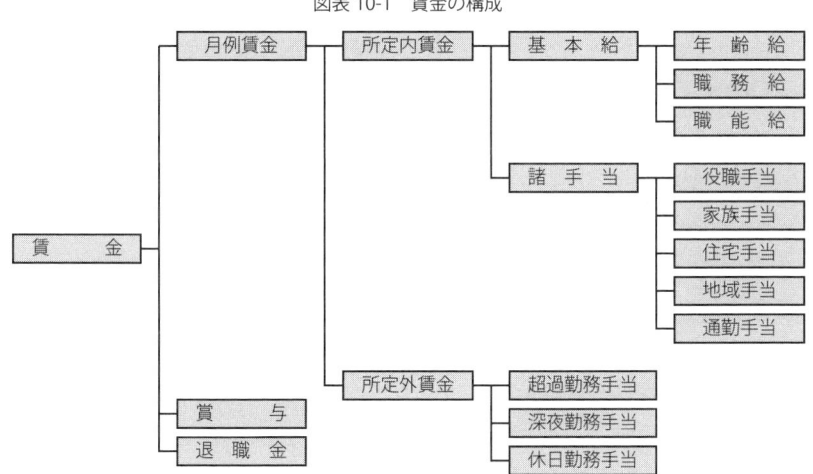

図表 10-1 賃金の構成

```
                  ┌─ 月例賃金 ─┬─ 所定内賃金 ─┬─ 基 本 給 ─┬─ 年 齢 給
                  │            │              │            ├─ 職 務 給
                  │            │              │            └─ 職 能 給
                  │            │              │
                  │            │              └─ 諸 手 当 ─┬─ 役職手当
                  │            │                            ├─ 家族手当
  賃 金 ─────────┤            │                            ├─ 住宅手当
                  │            │                            ├─ 地域手当
                  │            │                            └─ 通勤手当
                  │            │
                  │            └─ 所定外賃金 ─┬─ 超過勤務手当
                  │                            ├─ 深夜勤務手当
                  │                            └─ 休日勤務手当
                  ├─ 賞  与
                  └─ 退 職 金
```

出所：筆者作成。

(2) 賃金の性格

賃金の性格はそれぞれの立場や考え方によって異なる。その基本的な性格はつぎの3つに集約することができる（笹島 1995, pp. 16-17）。

第1は，経営活動のコストとしての性格である。物を生産すれば原材料などのコストがかかる。また販売や研究開発，製造などの経営活動は人によって行われるので，それには人件費がかかる。つまり賃金は経営側から見ると人件費であり，コストとしての意味をもっている。したがって，企業はできるだけ賃金を低く抑えようとする。この考え方は企業が利益を高めるためには賃金コストをいかに管理すべきかにあるといえる。

第2は，従業員の所得としての性格である。従業員から見ると働く大きな目

的は賃金を得て生活を営むためである。いわば従業員にとって賃金は所得の源泉ともいえる。賃金交渉で労働組合が高い賃上げを要求するのは，単なる生活だけでなくゆとりある生活のために必要な賃金を獲得するためである。

　第3に，労働の価格としての性格である。労働の価格は需要と供給の関係で決まる。日常生活でよく使われている商品の場合，買い手が多いほど値段が高くなり，売り手が多いほど値段は下がる。このように労働についても需要と供給によって賃金は変動する。人手不足が深刻の場合は賃金が上昇するが，人手過剰の場合は賃金が上昇しなくなる。それが賃金の世間相場というものである。

　賃金は労働者にとっては「所得」であり，経営者にとっては「コスト」であるため，通常利害が相反する関係にある。この労使双方の利害を調整するにあたっては，経営活動において生産性の向上を図っていく必要がある。

(3)　賃金決定の原則

　賃金管理は労働能率を向上させるため，公平な賃金と従業員に経済的満足感を与えるものでなければならない。そのための賃金決定の原則を挙げると次のとおりである（日経連職務分析センター編 1983, pp.14-16）。

　① 　労働の量と質に応じた賃金

　賃金は，職務の複雑性，困難性と賃金を均衡させることである。すなわち，従業員の能力に応じて職務が決まり，その職務に応じて賃金が決まる，いわゆる「同一労働・同一賃金」の原則に基づくものである。

　② 　努力の成果に応じた賃金

　賃金は，従業員の職務遂行の努力と成果に対応して賃金に個人差をつけることである。すなわち，勤務成績に応ずる賃金ともいえる。

　③ 　賃金の社会的均衡

　賃金水準は，社会的に均衡の取れたものでなければならない。新規学卒者の初任給は開放的労働市場にあるため，市場原理が働き，労働力需給事情によって均衡賃金が決定されるが，すでに在籍している従業員については，企業の支払能力や生産性に規定されるため，産業別，地域別，規模別，職種別および年齢別賃金水準との均衡をとることになる。

④　企業の支払能力

労働能率を向上させることが企業の成果や安定に寄与するものであるから，これを阻害するような企業の支払能力を超えた賃金水準の設定はありえない。基本給，諸手当および付加的賃金水準の上限は企業の支払能力によって規定される。

⑤　生計費の保障

賃金は，労働力の再生産費用であるという側面からみる必要があり，これを可能にするために家族の数とか，本人の年齢というものを無視することはできない。すなわち，賃金制度は従業員の生活の安定を確保するものでなければならない。

⑥　賃金の安定性

賃金制度の改定の場合は，従業員の賃金を引き下げるなど従業員の既得権を侵害してはならない。過去の制度との関連を明らかにして従業員の理解と協力を得て改定を行うことが望ましい。また，将来的に従業員の生活設計が可能な賃金ルール（賃金表，昇給基準線，昇格基準の明示）を明示して長期的賃金の安定化を図ることが必要である。

2. 賃金水準

(1) 賃金水準とは

従業員に支払われる賃金の高さを賃金水準という。賃金水準はその対象によって一国の賃金水準，産業の賃金水準，企業の賃金水準，特定職業の賃金水準などに区分される。企業の場合，賃金は労務費としてコストの問題として取り扱われるが，従業員にとっては，生計維持と関連する問題であるから労使紛争の最大の要因となる。

賃金水準は賃金交渉の結果によって決定される。従業員側は賃金水準が上昇すると生産も拡大されるし，また賃金を受け取る労働者は製品購買者でもあるから賃金水準の上昇は消費を拡大させるので企業にも役立つということから賃金水準の引き上げを主張している。一方，使用者側は賃金水準の上昇に比例し

て生産が増大するのは認めるが，賃金がある限界を超え，上昇するとその超過部分は製品価格に転嫁され，物価上昇につながり，従業員の実質賃金は低くなること，また賃金の超過上昇部分は一国の賃金水準を引き上げ，国際競争力を弱める結果になるから結局企業や労働者に不利になることを主張している。

このように両者の主張が異なるため，交渉と妥協によって賃金水準が決定される。賃金水準は基本給，諸手当，退職金などにも影響を及ぼし，また従業員の労働意欲とも密接な関係をもっているので合理的に設定されなければならない。

(2) 賃金水準の決定基準

賃金水準は賃金の高い低いことを表わす総称であるが，企業内の賃金水準はさまざまな要因によって決められる。その中でも一般的には生計費，生産性，世間相場，労働力の需給関係，労使関係の5つに集約できる。この中でどれか1つだけを持って説明することはできないし，賃金はこれらの要素が関連しながら決まる。

ただ労働力を売る従業員の立場としては生計費を重視し，労働力を買う側の使用者側としては生産性とか支払能力を賃金の決定基準として重視しようとする。毎年行われる春闘において労働組合は生計費の立場から賃上げを要求し，経営側は生産性基準で賃金を考えようとする立場は賃金の性格に出来するものであって当然であるといえる。

しかし，それが労使のいずれの立場であるにもかかわらず，賃金を考える場合においてこの5つの要素で，現実の賃金は決まるのであると認識することは賃金の公正さを追求する上において重要である。

(3) 定期昇給とベース・アップ

日本には賃金改定の1つとして定期昇給制度がある。日本では新卒者の賃金（初任給）を出発点として設定し，勤続年数を重ねることによって賃金は上がっていく。定期昇給が実施されてきた理由は次の点にある。第1は，従業員の生活費の増加への対応，第2は，従業員の能力や経験，業績の向上に対する賃金面での配慮，第3は，従業員の労働意欲の維持・向上である（笹島

1995)。

　昇給は運用の面でいくつかの種類に分かれる。これには大きく定期昇給，適格昇給，調整昇給がある。定期昇給には毎年全員に対して自動的に行われる自動昇給と同一等級内での査定を伴った査定昇給がある。適格昇給は制度的には全員ないし大部分の従業員を対象に定期的または不定期的に行われる昇給であるが，そのとき実際に適用されるのは一定の条件を満たした者に限定される。これには昇進昇格昇給と支給条件発生時の昇給がある。

　調整昇給には，昇進遅れ是正のための個人を対象とした調整昇給と賃金体系の修正による全員を対象とした調整昇給がある。

　一方，ベースアップ（ベア）は，定期昇給とは異なり，物価上昇や競争他社の賃金改定と歩調を合わせたり，企業業績が向上しているとすれば，その一部を従業員に還元するために，実施されるものである。

　このように，賃金が上昇する仕組みは2つある。1つは，賃金を定めた賃金表の改定と賃金カーブの修正により賃金額が上がる場合であり，もう1つは，個々人の仕事や能力や年齢が上がる場合である。前者をベース・アップ（ベア）といい，後者を定期昇給という（佐野2007）。

　定期昇給とは，年齢や勤続年数に伴って，ほぼ毎年自動的に賃金を上げていく仕組みである。例えば，30歳・25万円，31歳・25万3000円，32歳・25万6000円，33歳・26万円というぐあいに加齢とともに賃金が上がっていく仕組みが典型的なものである。一方，ベースアップとは，賃金表を書き換えて，従業員全員の賃金を一斉に増額するものである。例えば，30歳・25万円を25万2000円に，31歳・25万3000円を25万5000円に，32歳・25万6000円を25万8000円に，33歳・26万円を26万3000円にというように金額そのものを書き換えることである。この定期昇給とベースアップが実施されると，今年25万円の給料をもらっている30歳の人は，来年は31歳になり，25万5000円の給料をもらうことになる。

　このように，従業員の賃金引き上げは，毎年行われるベースアップと定期昇給によって決まる（図表10-2）。

　基本給における定期昇給は賃金表によって運用される。賃金表は各基本給項目に対して作成されている。一般的に賃金表は4種類があり，それぞれ特性を

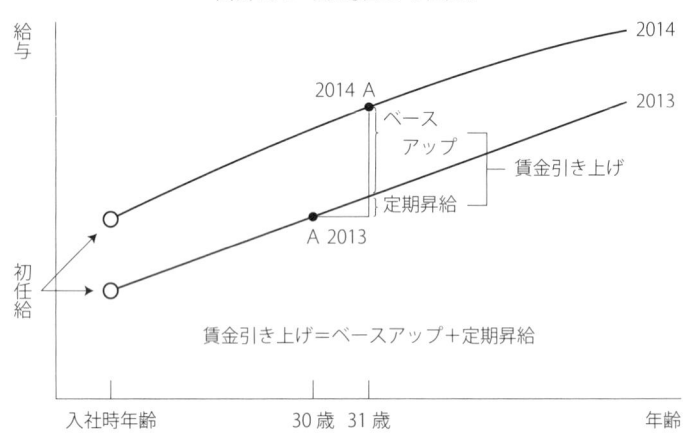

図表10-2　賃金引上げの仕組み

出所：佐野陽子『はじめての人的資源マネジメント』有斐閣，2007年，p.146より再作成。

もっているのでいずれを選ぶかは労使が政策的に判断して決めることになる。それぞれの賃金表の仕組みや運用の仕方はつぎのとおりである（笹島1995；楠田1978）。

① 号俸表

号俸表は，等級ごとに号俸が設定された形で，個々人の賃金は「何級何号」として決まる。これは全員1号ずつ昇給する。このように賃金上の昇給においては，人事評価とは関係なく勤続年数の増加とともに自動的に賃金が上がる。しかし，各等級には頭打ちになる最高号俸が設けられているので，ある段階に到達するとそれ以上昇給は行われず自動的に昇給は止まる仕組みになっている。号俸表は公務員に適用されることが多い。

② 昇給表

昇給表は，等級ごとに人事評価成績の段階別（S・A・B・C・D）に昇給の金額を表したものである。このように人事評価によって個人の昇給額が異なり，毎年累積していく。したがって，個人間の賃金格差は広がることになる。

③ 段階号俸表

段階号俸表は，形は号俸表と同じである。ただ異なるのは号俸の数が多いことと人事評価の成績によって個々人の昇給額が違うことである。号俸の数が多

いのは，号俸表の1号当たりのピッチを小刻みで作ってあるからである。昇給は毎年累積していく。

④　複数賃率表

複数賃率表は，1等級ごとに賃金表が作られるものである。したがって，9等級あれば9つの表を用意することになる。この表の運用の仕方は，毎年だれでも1号ずつ昇給は行われるが，累積するのではなくて当該年度で終わり，翌年度には前年度の人事評価とは別に新たに出発することになる。したがって，ある年の人事評価成績が悪くても翌年に挽回する機会が与えられる。このような考え方を「洗い替え方式」あるいは「敗者復活方式」と呼んでいる。

3. 賃金体系

(1) 賃金体系とは

賃金体系とは，企業における従業員の賃金を決定する仕組みのことをいう。つまり企業の賃金がどのような要素による賃金項目によって構成され，体系化しているかを明確にしたものである。ここでの要素とは，年功給的要素や仕事給的要素あるいは総合給的要素といったものを意味する。この要素によってそれぞれの企業の賃金管理の特徴がわかる。

日本で初めて賃金体系が成立したのは，1946年に日本電気産業労働組合に

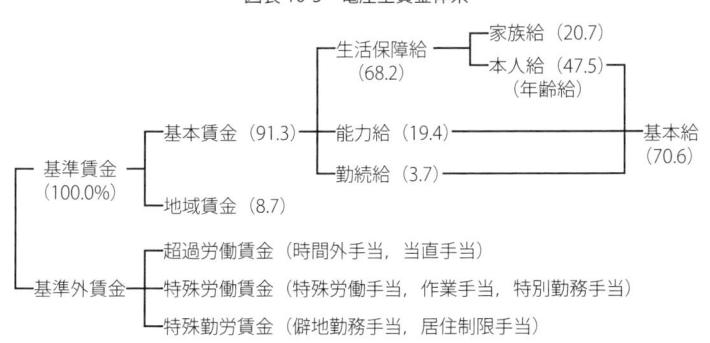

図表10-3　電産型賃金体系

```
                              ┌─家族給（20.7）
                  ┌生活保障給─┤
                  │ （68.2）  └─本人給（47.5）─┐
                  │                 （年齢給）    │
        ┌基本賃金─┼─能力給（19.4）───────────────┼─基本給
        │(91.3)  │                               │ (70.6)
        │        └─勤続給（3.7）─────────────────┘
基準賃金─┤
(100.0%) └─地域賃金（8.7）
        
        ┌─超過労働賃金（時間外手当，当直手当）
基準外賃金┼─特殊労働賃金（特殊労働手当，作業手当，特別勤務手当）
        └─特殊勤労賃金（僻地勤務手当，居住制限手当）
```

出所：笹島芳雄『賃金決定の手引き』日本経済新聞社，1995年，p. 20。

よって要求され，1947年4月から実施された「電産型賃金体系」である（図表10-3）。これは生活給的賃金体系であり，戦後の日本の賃金体系の「原型」と位置づけられている。電産型賃金体系の下では，賃金の多くは年齢，家族数，勤続年数等が賃金決定基準となっている。したがって，典型的な年功賃金であった。日本で年功賃金が確立した背景には，従業員の生活安定を図ることに重点をおいた電産型賃金体系の影響が大きい。電産型賃金体系は，日本の最も代表的な賃金体系として広く普及された（晴山2005；笹島1995）。

(2) 基本給体系の類型

基本給は賃金の中でも最も基本的な部分であり，本給，本棒とも呼ばれている。基本的という意味は賃金の中でもっとも大きな割合を占めていることであり，賞与，退職金，諸手当などを算定する場合の基礎となるという意味も含まれている。

基本給体系は，「属人給型」，「仕事給型」，「総合給型」という3つの類型に分類することができる。一般的には，このうちどれか1つということではなく，複数の要素が考慮されることが多い（図表10-4）。

属人給とは，年齢，勤続年数，学歴といった個人の属人的要素によって決定される賃金のことである。これは年功給ともいわれているが，属人給には年齢給と勤続給がある。

仕事給とは，個人の職務，職能遂行能力などの仕事的要素に対応して決定さ

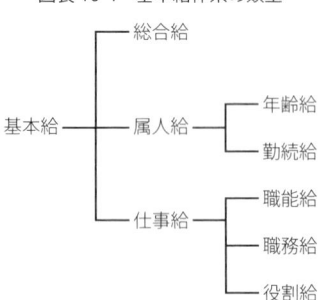

図表10-4 基本給体系の類型

```
基本給 ─┬─ 総合給
        ├─ 属人給 ─┬─ 年齢給
        │          └─ 勤続給
        └─ 仕事給 ─┬─ 職能給
                   ├─ 職務給
                   └─ 役割給
```

出所：筆者作成。

れる賃金をいう。その代表的なものとして職務給や職能給，役割給がある。

　総合給とは，年齢，勤続年数，学歴，職務，能力などを総合的に勘案して決定される賃金のことである。

　また，基本給は「単一型体系」と「併存型体系」という2つの体系に分類することができる。単一型体系とは，基本給を構成する賃金項目が1つで構成されている体系であり，併存型体系とは，基本給がそれぞれ異なる要素の賃金項目が2つ以上から構成されている体系である。日本企業の多くは，基本給が1つ以上の項目から構成されている併存型体系を採用している。

(3) 基本給の構成項目と決め方

① 年齢給

　年齢給は，賃金額を年齢によって決めるもので，一般的には年齢の増加によって機械的に増額する賃金である。これは戦後インフレーションの際に，生活保障的な意味といろいろと雑多な生活給を体系化させる観点から生まれたもので，年齢別生計費を基礎として1946年の電産型賃金体系がその典型である。年齢給の決め方は，標準生計費などの生計費を基準として決定する方法が一般的に採用されている。

② 勤続給

　勤続給は，従業員に対する勤続奨励の意味，別の言葉で言えば，年功加給的意味を持つとともに，勤続が長くなるにつれて能力が向上することに対する加給という意味も持っている。勤続給の決め方は，勤続1年ごとに増加する額を勤続年数のいかんにかかわらず同一にするのが一般的である。

③ 職務給

　職務給とは，職務に応じて支払われる賃金であり，職務の難易度や職責の重さなど，職務価値によって決まる賃金である。年齢給，勤続給などが「人基準」の賃金であるのに対して，職務給は「仕事基準」となるのが大きな違いである。職務給はアメリカで生まれ発展したもので「同一労働・同一賃金」の原則を具体化しようとするものである。具体的な実施にあたっては，まず職務を客観的に分析（職務分析）し，その結果を各職務に必要な熟練，努力，責任，作業環境などにより評価（職務評価）し，この評価に基づいて賃金を算出しよ

図表 10-5　職務給の決定の仕組み

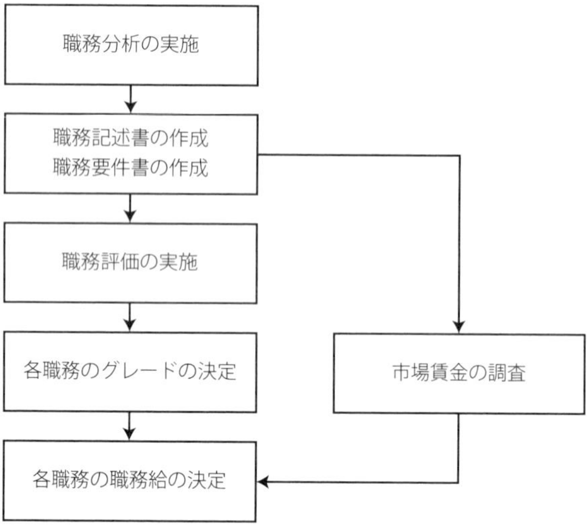

```
┌─────────────────┐
│  職務分析の実施  │
└────────┬────────┘
         ↓
┌─────────────────┐
│ 職務記述書の作成 │
│ 職務要件書の作成 │
└────────┬────────┘
         ↓
┌─────────────────┐
│  職務評価の実施  │
└────────┬────────┘
         ↓
┌─────────────────┐      ┌─────────────────┐
│各職務のグレードの決定│      │  市場賃金の調査  │
└────────┬────────┘      └────────┬────────┘
         ↓                        │
┌─────────────────┐               │
│各職務の職務給の決定│←──────────────┘
└─────────────────┘
```

出所：笹島芳雄『最新アメリカの賃金・評価制度』日本経団連出版，2008年，p. 24。

うとするものである（図表10-5）。

　職務給のメリットは，賃金を決める基準が明確で同一労働・同一賃金の原則に基づいた公平な賃金決定ができることである。一方，デメリットは，職務価値が低い仕事に異動する場合，賃金が下がる場合があり，配置・異動を柔軟に行うことができない。また，従業員は自分の担当仕事以外はしたがらない。

　職務給は大別すると，同一職級の賃率を定額で固定する「単一職務給」と同一職級内で昇給幅をもたせる「範囲職務給」がある。単一職務給は1つの職務に対して1つの賃率しかなく，昇給が行われないものであるのに対し，範囲職務給は1つの職務にとどまっていてもかなりの幅で昇給が行われる。範囲職務給はさらに近接する職級との関連で昇給幅をどの程度にするかによって「重複型」，「接合型」，「間隔型」に区分される（佐護2003）。

　日本では，1950年代，1960年代に電力，鉄鋼産業などで職務給を導入したことがあったが，職務給導入の前提条件が欠けていたため，定着できなかった。

　④　職能給

職能給とは、個々の職務が必要とする能力、つまり職務遂行能力を基準にして賃金を決定する制度である。具体的には従業員を職務遂行能力別の等級に分類し、各等級の中で能力の発揮度によって個人差をつけながら定期昇給を積み上げていく賃金である。職能給は、年功賃金の問題点を改善するために日本で考案されたもので、年功賃金の属人的要素と職務給の属職的要素を組み合わせ、賃金を決定するいわゆる職務を前提とした人に対する賃金といえる。

職能給体系を類型化すると、「単一型」と「併存型」に分けられる。単一型は、基本給決定の基準を職務遂行能力のみに置き、年功などその他の要素に関係なく賃金を決定するタイプである。併存型は、基本給決定の基準を職能と年功の双方に置き、それぞれを区別して独立の賃金を決定するタイプである。一般的に職能資格制度下の基本給は、そのすべてを職能給とする企業は少なく、多くの企業は年齢給や勤続給といった生活給的な色彩をもつ「本人給」と職務遂行能力を基準とする能力給としての「職能給」という2つの賃金要素から構成された「併存型職能給体系」を採用している（図表10-6）。

職能給のメリットは、配置異動を柔軟に行うことができることと、賃金の決め方が保有能力を基準としているため、能力開発を促進することができることである。一方、デメリットとしては、従業員の高齢化に伴って、人件費が増大していくことと職能基準が曖昧であるため、年功的な運用になりやすいことで

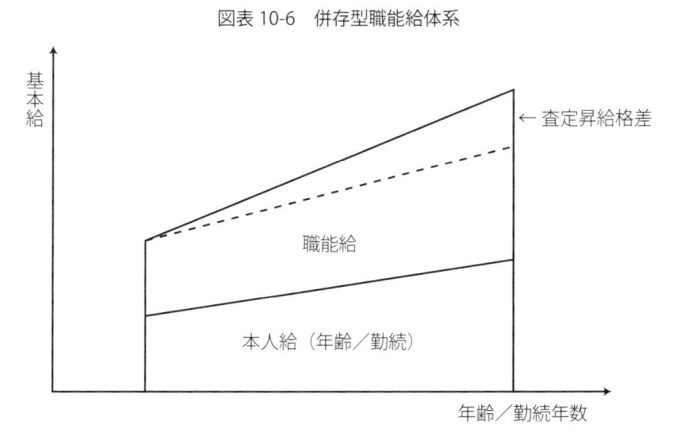

図表10-6　併存型職能給体系

出所：岩出博『LECTURE 人事労務管理』泉文堂、2007年、p. 308。

ある。

　日本では多くの企業が職能資格制度を採用しているが，実際には年功的運用に陥っているケースが多い。本来，能力主義という脱年功的処遇を目指して導入されてきた職能資格制度が，年功色を払拭しきれなかった理由は，制度と運用の双方にある。制度面では，職能給と年齢給からなる賃金制度を採用していたからである。職能と年齢の配分次第で，大きく年功に偏ることもある。また，運用面では職能要件が抽象的であったり昇格基準が不明確の場合，人事評価による昇給・昇格が年功に左右された運用になりがちである。

　⑤　役割給

　役割給とは，役割の重さ，責任の度合い，企業への貢献度などに応じて決められる賃金のことで，役割等級制度に基づく賃金である。一般的には，上限と下限の絶対額を設定して管理するレンジ給であることが多い。近年の成果主義，業績志向への流れを背景に，管理職層を中心に導入されてきた。

　役割給のメリットは，役割の大きさと賃金がマッチしていることと，職務が同じでもそこで担う人の役割が大きくなれば賃金が増えることである。一方，デメリットは，制度導入時から役割等級の信頼性を確保するには一定のノウハウが必要であることと，外部環境の変化に応じた役割の見直しなど運用力が求められることである。

(4) **諸手当**

　日本の多くの企業では，さまざまな種類の手当が支給されている。これが日本企業の賃金制度の特徴でもある。欧米には基本的に手当がない。それは基本給の決め方が担当職務を基準とする職務給だからである。職務価値に応じた賃金の支給を原則としているので，職務価値とは無関係な手当は支給されない。

　日本に手当が存在するのは，賃金制度の歴史からすると，インフレへの対応，労務管理上の要請，生活費配慮の必要性などから手当が生まれた。このような手当は，賃金管理上，さまざまな機能を果たしている。すなわち，基本給の補完（役職手当など），基本給の弾力化（残業手当など），人的資源管理上の効果（精皆勤手当など），生活費への配慮（住宅手当など）などが挙げられる（笹島 1995, pp. 88-89）。

手当の種類を大別すると，職務給的手当，奨励給的手当，生活給的手当，調整給的手当，法定手当に分かれる（図表10-7）。

職務給的手当は，基本給が職務や職能と十分調整されていない場合，職務や職能の特殊性を賃金に反映させるために支給される手当である。職務給的手当の中に含まれるものは，役付手当，特殊勤務手当，特殊作業手当，技能手当，資格手当などがある。

奨励給的手当は，労働者に刺激を与えることを目的として支給する手当である。これには出勤率の向上をねらいとする精皆勤手当，生産量，販売量などの実績の向上をねらいとする生産奨励手当，販売奨励手当などがある。

生活給的手当は，個々の労働者の生活環境や家庭事情を考慮して支給し，これらの労働者の生計費を補おうとするものである。生活給的手当の中に含まれるものには，家族手当，地域手当，住宅手当，通勤手当，単身赴任手当，子女教育手当などがある。

調整給的手当は，賃金体系の改定などなんらかの事情によって発生する賃金上の不均衡を調整するために支給されるものである。これに含まれる手当には，暫定手当，物価手当などがある。

法定手当は，法律によって支給することが義務付けられている手当である。これには超過勤務手当，休日勤務手当，深夜勤務手当といった決められた時間外に働いた労働に対して支払われる手当がある。

諸手当の近年の動きをみると，成果主義の導入によって職務と関連の薄い生活関連手当を廃止・縮小する企業が現れている。

図表10-7　諸手当の種類

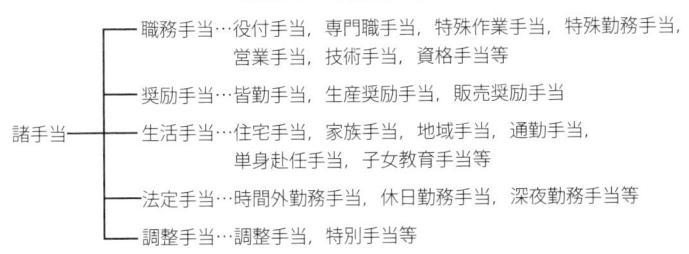

諸手当
- 職務手当…役付手当，専門職手当，特殊作業手当，特殊勤務手当，営業手当，技術手当，資格手当等
- 奨励手当…皆勤手当，生産奨励手当，販売奨励手当
- 生活手当…住宅手当，家族手当，地域手当，通勤手当，単身赴任手当，子女教育手当等
- 法定手当…時間外勤務手当，休日勤務手当，深夜勤務手当等
- 調整手当…調整手当，特別手当等

出所：池川勝『職能賃金制度の設計と運用』同文舘，1992，p. 26。

(5) 賞与

　1）賞与とは

　日本では毎月定期的に支給される賃金とは別に，夏季と年末の時期に月例賃金の数か月相当の賃金を支給するのが一般的である。この賃金のことを通常は「賞与」と呼んでいるが，ボーナス，一時金，臨時給与とも呼ばれる。労働基準法での賞与の扱いは「臨時に支払われる賃金であって，その支給額があらかじめ確定されていないもの」とされている（菅野 2008）。

　賞与制度は今日ほとんどの企業に普及し，しかも多額であり，毎年支給されるのが一般的になっているため，従業員は賞与が支給されることを前提として生活設計をしている。賞与は労働費用の約 16％を占めており，年収に占める賞与額の割合は 3 割程度とかなり高い。

　欧米諸国の場合は，日本のような賞与制度はみられない。欧米諸国のボーナスは，会社業績と連動しているのが一般的である。

　賞与の利点は，次の 3 点が挙げられる（人事管理研究会 2003, pp. 102-103）。

　第 1 に，人件費の弾力化に対応しやすいことである。企業経営の安定のためには，景気変動への抵抗力の強いことが重要である。売り上げの減少に応じて人件費も減少させることが出来れば，企業の不況に対する抵抗力は強まることになる。

　人件費を減少させる方法として従業員数を削減することもあるが，労使関係の安定や終身雇用慣行の観点から考えると，それはできるだけ避け，その代わりに賃金の引き下げが雇用安定からすると抵抗が少ない。ただ従業員の生活安定を考えると，月例賃金はできるだけ安定的に支給されるのが好ましい。その点，賞与には支給額を企業業績を反映して削減することが可能となる賃金であって，人件費の弾力化に対応できるという利点がある。

　第 2 に，波及効果が小さいことである。賞与の支給額の増加は残業手当や退職金，社会保険料などに影響を及ぼさないことである。通常の賃金とりわけ基本給は残業手当や退職金，社会保険料の算定基礎額となるため，波及効果が大きい。したがって，企業は基本給の増加よりも賞与の増加を選択する傾向がある。賞与の支給率が高まったのは，このような理由がある。

　第 3 に，賃金格差をつけやすいことである。月例賃金の場合，従業員の生活

安定に悪影響を及ぼすため、思い切った格差をつけにくい。しかし、賞与であれば臨時的な収入という側面もあるので、人事評価成績によって賞与に格差をつけやすい。

2）賞与の性格

賞与の性格については、いろいろな説がある（加藤 1981）。

① 社会慣習説

この説は、日本では盆、暮れというとふだんよりも出費のかさむときであるから、昔から盆、暮れには使用者がなにがしかの金や品を労働者に支給する慣行があった。現在でも中元や歳末の大売出しなどでわかるように盆、暮れの出費は少なくないのが実態である。このような社会的慣習に合わせて賞与を支給したという説である。

② 功労報償説

この説は、当該期間における企業の業績を生み出した労働者の功績功労に対する報奨であるという説である。

③ 賃金後払い説

この説は、月々支払われるべき賃金の一部が積み立てられて、期末に賞与として支給されるものであるという説である。すなわち、労働者の低賃金による家計の赤字を補充するために支給したということである。しかし、賃金水準が相当向上してきていること、さらに賃金水準の高い企業のほうが概して多額の賞与を支給する傾向のあることからこの説の根拠は弱まってきているといえる。

④ 利益配分説

この説は賞与は一定期間において利益が発生したとき支給されるものなので利益配分の性格を持つものであるという説である。企業は賞与を基本的には企業業績の一部を従業員へ還元する給与であるという認識が強い。

このように、賞与の性格についてはいろいろな見解があるが、使用者は利益配分説を支持し、労働者は賃金後払い説を支持している。しかし実際の問題としては賞与はこれらの性格をあわせもっているといえる。賞与制度を合理的に運営していくためには、賞与の性格を明確にしておく必要がある。

3）賞与の決め方

　一般に賞与の総額は，企業業績や社会的水準を考慮して決定されるが，多くの場合，労使交渉で決める。企業業績の指標としては生産額・売上高，付加価値額，利益額が用いられるし，社会的水準の指標としては物価・生計費，同業他社水準が考慮される。企業全体の賞与支給総額が決まると一定のルールにしたがって個々の従業員に配分される。

　賞与の配分方法としては大別すると，①賞与算定基礎額に一定率を乗じて支給する定率方式，②一定額を支給する定額方式，③個人の出勤率や勤務成績など人事考課に応じて支給する方式などがある。実際にはこれらの方式を併用することが多い。賞与算定の基礎給としては，それぞれの企業の賃金体系によって異なるが，一般的には，①基本給のみ，②基本給と家族手当，③基本給と主要手当の3種類がある（笹島 1995）。

　これまで賞与は，労使交渉を通じて支給月数を決めるやり方が一般的であった。近年においては，企業業績をもとに一定の算定式を用いて賞与原資を決める「業績連動型賞与制度」を導入する企業が増加している。業績連動型の賞与制度は，企業業績に応じて賞与原資が変動するため，賞与の成果配分的性格が強く，人件費の固定性を緩和する効果がある。

(6) 退職金

1）退職金とは

　退職金は，雇用関係が消滅した際に使用者から労働者に支払われる賃金である。退職金は退職手当，退職慰労金などさまざまな名称で呼ばれているが，支給事由，支給額などは労働協約，就業規則，退職金規定などで定められているのが普通である（菅野 2008）。日本で退職金制度がとり入れられたのは，明治時代からといわれている。その背景には熟練工を確保するため，労働者の誘引・定着の対策として大企業に採用された。

　退職金は退職一時金と退職年金に分けられる。欧米諸国の場合は，年金を主体とするのが一般的であるが，日本の場合は，退職一時金が一般的であった。しかし，今日では退職年金を導入する企業が増えてきている。退職年金とは，退職後，年金で受け取るもので企業年金のことである。企業年金は，退職金を

会社の外部に積み立てて、管理・運用し、退職者に支払う仕組みである。退職金は本来、退職したときに一括して支払うのが一般的であったが、退職金の総額が大きく企業の負担が重くなり、これを分割して支払うことにより、企業への退職金の負担が軽減されることになる。

退職金の性格については、賞与と同様に主として次の3つの説が挙げられている（佐護2003）。

① 功労報償説

これは退職金が従業員の在職中の功績に対する報償であるという説である。したがって、企業に貢献があったと認められる者、たとえば永年勤続者に対しては退職金も大きくなる。これは使用者側の主張するものである。

② 賃金後払い説

これは本来、賃金はもっと高く支払われるべきであったのが、実際には低く支払われていたから、その未払い分を退職時に労働者に支払うのだという説である。労働組合側が主張する説である。

③ 生活保障説

これは退職後の生活は本来、国がみるべきだが、国による社会保障が十分整備されていない現状では、ある程度企業が退職者の生活をみるべきであり、これにあたるのが退職金であるという説である。

2）退職金の算定方式

日本の場合、退職金の支払いは任意であり、強制ではない。したがって、退職金の算定方式も企業によって異なる。これまで日本の退職金制度は、伝統的に多くの企業において「定額方式」が採用されてきた。すなわち、

「退職金」＝「算定基礎額」×「支給係数」×「退職事由別係数」

として算定する方式である。このうち、支給係数は勤続年数が長いほど有利に働く年功型がほとんどであった。また、算定基礎額は退職時の基本給とする場合が多く見られる。したがって、基本給そのものが年功化している企業では、年功的な支給係数と相まって退職金が二重に年功化していることになる。勤続

年数が増えれば増えるほど支給金額が増える退職金制度は，高度成長下の人材不足時代には，従業員の定着を促すという意味で大きな効果があった。

しかし，低成長と高齢化により従来の年功的な退職金算定方式では，退職金額が膨大になり，企業経営上，問題になってきている。そのために退職金制度を見直す動きも現れている。それは「退職金前払い制度」と「ポイント制退職金制度」である。

退職金前払い制度は，退職金を月例賃金や賞与に上乗せして前払いする制度である。従業員から見れば退職金を在職中に受け取ることができる。企業にとっては人材引き止め効果は減少するものの，将来の退職給付債務を圧縮できるメリットがある。

また，退職金制度改革の動きとして，バブル崩壊以降，多くの企業で成果主義的な人事制度が採用され，退職金についても貢献度を反映したポイント制退職金制度を導入する企業が現れてきた。ポイント制退職金制度とは，勤続ポイントと在職中の企業への貢献度に応じて毎年ポイントを付与し，これを累積したものにポイント単価を乗じて退職金額を算定する制度である。

「ポイント制退職金」＝「勤続ポイント累計＋資格ポイント累計」×「ポイント単価」

ポイント制退職金制度は，基本給連動による退職金の増大を抑制するねらいがある（岩出 2007）。

ポイント制退職金制度にはいくつかの種類があるが，最も普及しているのは職能資格制度の資格等級に応じてポイントを付与する形態である。等級別と勤続年数別に，1年当たりの付与値（ポイント）を決めておく。そして，退職時の各累計ポイントに単価（1ポイント当たりの金額）を乗じ，支給すべき退職金額を決定していく。

資格等級ポイントを設けることで，能力や成果が退職金に反映されやすくなり，何より退職金格差が付けられることが大きい。同じ勤続年数で定年退職した場合でも，資格等級ポイントの高い人と低い人とでは2〜3倍程度の格差が生じているケースがある。

4. 賃金形態

　賃金形態とは，従業員に支払う賃金の単位を表したものをいう。賃金形態には，次のような種類がある。
　① 時給制
　時給制は，賃金を1時間いくらと時間単位で決める制度である。時給制はその時間あたりの賃金が明確になっており，賃金計算が簡単にできるところに特徴がある。工場の労働者やパート・タイマー，アルバイトに適用される。
　② 日給制
　日給制は，賃金を1日いくらと日を単位にして決める制度である。日給制の支払方法としては，1日の賃金をその日のうちに支払うものと，賃金は実際1日について支払われるがその計算は月に1回または数回にまとめて支払う方法がある。この賃金支払い形態は，単純労働や代替可能な労働，あるいは直接作業部門の労働者に多く適用されている。
　③ 週給制
　週給制は，賃金を1週いくらと決める制度である。欧米の事務部門の労働者に多く採用されているが，日本においてはほとんどみられない。
　④ 月給制
　月給制は，賃金を1カ月を単位にして決める制度である。完全月給制の場合は，遅刻・欠勤にかかわらず全額を支給されるが，日給月給制の場合は，決められた月の賃金から労働しなかった日数分ないし時間分を減額して支給される。完全月給制は，仕事の内容が複雑であるかあるいは仕事の成果が長期間が過ぎて把握可能な場合などに適切である。そのため主に事務管理職や監督職に適用される。一方，日給月給制は工場労働者に多く適用されている。
　⑤ 年俸制
　年俸制は，賃金を1年を単位にして決める制度である。したがって，本来の定義によると年齢で決まる賃金も実力で決まる賃金も，年間いくらという契約方法であれば年俸制といえる。しかし最近は，本来の定義からはなれて実力に

212　第2部　人的資源管理の各論

図表 10-8　アメリカの賃金支払い形態

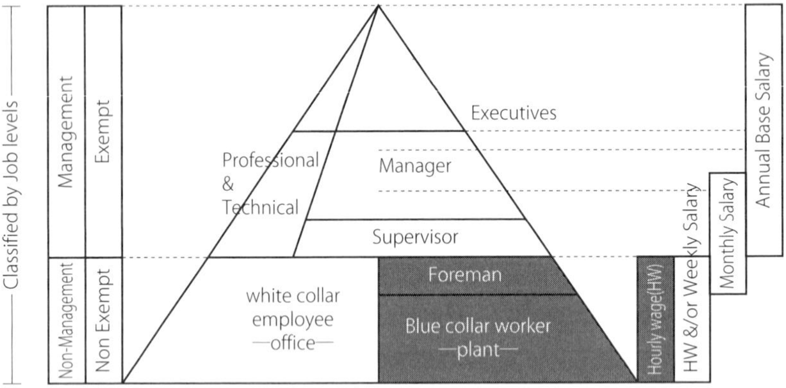

出所：井出喜胤「アメリカの年俸制」『賃金実務』638号，産業労働調査所，1990年，p. 11。

よって賃金の額が決められる厳しい賃金制度という意味で用いられている。
　〈図表10-8〉はアメリカの賃金支払い形態を表わしたものである。

5. 成果主義賃金制度

(1) 成果主義とは

　日本では，バブル崩壊後の1990年代前半から2000年代初めにかけて成果主義の導入が相次いだ。成果主義とは，賃金制度に関する考え方で，賃金や賞与，昇格などについて，仕事の成果を反映して賃金を決定しようとするものである。日本のいわゆる年功序列型の賃金体系では，賃金決定要素として年齢や勤続年数などが用いられることが多かったが，人件費負担の増大を回避しながら，従業員のモチベーションを高めるために，企業業績の貢献度に応じて処遇を決定する動きがあった。その背景には，職能資格制度の下で能力主義賃金であるとされた職能給が年功給化したことがあった。
　成果主義という用語は，年功主義・能力主義との対立概念として使われる場合が多い。成果主義に類似する用語として，業績主義とか実績主義という用語も使われている。これも成果主義と同様に，業績に基づく処遇とか実績に基づ

く処遇の概念を示すもので，このとき成果という概念が業績とか実績の概念に一致するのであれば，すなわち「成果＝業績＝実績」であれば，「成果主義＝業績主義＝実績主義」ということになる（笹島 2004）。

　年功主義・能力主義・成果主義はどのように違うのか。まず，処遇格差の大きさと個人成果を処遇に反映するタイムスパンの角度からみると，成果主義は，個人成果を短期間に賃金に反映する傾向が強く，いわば短期決済型の賃金の考え方であるのに対して，年功主義は，長期間にわたって徐々に差をつけて，長い間には大きな処遇格差がつく，いわゆる長期勤続を前提とした長期決済型の賃金の考え方である。また，能力主義は成果主義と年功主義の中間的な位置にある（図表 10-9）。

　成果主義の考え方を取り入れた日本企業の賃金制度改革の内容をみると，大きく基本給の成果主義化，賞与の成果主義化，退職金の成果主義化，年俸制などに集約できる（図表 10-10）。成果主義賃金については，弊害や問題点も多く指摘されている（高橋 2004）。成果に直接リンクして激しく上下する賃金は，労働者の生活不安を招き労働意欲を低下させる恐れがあり，結果を重視するあまり失敗を恐れプロセスが軽視されることも考えられる。

　また，成果主義に基づいた賃金制度の運営に当たっては，仕事の成果に対する公正な評価とその納得性が不可欠である。

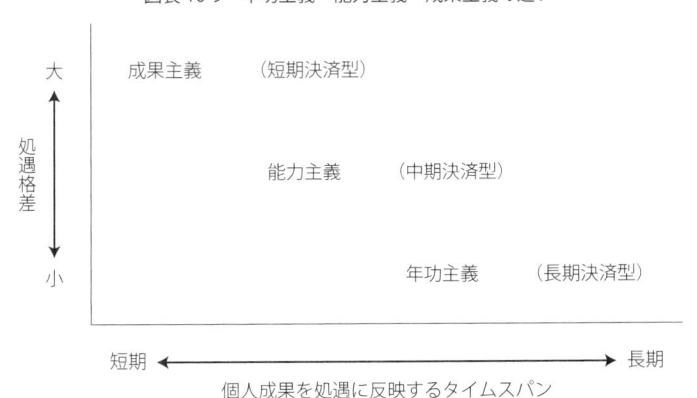

図表 10-9　年功主義・能力主義・成果主義の違い

（縦軸：処遇格差　大↕小／横軸：個人成果を処遇に反映するタイムスパン　短期←→長期）

- 成果主義　（短期決済型）
- 能力主義　（中期決済型）
- 年功主義　（長期決済型）

出所：楠田丘編『日本型成果主義人事・賃金制度の枠組と設計』生産性出版，2002 年，p. 36。

図表10-10　成果主義賃金に向けた賃金制度改革

賃金制度の項目		制度改革の内容
基本給	賃金体系	職能給の修正（習熟昇給の縮小・廃止，洗い替え方式，資格別定額化）
		年齢給のウェイトの削減ないし廃止
		業績給・成果給の導入
		職務給の導入
	定期昇給制度	自動昇給の縮小・廃止，査定昇給の拡大，マイナス昇給の導入
賞　与		業績反映型賞与制度の導入
年　収		年俸制の導入
退職金		貢献度反映型退職金（ポイント制退職金）制度の導入

出所：奥林康司編『成果と公平の報酬制度』中央経済社，2003年，p. 13。

(2) 年俸制

1) 年俸制とは

　年俸制とは，過去1年間の業績を評価して，翌年1年間の賃金総額を事前に決定するもので，成果主義の代表的な賃金制度である（宮本1997）。日本企業では主に管理職，専門職，契約社員などに適用される。期初に設定した目標に対する達成度などを上司が評価し，その結果によって賃金の絶対額が変動する。通常，本人と上司あるいは人事担当者との間での交渉を通じて，本人の目標，業績などをベースに年俸額が契約される。業績の評価が低ければ大幅な減額を求められたり，雇用契約が更新されないこともありうる。

　年俸制を導入している企業の狙いをみると，「業績評価を明確にするため」「実力主義・能力主義の色彩を強めるため」「役員と同じ年俸制を適用することにより経営参加意識を強めるため」「社員の画一的管理から個別管理への移行のため」などが挙げられている。一方，年俸制は業務遂行が短期的視野の下で行われやすいことと，自分の業績にとらわれるあまり，組織全体の業績向上への配慮を失う傾向が生じるなどのデメリットがある（笹島1995）。このような問題を回避するため，企業は業績評価の際に，個人評価だけでなく組織評価をも取り入れて評価を行っている。

　日本企業に導入されている年俸制には多様な形態がある。成果や業績によって年俸全体を一括して決める「総額年俸制」（欧米型）と年俸が安定的な基本

図表 10-11 富士通の年俸制の仕組み

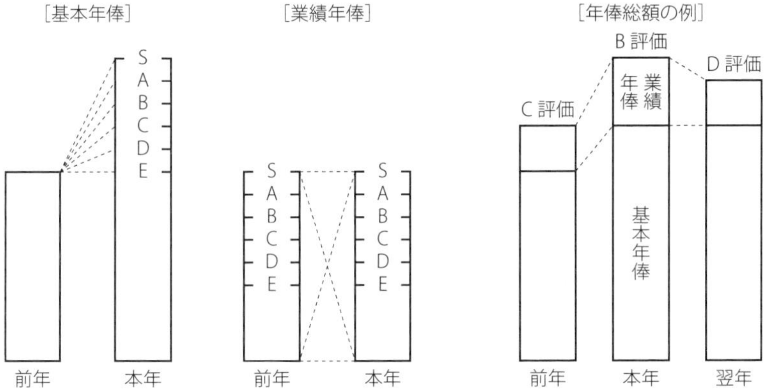

出所：日経連職務分析センター編『日本型年俸制の設計と運用』日経連広報部，1996年，p. 139。

年俸部分と業績によって変動的に決定される業績年俸部分の2つから構成される「部分年俸制」（日本型）がある（宮本1997）。

欧米型の総額年俸制を採用する企業は少数であり，ほとんどの企業は部分年俸制を採用している。部分年俸制は従来の日本の賃金構成が月例賃金と賞与の2つの部分から構成されていたために，それを踏襲したもので，「日本型年俸制」と呼ばれる（図表10-11）。

2）年俸額の改定

年俸制の場合，多くの企業が目標管理による業績評価を実施している。年度初めに目標設定をして年度末に目標達成度を上司が評価する。その達成度をもとにして，それまでの年俸を改定し，1年間の年俸を決定する。

年俸改定方式には「積み上げ方式」と「洗い替え方式」がある。前者は，毎年一定額を積み上げていく方式であり，後者は，毎年ゼロベースから年俸額を改定する方式である。日本企業の多くは，基本年俸部分に対しては安定賃金として積み上げ方式を適用しており，業績年俸に対しては洗い替え方式によって年俸を改定する場合が多い。

6. アメリカの賃金制度の変化

　アメリカは「同一労働・同一賃金」の原則に基づく職務給が定着していた。職務中心の賃金制度の下では，職務の範囲が明確で個々人の担当職務もはっきりしている。したがって，それ以上のことはしたがらないし，そういう意識もない。そういう意味において職務給はとても硬直的であり，市場環境の変化や技術革新に柔軟に対応できない（上林・厨子・森田 2010）。

　このような問題に対応するために，アメリカでは個人のもつ知識や技能の高さに対する技能給（skill-based pay）や知識給（knowledge-based pay），コンピテンシー給（competency-based pay）が導入されている。これらの賃金はいずれも日本の職能給に近い賃金制度である（上林・厨子・森田 2010；笹島 2008）。

　アメリカの基本給は，現在でも職務給が基本であるが，能力要素を賃金に反映する「仕事基準賃金」から「人基準賃金」へと変わりつつある。逆に，日本は能力をベースとした職能給が基本であるが，仕事要素を賃金に反映した職務給・役割給へと「人基準賃金」から「仕事基準賃金」へ移行しつつある（上林・厨子・森田 2010；石田・樋口 2009）。

　このように，それぞれの国の賃金制度に変化が見られ，今後，どのような方向へと変革されていくかが注目される。

□引用・参考文献

池川勝『職能賃金制度の設計と運用』同文舘，1992 年。
石田光男・樋口純平『人事制度の日米比較―成果主義とアメリカの現実』ミネルヴァ書房，2009 年。
岩出博『LECTURE 人事労務管理』泉文堂，2007 年。
奥林康司編『成果と公平の報酬制度』中央経済社，2003 年。
加藤源九郎『賃金制度の話』日本経済新聞社，1981 年。

上林憲雄・厨子直之・森田雅也『経験から学ぶ人的資源管理』有斐閣, 2010 年。
楠田丘『新時代の賃金体系──設計と改善のためのマニュアル』産業労働調査所, 1978 年。
楠田丘編『日本型成果主義 人事・賃金制度の枠組と設計』生産性出版, 2002 年。
今野浩一郎『勝ち抜く賃金改革』日本経済新聞社, 1998 年。
佐護譽『人的資源管理概論』文眞堂, 2003 年。
笹島芳雄『賃金決定の手引き』日本経済新聞社, 1995 年。
笹島芳雄『最新アメリカの賃金・評価制度』日本経団連出版, 2008 年。
佐野陽子『はじめての人的資源マネジメント』有斐閣, 2007 年。
白井泰四郎『現代日本の労務管理』東洋経済新報社, 1982 年。
人事管理研究会『人事管理実務』産業能率大学出版部, 2003 年。
菅野和夫『労働法』弘文堂, 2008 年。
高橋伸夫『虚妄の成果主義』日経 BP 社, 2004 年。
竹内裕『日本の賃金──年功序列賃金と成果主義賃金のゆくえ』(ちくま新書) 筑摩書房, 2008 年。
日経連職務分析センター編『職能給の導入と運用』日経連弘報部, 1983 年。
晴山俊雄『日本賃金管理史』文眞堂, 2005 年。
宮本真成『年俸制の実際』日本経済新聞社, 1997 年。

■演習問題

1. 次の文章の(　　)の中に適切な言葉を書き入れなさい。
1. (　　　　)とは, 所定労働時間の労働の対価として支払われる賃金のことで(　　　　)や(　　　　)が含まれる。(　　　　)とは, 所定外労働時間の労働に対して支給する賃金のことである。
2. 賃上げ方法として, 賃金を定めた賃金表の改定と賃金カーブの修正により賃金額が上がるのを(　　　　)といい, 個々人の仕事や能力や年齢によって上がるのを(　　　　)という。
3. (　　　　)とは, 職務そのものの価値を評価し, これによって賃金を決める制度であり, 職能給とは, (　　　　)を基準にして賃金を決定

する制度である。
4．退職金の性格については，（　　　　），（　　　　），生活保障説がある。
5．近年，アメリカでは職務給を基本としながら，人基準賃金として技能給や（　　　　），（　　　　）を導入する動きがある。

Ⅱ．次の問題を説明しなさい。
1．基本給体系の類型を取り上げ，それぞれの特徴について説明しなさい。
2．成果主義賃金制度の問題点について説明しなさい。

第11章
福利厚生管理

1. 福利厚生とは

　福利厚生は，一般に，企業が従業員やその家族の健康や生活の福祉を向上させるために行う諸施策である。日経連の定義では「福利厚生とは企業が主体となってその意思と判断にもとづき，労働力の確保・安定，企業との一体感の醸成，および労働能率の向上に役立つことを期待して行う，従業員または必要に応じてその家族を対象とした生活福祉向上策の総称である」としている（日経連労務管理特別委員会編1982）。福利厚生は，欧米ではフリンジ・ベネフィット（fringe benefits）と呼ばれている。

　福利厚生は，低い賃金の補充や社会保障の代替，そして労働力の確保といった目的で導入されており，多くの企業が日本的な終身雇用慣行を守ってきたことから，従業員に長く勤めてもらうために必要な施策となってきた。春闘などの労使交渉の場でも，福利厚生に対する要求が出されるなど，従業員にとっても当たり前に主張できる1つの権利となっていた。

　福利厚生の生成は，明治時代からといわれる。戦前は低賃金，社会保障の未発達，労働組合の抑圧という条件のもとで，経営家族主義的理念や慈恵的・温情的色彩が強く，その内容も生産施設や労働条件と未分化であった。戦後は労働組合が法認され，福利厚生が団体交渉や労働協約の対象となることで慈恵的・温情的性格は薄まったが，従業員の企業帰属意識の醸成などの人的資源管理機能は本質的に変わっていない（岩出2007；西久保2013；松田2003）。

　最近は福利厚生に代わって「企業福祉」という言葉が使われることも多い。企業福祉は，福利厚生の一分野である法定外福利の部分を労使で作り上げてい

こうとする理念的な言葉として形成されてきたものである。福利厚生は，その実施主体によって国が行う社会福祉，企業が行う企業福祉，労働組合が中心に行う労働者福祉に分けられる。

福利厚生は，従業員とその家族の経済的生活の安定や充実にあるが，企業はさまざまな福利厚生施策を実施することで，次のような人的資源管理上の効果が期待できる（岩出 2007）。

① 労働力の確保・定着

独身寮や社宅の設置など賃金以外の福利厚生が充実していると，必要な労働力の募集・採用において誘因効果があり，従業員の定着を促すことが期待できる。

② 労働力の維持と培養

体育館やプール運動会など従業員の身体的・精神的な健康を維持・増進することで，労働力としての健全性が保たれ，人的資源管理上において安定的かつ長期的な生産性の維持・向上が期待できる。

③ 企業への帰属意識の強化

運動会や保養所，社内旅行などの文化・体育・娯楽活動など，職場仲間とのさまざまな交流機会を提供することで，企業への帰属意識の向上が期待できる。

④ 労使関係の安定

団体交渉や労使協議を通じて従業員ニーズを的確に把握し，それを反映した福利厚生施策を行うことで，従業員満足が高まり，労使協力的な関係を維持・向上することが期待できる。

2. 福利厚生の種類

福利厚生は，大きく「法定福利厚生」と「法定外福利厚生」に分類される。法定福利厚生とは，法律によって使用者に実施が義務付けられているものである。この法定福利厚生は，国家の社会保障制度の一環として行われ，従業員の直面するさまざまな危険から保護する機能をしている。法定福利厚生は，一般

的に企業が費用の全額を負担するか，企業と従業員が共同で負担するのであるが，法定福利厚生にかかる費用を「法定福利費」という。法定福利厚生に含まれるものとしては，健康保険，厚生年金保険，雇用保険，労災保険，健康診断などがある。

これに対し，法定外福利厚生は，法律によって義務付けられていない使用者が任意で行う様々な福利厚生施策をいう。具体的には，住宅手当，家賃補助，社宅・独身寮，健康診断，慶弔・災害見舞金，運動施設や保養所などの余暇施設，文化・体育・レクリエーション活動の支援，資格取得や自己啓発の支援，財形貯蓄制度，社内預金，社員食堂など，さまざまな制度がある（図表11-1）。法定外福利厚生にかかる費用を「法定外福利費」という。退職一時金や企業年金などの退職給付を法定外福利厚生に含める場合もある。

図表 11-1　福利厚生施策の種類

分野	主な施策
住宅関連	●住宅手当，家賃補助 ●社宅・独身寮 ●持家援助
健康・医療関連	●健康診断（がん検診等法定への上積み） ●メンタルヘルスケア
育児・介護支援関連	●育児休業（法定への上積み） ●託児施設 ●育児補助（ベビーシッター補助含む） ●介護休業・看護休暇（法定への上積み）
慶弔・災害関連	●慶弔・災害見舞金 ●遺族年金，遺児年金，遺児育英年金
文化・体育・ レクリエーション関連	●余暇施設（運動施設，保養所） ●文化・体育・レクリエーション活動支援
自己啓発・能力開発関連	●公的資格取得・自己啓発（通信教育等）支援 ●リフレッシュ休暇
財産形成関連	●財形貯蓄制度 ●社内預金，持株会 ●個人年金など（従業員拠出）への補助
その他	●社員食堂・食事手当 ●その他

出所：厚生労働省『平成 19 年就労条件総合調査』。

3. カフェテリア・プラン

(1) カフェテリア・プランとは

　近年，福利厚生を従来の一律的な支給ではなく，個人のニーズに合わせて従業員が柔軟に給付内容を選択できるカフェテリア・プラン（選択的福利厚生制度）を採用する企業が増えている。

　カフェテリア・プランとは，会社が従業員に対して福利厚生メニューを提示し，従業員が一定の予算の枠内で選択する仕組みのことである。すなわち，これまでの福利厚生制度は，従業員がそれを利用するかしないか関係なく全社員に一律的に同じものを提供してきた。しかし，カフェテリア・プランの基本的な考え方は，多様な福利厚生の種類の中で従業員が必要なものだけを選択できる制度である（高橋 1996）。

　カフェテリア・プランは，1970年代にアメリカで導入された。アメリカ企業にカフェテリア・プランが導入された主な理由は，医療費の抑制と多様な従業員ニーズの充足にある。アメリカでは，公的医療保険制度がなく，法定外福利厚生として導入される医療保険料の高騰といった事情がある。また，伝統的な家族構成（夫婦と子供2人）が一般的でなくなり，片親家族・独身家族・DINKs（Double Income, No Kids：子供をもたない共稼ぎ夫婦）などが珍しくなくなり，ライフスタイルも多様化した結果，伝統的な家族形態を前提とした画一的な福利厚生プログラムでは，従業員のニーズを満たすことができなくなったという事情がある（岩出 2007, pp. 360-361；高橋 1996）。

　日本では1993～1994年に厚生労働省によるカフェテリア・プラン研究会の活動を契機に注目されるようになった。1995年にベネッセコーポレーションが初めて導入して以来，福利厚生の新たな方策の1つとして導入企業が徐々に増えつつある。

　カフェテリア・プランのメリットとしては，次の点が挙げられる（岩出 2007；労務行政研究所編 2008）。

　① 従業員間の公平性の確保

これまでの福利厚生では，施策の利用に関して従業員の間で公平が保てない面があった。世帯主かどうか，扶養家族が何人いるか，勤続年数が何年かといった要件を満たせばだれでも同じ内容の給付が受けられるのだから差別とまではいえないが，施策を利用できない従業員には不公平と感じられる。その点，カフェテリア・プランでは各人に公平にポイントが付与されるため，属人的要素に関係なく利用できる。

　② 従業員ニーズの多様化への対応

　これまでの福利厚生は，長期雇用を前提にして設計されており，会社丸抱えの性格が強かった。しかし社員の意識やニーズも多様化しており，選択機会を公平に与え，従業員それぞれのライフスタイルに合ったメニューを自由に選択できるほうが合理的で納得性も高まる。

　③ 企業のアピールやリクルーティング効果

　カフェテリアプランを導入した企業は，新聞等の注目を大いに集めている。アメリカから輸入された最新の選択型システムを導入したということで，企業のイメージ・アップはもちろん，リクルーティング効果も期待することができる。

　④ 労使間の協力増進に役立つ

　労働組合あるいは労働者代表をカフェテリア・プランの計画から実行及び事後評価の過程に参加させることによって，労使間の協力を増進させることができる。

⑵ カフェテリア・プラン導入事例

　① ベネッセコーポレーションの事例

　同社は，1995年にカフェテリア・プランを日本で最初に導入した。その目的は，今後，結婚や出産，介護など，多くの社員が直面するであろう問題に対応することと，従業員の能力開発を支援するためである。メニューは大きく，住宅，託児，医療，介護，年金，財形の6分野から構成されている。同社は若いうちから将来を見据えたライフプランを考えさせるため，年齢や勤続年数，役職などに伴う格差をなくし，全従業員一律のポイント制を採用している。従業員1人当たりの年間利用限度は92ポイントで，1ポイントが1000円となっ

図表11-2　ベネッセコーポレーションのカフェテリア・プランのメニュー

	名称	ポイント数
住宅支援	社宅利用	40／年
	住宅ローンの利子補給	貸し付け残高による
	住宅財形補助	補助額÷1000
託児支援	東京支社事業所内託児所利用	20／年
	託児施設利用補助	5／月
	ベビーシッター利用補助	補助額÷1000
医療支援	医療保険補助	5または7
	人間ドック（本人）	補助額÷1000
	人間ドック（家族）	補助額÷1000
	医療費補助	補助額÷1000
	入院差額ベッド補助	本人　4／日 家族　2／日
	入院・障害に伴う家事支援	3／日
介護支援	在宅身体介護補助	3／日
	介護保険補助	3または6
	ホームヘルパー養成講座受講	補助額÷1000
年金支援	年金財形補助	3または6
	個人年金補助	3または6
財形支援	持ち株会奨励金	5または10

出所：高橋俊介『カフェテリア・プラン』日経BP社，1996年，p. 122。

ている。金額に換算すると，1人当たり9万2000円になる（図表11-2）。

② パソナの事例

同社は，1999年にカフェテリア・プランを導入した。この制度は，従業員に成果等にリンクしてポイントを配分し，従業員はそのポイントを使って自分が欲しいサービスを購入するという仕組みとなっている。導入の目的は，①法定外福利厚生の成果主義化，②原資の適正管理，③社員ニーズの多様化への対応である。

従業員が獲得できるポイント数は，全員一律の120ポイントであり，これに加えて能力や業績などに応じてポイント数が加算される。ポイント数の決め方

図表 11-3　パソナのカフェテリア・プランのメニュー

【ポイントの計算方法】

ポイントの種類			ポイント付与の対象	付与ポイント
ベーシックポイント			全社員一律	120
インセンティブポイント	キャリアポイント	能力ポイント	管理職。ランク別のポイント	20～70
		業績ポイント	人事考課の好成績者	15～20
	ヒューマンポイント		社会的評価を受けた公的活動	10～20
	チャレンジポイント	資格ポイント	業務上必要な資格の取得者	10～40
		テストポイント	社内テストの好成績者	10～20

【選択メニュー】

サービスの区分	サービスの内容
マイホームサポート	住宅の賃貸，ローン，修繕・新築・改築への費用補助
マネーサポート	財形貯蓄などの積立額に対する補助
ライフサポート	医療，人間ドック，保険料に対する補助
ファミリーケアサポート	介護，育児のための費用に対する補助
バラエティーサポート	パソナグループ会社の商品・サービスの購入費への補助
ブラッシュアップ	社内外講座，自己啓発用図書購入の費用への補助
リフレッシュサポート	余暇活動の費用への補助

出所：中央職業能力開発協会『労務管理3級』社会保険研究所，2010年，p. 130。

は，人事評価のS, A, B, C, D, Eの6段階で評価される。

同社のカフェテリア・プランにおけるポイント計算方法と選択メニューは，〈図表11-3〉のとおりである。

4. 福利厚生の近年の動向

企業の行う福利厚生の役割として，かつては「低賃金の補充」「労働力の確保」「社会保障の代替」等が言われてきた。しかし，今日では「質の高い個人生活の実現」「多様な人材の確保」「社会保障との分担」といった役割へと次第に変化してきている。このような役割の変化に伴って，企業の福利厚生制度も① 高齢化と年金改革に伴う法定福利費コスト増への対応，② 社員の価値観，

ライフスタイル，ニーズの多様化への対応，③ 成果主義による配分の導入等といった人事評価制度との整合性の確保等が見直しの方向性として課題となりつつある。

　高度経済成長期やバブル景気の時代には，人材確保のために，社宅や余暇施設などの法定外福利厚生の拡充が図られてきた。しかし，近年，従業員の高齢化および社会全体の少子高齢化に伴い，福利厚生費の負担が企業にとって重いものとなってきている。法定福利の負担は社会保険各法によって定められているため，個別企業のレベルでの福利厚生の見直しは法定外福利を中心としている。

　近年の企業内福利厚生の動きをみると，次のとおりである（岩出 2007；可児 2011）。

① 法定外福利の統廃合

　企業内福利厚生財政を取り巻く最も厳しい環境は，高齢社会の進展による法定福利費の負担増である。年金・医療財政のひっ迫から年金保険料率や健康保険料率が引き上げられ，福利厚生費の固定的な負担増が重くなりつつある。また，バブル経済崩壊以降の経営合理化の一環として，総額人件費管理の観点から福利厚生費の抑制ないし削減が厳しく要請されている。このような状況の中で，企業は人件費節約が可能な法定外福利の見直しと合理化を進めている。

　近年，福利厚生は，健康管理や介護といった従業員の日常的な生活を支援する施策に重点が置かれ，若者の意識とかけ離れた社内運動会や社内旅行，保養所などは管理コストの削減のために廃止される傾向にある。

② 福利厚生のアウトソーシング化

　近年，アウトソーシング（outsourcing）の会社に福利厚生の業務を任せる企業が増えてきている。アウトソーシングとは，「外部委託」という意味で用いられ，企業がコストダウンのため，あるいは自社の中心業務に専念できるよう，戦略的に専門業者へ外注することをいう。

　これは福利厚生の部分をアウトソーシングして多様なメニューを従業員やその家族に提供しつつ，残る部分を含め，全体的な管理・運営の効率化，総体的なコストの抑制を図ろうとするものである。

　アウトソーシングは，1980 年代初頭よりアメリカで用いられるようになっ

た手法で，日本でも 1990 年代頃から採用する企業が増加してきた。

従業員規模の小さい企業では，福利厚生全体を一括して外部に委託し，制度利用の問い合わせや申請の受け付け，給付やサービスの提供，さらにクレーム処理まですべて委託する例もある。企業福祉の受託会社の中には福利厚生を 1 つの商品として企画・販売しているところもある。

アウトソーシング会社が提供しているサービスとしては，次のようなものがある（可児 2011）。

① 住宅：社宅，寮，引越，賃貸管理・仲介，住宅相談，リフォームなど
② 医療・健康：健康診断，人間ドック，メンタルヘルス，フィットネスクラブ，カウンセリングなど
③ 育児・介護支援：ベビーシッター，保育施設，ホームヘルパー，介護施設，在宅介護用品，家事サービスなど
④ 慶弔・災害：冠婚葬祭，ブライダルサービス，葬祭サービス，贈答品など
⑤ ライフプランニング・資産形成：退職準備セミナー，財形貯蓄，持株会，年金，ファイナンシャルプランニング，セミナーなど
⑥ 自己啓発・習い事：資格取得，語学，カルチャー，奨励金など
⑦ リゾート・旅行：ホテル，旅館，公共の宿，パッケージツアー，ビジネスホテル，航空チケット，保養所，クラブ活動など
⑧ エンターテインメント：映画，スポーツ観戦，レジャー施設，遊園地，クアハウス，テルメなど
⑨ ショッピング・美容：ショップ割引クーポン，美容室，エステなど
⑩ 飲食：食事クーポン，レストラン，居酒屋，宅配ピザ，食材宅配など
⑪ イベント・コミュニケーション：社員旅行，運動会，各種イベントなど
③ ユニークな福利厚生制度の導入

従業員のモチベーションを向上させるために，ユニークな福利厚生施策を取り入れている企業も現れている。知名度で劣る中小企業やベンチャー企業は大企業に比べて優秀な人材採用等において，苦戦を強いられている。そこで，自社独自のユニークな福利厚生施策を打ち出し，採用と定着に成果を出している企業も少なくない。例えば，「デート支援金」を支給する会社がある。従業員

が恋人などと旅行する場合，本人の旅費の一部を会社が補助する。会社が旅費を補助することで，仕事以外の刺激を受ける機会を増やし，さらに本人のやる気を醸成させることである。失恋したときの「失恋休暇」，バーゲンに出かけるための「バーゲン半休」というユニークな制度を導入している企業もある。失恋休暇は年1回，年齢に応じて1～3日の有給が取得できる。

このほかにも，恋人や家族など愛する人の誕生日に有給となる「Love休暇」，年に2回映画鑑賞のために取れる半日の有給「映画半休」，3年に1回自分の好きなことを学ぶために1カ月の有給を付与する「学び休暇」など，中小企業やベンチャー企業ではユニークな福利厚生制度を充実させ，採用面での不利を補う工夫を行っている。

④　福利厚生の従業員のニーズへの多様化

これまでの福利厚生制度はすべての従業員に同じサービスを一律に提供してきた。例えば，所得水準が低く，家族で旅行することが経済的に困難な時代には，家族とともに安価で宿泊できる保養所などは福利厚生として大きな意味があった。しかし，生活水準が向上し，ライフスタイルが多様化している今日においては，同じサービスを一律に提供することを重視してきた，従来の福利厚生施策は従業員のニーズに合わなくなった。家族旅行をするにしても同じ場所ではなく，良質のサービスを受けられるいろいろな施設を利用したいとする従業員の選好が強まり，保養所に対するニーズが全体的に減少する。また，特定の人だけが利用し，他の多くの人が利用しないことになると，不公平が生じる。

したがって，これからの福利厚生は，従業員の多様化に応えることのできる制度に再編していく必要がある。

⑤　福利厚生の成果主義化

これまでの福利厚生制度は，生活保障機能を重視してきたので，会社への貢献度とは関係なく，生活上のニーズに合わせてサービスを平等に提供することで福利厚生制度が構築された。しかし，近年は，福利厚生も従業員に対する投資の1つとする考え方から，会社への貢献度を福利厚生に反映して差別化する動きが現れている。すなわち，福利厚生を非金銭的なインセンティブとして位置づけ，個人への原資配分を成果対応型に再構築しようとする。このような傾

向は，先述したカフェテリア・プランでみられるように，仕事の成果に応じて決める仕組みを組み込んでいるのがその例である。

5. ワーク・ライフ・バランス

(1) ワーク・ライフ・バランスとは

　近年，福利厚生の新たな焦点の1つとして，ワーク・ライフ・バランス（Work & Life Balance）という言葉が広く使われている。これは「仕事と生活の調和」の意味で，働きながら私生活も充実させられるように職場や社会環境を整えることをさす。日本では人口減少社会の到来や少子化の進展を踏まえ，次世代の労働力を確保するため，仕事と育児の両立や多様な働き方の提供といった意味で使われることが多い。

　従業員のワーク・ライフ・バランスの実現が企業経営上の課題として注目されるようになった背景には，就業形態の変化がある。働く女性や共働き世帯の増加など働き方のあり方が変化し，仕事以外にも「やりたいこと，やらなければならないことがある」層が増えてきたことである。こうした結果，企業として，従業員が能力を十分に発揮できる環境を整備するためには，「仕事専念型」の従業員を前提とした働き方を見直し，仕事と生活を両立できる状態，つまりワーク・ライフ・バランスが実現できる働き方を整えていくことが必要となった（平成18年10月「厚生労働省・男性が育児参加できるワーク・ライフ・バランス推進協議会」提言）。

　日本では少子化やフリーターの増加に伴い，2003年に政府が「次世代育成支援対策推進法」を制定した。大企業に対し，育児・介護休業法の規定を上回るように，短時間勤務・フレックス勤務・育児休業制度などを拡充するよう促している。2007年には内閣府が「仕事と生活の調和（ワーク・ライフ・バランス）憲章」と行動指針を定め，2017年までに有給休暇消化率を100%にし，男性の育児休業取得率を10%に引き上げるなどの目標を掲げた。

　日本では依然，女性の約7割が第1子出産後の半年間で離職するなど，ワーク・ライフ・バランスのための環境づくりは遅れている。育児休業終了後，

図表 11-4　ワーク・ライフ・バランスのメリット

企業側	従業員側
・優秀な人材の確保・定着 ・従業員のモラールの向上，生産性の向上 ・仕事の内容や進め方の見直し，効率化 ・欠勤の減少 ・企業イメージの向上	・家族とのコミュニケーションが深まる ・家庭生活とのバランスが確保できる ・自分に合った働き方で，ストレスの減少や新しい発想を生み出す ・仕事の効率・満足度の向上 ・余暇活動や自己啓発，地域活動への参加等，充実した生活を実現

出所：厚生労働省「ワーク・ライフ・バランス」ホームページ。

キャリア・ダウンしない仕組み，いったん離職した後に復職する仕組み，配偶者の転勤や子育てに配慮した柔軟な勤務制度，出産・育児を支援する多様な施設の整備など数多くの課題が指摘されている（佐藤 2010）。

　企業においては，このような状況に応じて，男女が仕事と生活とを両立させ，十分に能力を発揮して働けるような新たな人的資源管理を行うことが必要となる。このような取り組みは，働く人にとってはもとより，企業にとってもメリットが大きい（図表 11-4）。

(2)　ファミリー・フレンドリー企業

　ワーク・ライフ・バランスという言葉が使われる以前は，ファミリー・フレンドリー（family friend）という言葉が 1980 年代以降，欧米で普及していた。ファミリー・フレンドリーとは，仕事と育児・介護とが両立できるような様々な制度を持ち，多様で柔軟な働き方を社員が選択し，しかも安心して利用できる組織文化をもっている「家庭にやさしい企業」のことである。

　アメリカでは，ファミリー・フレンドリー企業ランキングが発表され，企業も有能な人材を確保するための一手段としている。日本でも厚生労働省が，「仕事」と「育児・介護」の両立を支える取り組みを積極的に行い，かつその成果を挙げている企業を「ファミリー・フレンドリー企業」として 1999 年から表彰を実施している。厚生労働省では，ファミリー・フレンドリー企業として評価する基準として，具体的に以下の 4 つを示している。

　第 1 に，分割取得できる育児休業制度，通算 93 日を超える介護休業制度，

年5日を超える子どもの看護休暇制度など，法を上回る基準の育児・介護休業制度を規定しており，かつ，実際に利用されていること。

第2に，育児や介護のための短時間勤務制度，フレックスタイム制などといった，仕事と家庭のバランスに配慮した柔軟な働き方ができる制度をもっており，かつ，実際に利用されていること。

第3に，事業所内託児施設，育児・介護サービス利用料の援助措置など，仕事と家庭の両立を可能にするその他の制度を規定しており，かつ，実際に利用されていること。

第4に，育児・介護休業制度等の利用がしやすい雰囲気であること，特に男性労働者も利用しやすい雰囲気であること，両立について，経営トップ，管理職の理解があることなど，仕事と家庭との両立がしやすい企業文化をもっていること。

ワーク・ライフ・バランスは，1990年代に欧米で使われ始めた概念であり，仕事と生活をうまく両立できれば，従業員の能力を引き出すことができ，従業員や企業にとって有益であるとの発想が根底にある（労働政策研究・研修機構編 2012）。

ファミリー・フレンドリーが介護や育児など家族の責任を負う従業員に限定しているのに対して，ワーク・ライフ・バランスは家族的責任に限定せず，すべての従業員を対象に各自の希望に応じた幅広い意味での生活に投入できる時間やエネルギーの増加を目的とする点で異なる（図表11-5）。

図表11-5　ワーク・ライフ・バランスとファミリー・フレンドリーの違い

	ワーク・ライフ・バランス	ファミリー・フレンドリー
目的	仕事以外の生活領域に投入できる時間やエネルギーの増加・調整	家族の養育（特に子供）責任の遂行を容易にする
対象	すべての従業員	家族の養育責任を負う従業員
時期	労使間の調整により	・出産時ならびに子供の年齢に応じて ・病気や怪我の時
内容	主として労働時間に関する取組み	養育に関わる時間や金銭・サービス

出所：坂爪洋美「ファミリー・フレンドリー――ファミリー・フレンドリーからワーク・ライフ・バランスへの転換が意味すること」『日本労働研究雑誌』No. 609/April，日本労働研究機構，2011年，p. 55。

図表 11-6 育児・介護休業制度の概要

	育児休業制度	介護休業制度
定義	労働者が子を養育するためにする休業	労働者が要介護状態にある対象家族を介護するためにする休業
対象労働者	常用労働者，1年以上の有期契約雇用者	常用労働者，1年以上の有期契約雇用者
対象家族	子	配偶者，父母，子，配偶者の父母，同居扶養の祖父母・兄弟姉妹・孫
回数・期間	・子1人につき1回，子が1歳に達するまで連続した期間 ・ただし，両親とも育児休業を取得する場合は，子が1歳2カ月に達するまでの間に1年間 ・一定の条件の下で子が1歳6カ月に達するまで可能	・対象家族1人につき1回 ・対象家族1人につき通算93日
子の看護休暇	小学校就学の始期に達するまでの子を養育する労働者は，1年に5日まで，病気・けがをした子又は子に予防接種・健康診断を受けさせるために休暇を取得できる	
不利益取扱いの禁止	育児・介護休業，介護休暇，子の看護休暇などについて申し出・取得したことを理由とする解雇，その他の不利益な取り扱いを禁止する	
時間外労働の制限	子が小学校就学の始期に達するための期間，月24時間，1年150時間を超えて労働時間を延長してはならない	介護を必要とする期間，月24時間，1年150時間を超えて労働時間を延長してはならない
深夜業の制限	子が小学校就学の始期に達するための期間，午後10時－午前5時において労働させてはならない	介護を必要とする期間，午後10時－午前5時において労働させてはならない
所定労働時間の短縮措置	3歳未満の子を養育する労働者で育児休業をしないものに関して，1日の所定労働時間を原則として6時間とする措置を含む措置を講じなければならない ―育児休業に関する制度に準ずる措置 ―フレックスタイム制 ―始・終業時刻の繰上げ・繰下げ ―託児施設の設置運営その他これに準ずる便宜の供与	要介護状態にある対象家族を介護する労働者について，対象家族1人につき要介護状態ごとに連続する93日以上の期間において次のいずれかの措置を講じなければならない ―所定労働時間を短縮する制度 ―フレックスタイム制 ―始・終業時刻の繰上げ・繰下げ ―労働者が利用する介護サービスの費用の助成その他これに準ずる制度
所定外労働の免除	3歳未満の子を養育する労働者がその子を養育するために請求した場合は，所定労働時間を超えて労働させてはならない	

出所：岩出博『LECTURE 人事労務管理』泉文堂，2007年，p.354 を基に加筆作成。

6. ワーク・ライフ・バランス支援のための法律

　日本の女性労働の大きな特徴は，結婚や出産を契機に一旦退職し，その後育児の負担から解放されるに応じて再び勤め始めるといった M 字型の労働力率を描くことである。この背景には，男女の性別役割分業意識がいまだ根強く残っており，家事や育児の大半を女性が担っているからである。

　そのため女性の就業条件の改善をねらいとして，育児のために休業できる「育児休業法」が 1991 年に制定された。さらに，1997 年には介護休業制度や仕事と家庭の両立支援措置などを盛り込んだ「育児・介護休業法」として改正された（中町・中山 2013）。

　さらに，育児・介護休業法は，2009 年に改正され，一部を除き，2010 年から施行された。この改正では対象労働者を配偶者に限定していたのを父親も子育てができる働き方の実現のために，育児休業ができるようにしたことである。

　育児・介護休業法の具体的な内容は，〈図表 11-6〉のとおりである。

□引用・参考文献

岩出博『LECTURE 人事労務管理』泉文堂，2007 年。
可児俊信『福利厚生アウトソーシングの理論と活用』労務研究所，2011 年。
佐藤博樹『職場のワーク・ライフ・バランス』日本経済新聞社，2010 年。
佐藤博樹・藤村博之・八代充史『新しい人事労務管理（第 3 版）』有斐閣，2007 年。
高橋俊介『カフェテリアプラン』日経 BP 社，1996 年。
谷口真美著『ダイバシティ・マネジメント──多様性をいかす組織』白桃書房，
　　2005 年。
中央職業能力開発協会『労務管理 3 級』社会保険研究所，2010 年。
中川恒彦『人事・労務担当者のやさしい労務管理』労働調査会，2010 年。
中町誠・中山慈夫『雇用機会均等法・育児介護休業法』中央経済社，2013 年。

西久保浩二『戦略的福利厚生の新展開』日本生産性本部，2013年。
日経連労務管理特別委員会編『高齢化時代の企業福祉―指針と具体的施策』日経連弘報部，1982年。
松田陽一「企業内福利厚生の新動向」奥林康司編『成果と公平の報酬制度』中央経済社，2003年。
労務行政研究所編『人事労務管理実務入門』労務行政研究所，1998年。
労務行政研究所編『福利厚生事情』労務行政，2008年。
労働政策研究・研修機構編『ワーク・ライフ・バランスの焦点』労働政策研究・研修機構，2012年。

■演習問題

Ⅰ．次の文章の（　）の中に適切な言葉を書き入れなさい。
1．一般に，企業が従業員やその家族の健康や生活の福祉を向上させるために行う諸施策を（　　　　）という。
2．福利厚生には，法律によって使用者に実施が義務付けられている（　　　　）福利厚生と企業が従業員の健康や生活の福祉を向上させるために任意で行う（　　　　）福利厚生がある。
3．（　　　　）福利厚生に含まれるものとしては，健康保険，厚生年金保険，雇用保険，労災保険，健康診断などがある。
4．企業が従業員に対して福利厚生をメニューとして提示し，従業員が一定の予算の枠内で選択する仕組みのことを（　　　　）という。
5．日本では人口減少社会の到来や少子化の進展を踏まえ，仕事と生活の両立や多様な働き方を実現するために，（　　　　）が注目されている。

Ⅱ．次の問題を説明しなさい。
1．企業における福利厚生の意義と諸施策について説明しなさい。
2．近年，ワーク・ライフ・バランスが注目される理由について説明しなさい。

第12章
労働時間管理

1. 労働時間とは

　労働時間は，賃金とともに最も基本的な労働条件の1つであり，歴史的にみても労使紛争の主要な原因であるなど，人的資源管理の中でも主要な位置を占めている。労働時間とは，労働者が使用者の指揮命令下に置かれている時間をいう（労働基準法32条）。就業前の準備・朝礼や就業後の終礼・後片付けの時間や制服や作業服の着替えや装備品着脱に要する時間も労働時間に含まれる。通勤服から制服ではない仕事着に着替える場合や，ボランティアで清掃を行うような場合は含まれない。
　休憩時間は労働時間に含まれず，使用者または監督者のもとで労働はしていないが，いつでも労働できる待機状態である時間（例：タクシーの客待ち時間）は労働時間に含まれる。
　労働基準法第32条に定められている「1週間40時間以内，1日8時間以内」（ともに休憩時間は除く）という労働時間の上限を「法定労働時間」という。法定労働時間を超えて労働者を働かせる場合，使用者は労使協定（36協定）を結び，時間外労働割増賃金を支払わなければならない（菅野2008）。
　また，1日労働時間が6時間を超える場合は少なくとも45分，8時間を超える場合は1時間の休憩時間を与えなくてはならない（労働基準法第34条）。
　「法定」とは，労働基準法で定められた労働時間や休日を指す。一方，所定労働時間や所定休日というときの「所定」とは，会社が就業規則などで定めたものをいう。労働基準法は，労働条件の最低基準を定めたものであるから，会社は独自の判断で，その基準よりも短い労働時間，あるいは基準よりも多い休

図表 12-1　労働時間の用語

拘束時間	出勤から退勤までの全時間をいい，休憩時間も含まれる
労働時間	拘束時間から休憩時間を除いた時間をいう。 労働時間は，使用者の指揮監督のもとにある時間をいい，必ずしも現実に精神や肉体を活動させていることを要件としていない。したがって，使用者の命令があればいつでも作業ができる状態で待機している時間，手待時間は労働時間に含まれる。 始業前の準備，終業後の後始末時間も，使用者の指揮命令下に行われる限り同様である。
法定労働時間	1日8時間，週40時間といったように労働基準法によって定められている労働時間をいう。
所定労働時間	就業規則等で定めた始業時刻から終業時刻までの時間のうち休憩時間を除いた時間をいう。 所定労働時間は，変形労働時間制による場合を除き，法定労働時間の範囲内で定めなければならない。
休憩時間	拘束時間中ではあるが，勤務からは解放され，労働しないことが保障されている時間をいう。
法内残業時間	法定労働時間から所定労働時間を引いた時間をいう。残業手当を支払う必要はない。
時間外労働時間	法定労働時間を超えた労働時間をいう。法定労働時間を超える時間外労働，休日労働，深夜労働は，36協定を結ぶことによって，初めて可能になる。(ただし，時間外労働には上限が定められています。) また，時間外労働，休日労働，深夜労働 (22時〜翌5時) に関しては，割増賃金を支払うことが使用者に義務付けられている。

出所：中川恒彦『新訂人事労務担当者のやさしい労務管理』労働調査会，2010年，pp. 31-32 を基に再作成。

日数を定めても構わない。このように就業規則などで会社が定めた労働時間を「所定労働時間」といい，休日を「所定休日」という（図表 12-1, 12-2）。

2. 労働時間の歴史

　日本の労働時間を歴史的にみると，資本主義が始まった明治初期の労働時間は，長時間労働が稀ではなかった。当時の紡績業では，1日12時間労働が普通であった。1883（明治16）年には，工場へ電灯が導入されたことを契機に，紡績産業を中心に深夜業を含む12時間2交替制が導入された。また，残業,

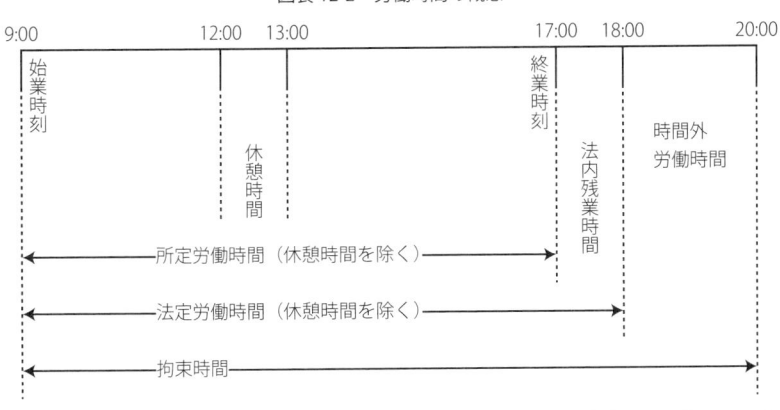

図表 12-2 労働時間の概念

| 9:00 | 12:00 | 13:00 | 17:00 | 18:00 | 20:00 |

- 9:00 始業時刻
- 12:00〜13:00 休憩時間
- 17:00 終業時刻
- 17:00〜18:00 法内残業時間
- 18:00〜20:00 時間外労働時間
- 所定労働時間（休憩時間を除く）：9:00〜17:00
- 法定労働時間（休憩時間を除く）：9:00〜18:00
- 拘束時間：9:00〜20:00

出所：中川恒彦『新訂人事労務担当者のやさしい労務管理』労働調査会，2010年，p. 32 を基に再作成。

居残り，早出も頻繁に行われ，時には 18 時間にも及ぶ長時間労働が行われた（鈴木 2002, p. 146）。

このような苛酷な長時間労働は，世論による批判を受け，1911（明治 44）年に労働者保護法として「工場法」が制定された。しかし，工場法は，限られた工場の 15 歳未満の年少者および女子労働者について，1日 12 時間労働の原則を立てたのみで（制定後 15 年間は 14 時間労働），それも肝心の紡績産業については，多くの例外を設けたものであった。その後，1919（大正 8）年に国際労働機構として ILO が発足し，1日 8 時間，週 48 時間の労働と深夜業を禁止する ILO 第 1 号条約が採択された（鈴木 2002, p. 147）。

1923（大正 12）年には，工場法が改正され，年少者の保護年齢を 15 歳から 16 歳に引き上げ，1日の労働時間は 11 時間に短縮された。さらに，1929（昭和 4）年の同法の改正では，年少者や女子の深夜業が禁止され，労働時間も 9 時間（18 時間 2 交替制）へと短縮された。ただし，休憩は昼食の 30 分に，休日は月 2 回に削減された。重工業では当時，1日 9 時間労働，休憩 30 分，月 4 日の休日が実施された（鈴木 2202, p. 147）。

第 2 次世界大戦後，1947（昭和 22）年には，労働基準法が制定された。それによって，日本で初めて「1日 8 時間，週 48 時間」労働が確立した。その後，1987 年約 40 年ぶりに同法は改正され，日本でもようやく「1日 8 時間，

図表 12-3　週 40 時間制への移行

	原則	猶予事業場
1947 年	48 時間	
1988 年 4 月 1 日	46 時間	48 時間
1991 年 4 月 1 日	44 時間	46 時間
1994 年 4 月 1 日	40 時間	44 時間
1997 年 4 月 1 日	40 時間	

出所：筆者作成。

週 40 時間」労働が法制化された。その実施については，1988 年 4 月 46 時間，1991 年 44 時間と段階的に行われ，完全実施は，1997 年からである（図表 12-3）。また，18 歳以上の女子については，1997 年の男女雇用機会均等法の改正に伴い，1999 年 4 月 1 日より休日・深夜労働の制限が撤廃された（鈴木 2002, p. 147）。

3. 労働時間の適用除外者と割増賃金

(1) 労働時間の適用除外者

労働基準法では，労働時間や休憩，休日を最低守るべき基準として定めている。この基準は，原則すべての労働者に適用されるが，次の条件に当てはまる人については，除外される（中川 2010）。

① 農業・水産業に従事する者

自然状況によって労働時間が左右されやすい仕事に従事している人。ただし，林業については，農業・水産業に比べ自然の状況に左右されにくいため除外されない。

② 管理・監督者

課長・部長などの役職名ではなく，実態によって判断される。具体的な判断基準は，次のとおりである。

1）労働時間の管理を受けていない

2）賃金面で一般社員より優遇されている

3）一定の権限があり管理的な仕事をしている
　　経営者と一体的立場にある
　③　機密の事務を取り扱う者
秘書など，経営者，監督者，または管理の地位にある者の活動と一体不可分であり，出退勤等について厳しい管理を受けない場合。
　④　監視・断続的労働に従事する者
保安や守衛業務などの手待ち時間の長い業務で所轄の労働基準監督署に申請し，許可を受けた場合にのみ除外が許可される。
　これらの条件にあてはまる場合，残業，休日労働に関して，賃金を支払わなくても違法ではない。
　ところで，日本では2008年1月に「名ばかり管理職」が話題になった。マクドナルド店長が自分は名ばかり管理職で，残業代を支払うべきだと会社を訴えたのである。東京地裁は，マクドナルド店長の訴えに対し「店長」は「管理監督者」にあたらないとの判決を下した。
　労働者の最低権利を守る労働基準法において，労働者の労働時間や時間外労働の割増賃金などが定められ，その義務が経営者に課せられている。しかし，この労働基準法には例外措置があり，それが管理監督者である。管理監督者には労働時間の規制や残業代支払いの義務が適用されない。
　名ばかり管理職問題は，この例外措置を経営者側が都合よく解釈したことから生まれた問題である。社内の一職制にすぎない課長などを管理監督者扱いにし，残業代を支払わないという問題が起きたのである。東京地裁の判決を受け，マクドナルドだけでなく，多くの企業で管理監督者の基準に照らして管理監督者に該当するか否かを改める契機となった。

(2)　時間外労働の割増賃金

　時間外労働や休日労働，深夜労働の賃金については，労働基準法によって定められており，雇用主（会社）はそれにしたがって算出された賃金を労働者に支払う義務がある。ただし，会社が，就業規則などで，法定労働時間（8時間）に満たない時間を設定している（7時間など）場合には，その所定労働時間を超えても，法定労働時間を超えるまでは割増賃金を支払う義務は発生しな

い（菅野 2008）。

割増賃金の算出方法は次のとおりとなっている。

$$\text{割増賃金の1時間当たりの単価} = \frac{\text{基本給などの諸手当}^{※1}}{\text{1カ月の所定労働時間}^{※2}} \times \text{割増率}$$

※1　基本給から，家族手当・通勤手当・別居手当・子女教育手当・住宅手当・臨時に支払われた賃金（結婚手当，慶弔金など）・1カ月を超える期間ごとに支払われる賃金（賞与など）などを除いたものを指す。
※2　会社が独自に就業規則等で定めている労働時間である。

法定労働時間（1週40時間，1日8時間）を超える時間外労働（法定時間外労働）については，25％以上の割増賃金を支払わなければならないが，2010年4月から，1カ月60時間を超える法定時間外労働に対しては，50％以上の率で計算した割増賃金を支払わなければならないことになった。一定規模の中小企業には，3年間，適用が猶予された。

1カ月60時間を超える法定時間外労働の算定には，法定休日（たとえば日曜日）に行った労働は含まれないが，法定外休日（たとえば土曜日）に行った法定時間外労働は含まれる。また，深夜労働の時間帯に1カ月60時間を超える法定時間外労働を行わせた場合，その割増賃金率は75％以上（深夜割増25％以上＋時間外割増50％以上）である（図表12-4）。

このような法改正は，長時間労働を抑制し，労働者の健康を確保することが

図表12-4　時間外労働の割増率

	改正前	改正後
月60時間以内の時間外労働	25％以上 50％以下	25％以上 50％以下
時間外労働で月60時間を超える部分	25％以上 50％以下	50％以上
深夜（午後10時－午前5時）に法定労働時間で働いた場合	25％以上	25％以上
深夜に時間外労働をした場合（月60時間以内）	50％以上	50％以上
月60時間を超える部分の時間外労働を深夜にした場合	50％以上	75％以上

出所：『日経産業新聞』2010年3月30日付。

目的である。

4. 休日と休暇

(1) 休日
　労働基準法でいう休日とは「労働義務の無い日」をいう。この日は所定労働時間がないから，この日に労働すれば所定時間外労働となり，割増賃金の対象となる。労働基準法では毎週少なくとも1日の休日を与えなくてはならないとしている（労働基準法第35条）。労働基準法に基づく休日のことを「法定休日」という。また，「法定休日」とは，「労働基準法上の休日」を指すもので，日曜日や国民の祝日など，一般的な休日を指すものではない。就業規則や労働協約などで定められた休日のことを「法定外休日」という。

　業務の都合により，所定の休日にどうしても労働させざるを得ない事情が生じた場合，「休日振替」をすることができる。休日振替とは，前もって休日と労働日を入れ替えておくことをいう。労働日となった日の労働については割増の対象にならない。

　休日振替えと似たものに「代休」がある。これは，休日労働を行わせた場合に，その代償措置として，その後の特定の労働日の労働義務を免除するものである。休日の振替えは，一定の要件を満たしたうえで事前に休日が変更されるのに対し，代休は，現実に休日労働を行わせた後に，事後的にある日の労働義務を免除するものである。したがって，労働した日は，休日振替の手続きを踏んでいないので，その日は割増対象になる（菅野2008；中川2010）。

(2) 休暇
　「労働義務のある日」に労働が免除される日を「休暇」という。休暇の種類には，次のものがある。年次有給休暇，特別休暇（慶弔休暇，功労休暇，など），産前・産後休暇，生理休暇，育児・介護休暇，子の看護休暇などである。

　このうち，年次有給休暇，産前・産後休暇，生理休暇は労働基準法で，育児・介護休暇，子の看護休暇は育児・介護休業法で，付与する基準や日数が

定められている。また，年次有給休暇は，「有給扱い」としなければならないが，他の休暇は「無給扱い」としても構わない。年次有給休暇以外の休暇を「有給扱い」とするかどうかは，労使の話し合いで各社が決定することである。

労働基準法第39条において，使用者は，6カ月継続勤務して全労働日の8割以上出勤した労働者に対して，10日の年次有給休暇を与えることとされている。年次有給休暇の付与日数は，勤続年数に応じて加算される。さらに，1年の継続勤務するごとに，継続勤務2年6カ月までは1年を超えるごと1日ずつ加算され，継続勤務3年6カ月目からは2日ずつ加算される（図表12-5）。

法定では20日になるとそれ以上は加算されない。年次有給休暇を取る権利

図表12-5　年次有給休暇の付与日数

	雇い入れ日から起算した継続勤務期間						
	6カ月	1年6カ月	2年6カ月	3年6カ月	4年6カ月	5年6カ月	6年6カ月
付与日数	10日	11日	12日	14日	16日	18日	20日

出所：中川恒彦『人事・労務担当者のやさしい労務管理』労働調査会，2010年，p. 83。

図表12-6　休日と休暇の比較

労働の義務	休日	休暇
	なし	本来はあるが，労働者が申請する事により免除される
法定内	1日／週または4日／月以上必ず与えなければいけない	・年次有給休暇 ・産前産後休暇 ・生理休暇 ・育児休暇 ・介護休暇 ・子の養護休暇
法定外	会社の休日 （※法定内休日を超えた分） ・国民の祝日 ・国民の休日 ・正月，お盆休み ・会社の創立記念日　など	・会社有給休暇 ・慶弔休暇 ・病気休暇 ・リフレッシュ休暇 ・夏期休暇　など
出勤した場合	割増賃金が発生する 法定休日の場合35％以上 法定外休日の場合25％以上	割増賃金の対象にはならない

は，権利が発生した日から2年間有効で，権利が発生した日から2年以内に使わないと，消滅する（中川 2010）。

労働基準法の定義による休日と休暇の違いは〈図表12-6〉のとおりである。

5. 労働時間の短縮

(1) 労働時間短縮の背景

日本で労働時間短縮に対する関心が急速に高まったのは，欧米諸国からの長時間労働に対する批判があったからである。1980年代に日本の対外貿易黒字が膨らむことにつれ貿易摩擦が発生し，欧米諸国は自国産業の衰退と失業者の増加で日本の長時間労働による価格競争力を強く非難した。また，日本人は働きすぎのエコノミック・アニマル（economic animal）と揶揄された。当時，主要先進諸国と比較すると，ドイツとフランスの年平均実労働時間は1600時間台で，イギリスとアメリカは1900時間台であった（通商産業省 1990）。しかし，日本の年間総実労働時間は2000時間台を記録していた。また，日本では苛酷な長時間労働による過労死や統計上に現れないサービス残業が社会問題としてクローズアップされ，労働時間短縮に対する国民の関心も高かった。もちろん労働組合も労働時間短縮に積極的な姿勢をみせた（岩出 2007, p. 273）。

このような背景の下で，政府は年間総労働時間の短縮に向けて法整備等に動き出したのである。政府は，1988年に1人当たりの年間労働時間を1800時間程度とする目標を定めた。これを推進するために，1992年には企業への指導，助成金などの支援措置を盛り込んだ「労働時間の短縮の促進に関する臨時措置法」（時短促進法）が5年間の時限立法として施行されるようになった。

2010年4月には，1カ月60時間を超える時間外労働に対して割増賃金率を50％以上に引き上げ，労働時間短縮のための法改正が行われた。

時短促進法は2度にわたって改正されて期限が延長され，年間総実労働時間の平均は，1992年には1913時間だったものが，2009年には1777時間まで減少した（図表12-7）。しかしながら，この数字の背景には，サービス残業やパート・アルバイトなどの増加によるものが大きく，正社員だけをみると，労

図表12-7　労働者1人当たり平均年間総実労働時間（パートタイマー含む）

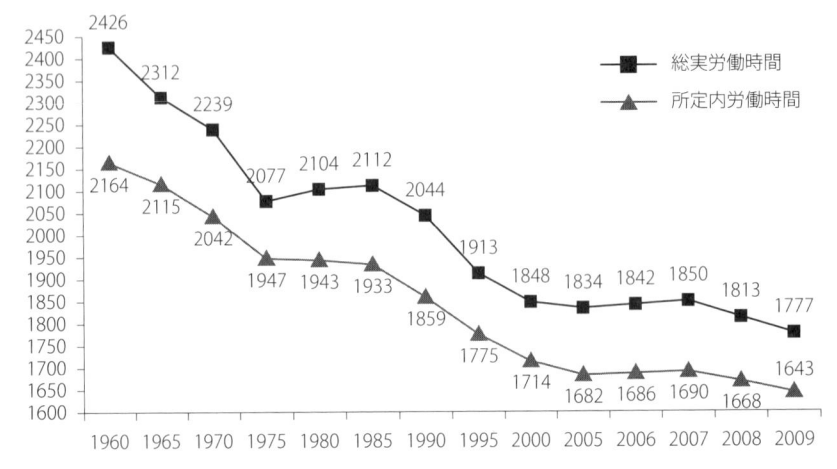

年	総実労働時間	所定内労働時間
1960	2426	2164
1965	2312	2115
1970	2239	2042
1975	2077	1947
1980	2104	1943
1985	2112	1933
1990	2044	1859
1995	1913	1775
2000	1848	1714
2005	1834	1682
2006	1842	1686
2007	1850	1690
2008	1813	1668
2009	1777	1643

出所：厚生労働省『毎月勤労統計調査』。

働時間は2000時間台に達しており，正社員の労働時間は依然として長いのが実態である。

1990年代後半以降，グローバル競争の激化，景気低迷の長期化，企業内人員構成の高齢化などを背景にコスト削減圧力が急激に高まったため，コスト削減の手段として非正規労働者が増加し，量的に減少した正規労働者の過剰労働を深刻化させたことが挙げられる。日本の長時間労働問題は，日本の雇用システムや労働市場の構造と密接に係わった深刻な問題となっている。

このような実態を踏まえて，政府は年間労働時間を一律1800時間とする目標を廃止し，職場ごとに労働時間の設定を各自行うとする方針を決定した。これを受け，2006年4月に労働時間等の設定の改善に関する特別措置法が施行された。しかし，この方針転換に対しては，サービス残業がますます横行するのをはじめとして労働事情が悪化するのではという批判も相次いでいる。

労働時間短縮は，働く人，企業，社会全体にとって次のような効果が期待できる。

まず，働く人にとっては，仕事以外の活動に向けられる時間が増えることによって，家族とのふれあいなど家庭生活の充実，地域活動への参加，生涯学習，充実した余暇活動など，真の豊かさを実感できる生活を送ることができ

る。企業にとっては，労働者の心身の健康を維持し，勤労意欲の向上が図れることで，仕事の効率性や創造性が高まる。また，結婚や出産を経ても働き続けられることで，人材の確保も期待できる。そして，社会全体にとっては，働く人が家庭や地域で過ごす時間が増加することにより，男女ともに生き方の選択肢が広がり，家族の絆が深まる。また，少子化の緩和が期待でき，ワークシェアリングの推進にもつながる。

(2) 労働時間短縮の取り組み

日本の長時間労働の原因としては，所定外労働時間が多いことと年次有給休暇の取得率が低いこと，そしてサービス残業が多いことが挙げられる（石田他 2002）。政府は労働時間短縮のために，① 労働時間弾力化を通じて残業の削減に効果がある各種変形労働時間制の拡充と裁量労働時間制の新設，② 一年間継続勤務者に対する年次有給休暇の最低付与日数を6日から10日に拡大するなど，労働基準法の大幅な改正と労働時間短縮の促進に関する臨時的措置として時間短縮促進法を制定し，国民的課題となっていた時間短縮に積極的に対応してきた。

また，政府は労働時間問題を解決するために，2007年には「仕事と生活の調和（work life balance）憲章」および「仕事と生活の調和を推進するための行動指針」を採択し，労働時間縮小のための具体的な対応に取り組んだ。

企業においても労働時間短縮のために，さまざまな取り組みが行われた。たとえば，業務内容の改善，雇用形態の多様化，休憩時間の改善，交替制の再編成，時間管理意識の強化，労働時間の柔軟化，残業のない日の指定，年次有給休暇の取得促進などである。もちろん労働時間短縮に伴う生産性向上のために労使が努力してきた（日本労働研究機構，1991）。

6. 労働時間の柔軟化

日本では，残業時間を削減するために労働時間の柔軟化を図ってきた。すなわち，労働時間の配置の自由化・柔軟化を通じて労働時間の効率的な利用を実

現し，結果的に残業をなくすことで時間短縮を促進する新たな労働時間制度が導入されたのである。

(1) 変形労働時間制

　労働時間短縮を促進するために，労働時間を弾力的に運用できる方法として変形労働時間制が1987年の労働基準法改正によって法律で認められている。変形労働時間制とは，特定の季節や月あるいは週や日によって繁閑の差が大きい事業や仕事の場合，一定期間を平均したときに1週間の労働時間が法定労働時間を超えないこと（1日10時間，1週52時間を上限とする）を条件として，特定の日において8時間，特定の週において40時間を超えて労働させることができる制度である（図表12-8）。

　たとえば，1週48時間勤務したときは8時間分の残業手当を支払う必要が

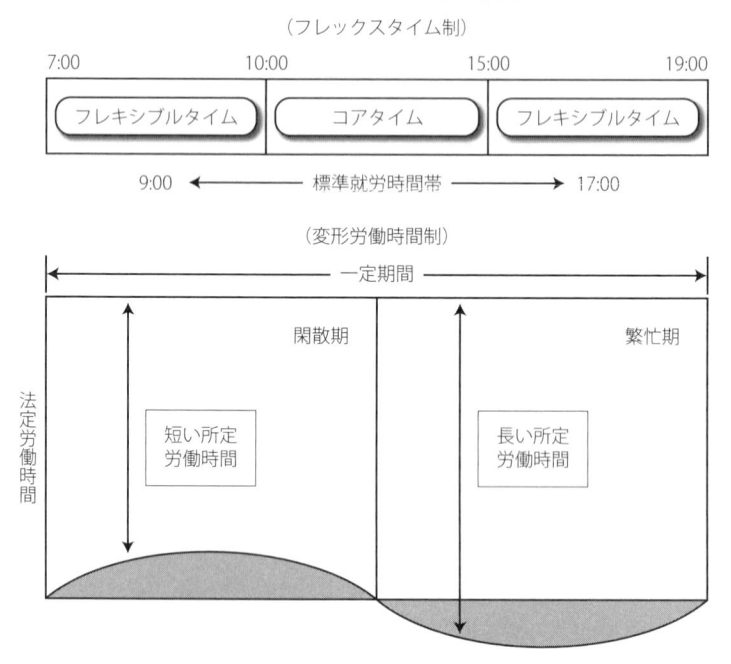

図表12-8　フレックスタイム制と変形労働時間制のイメージ

出所：岩出博『LECTURE 人事労務管理』泉文堂，2007年，p. 282。

ある。しかし，変形労働時間制を採用すると，1カ月なら1カ月を平均して週40時間以内なら，その期間内に48時間勤務した週があっても残業手当を支払わなくても良いことになる。

このような変形労働時間制には1週間単位，1カ月単位，1年単位の3種類とフレックスタイム制がある（菅野 2008）。これらの制度により各自の仕事の進め方や業務の忙しさに応じて柔軟に就業時間数を設定することが可能となり，労働時間の削減や残業の削減が期待されるし，経営側としては人件費の削減という利点がある。

① 1週間単位の変形労働時間制

これは業務の性質上，日によって忙しい日と暇な日の差が大きく，かつ前もって予想することが困難な事業のために作られた制度である。1週間の労働時間があらかじめ決められた所定労働時間以内であれば，ある特定の日の労働時間を10時間にまで延長できる。ただし，利用できる業種および規模は常時使用する労働者の数が30人未満で，かつ，小売業，旅館，飲食店に限られている。毎日の所定労働時間は就業規則や労使協定に定める必要はないが，1週間が開始する前日までに各労働者に書面で通知しなければならない。

② 1カ月単位の変形労働時間制

これは1カ月以内の一定期間を平均して，1週間の労働時間が40時間を超えない限り，ある日の労働時間が8時間を超えたり，ある週の労働時間が40時間を超えてもよいという制度である。ただし，使用者がそのときそのときの必要に応じて，その日の労働時間を設定できるのではなく，事前に就業規則で労働日と労働時間を設定しておく必要がある。1カ月単位の変形労働時間制は交替制勤務や隔週週休2日制をとっている企業の場合，時間外労働時間の発生を防ぐことができる。

③ 1年単位の変形労働時間制

1年以内の一定期間を平均して1週間当たりの労働時間が40時間を超えない範囲で労使協定を定めた場合，特定の週，特定の日に法定労働時間を超えて労働させることができる制度である。労使協定には適用になる労働者の範囲，対象期間，労働日ごとの労働時間，有効期間が必要である。年間を通じて忙しい季節と暇な季節が明らかな業種に向いている制度である。

延長できる労働時間は変形期間が3カ月を超える場合は1日9時間，1週48時間まで，3カ月以内の場合は1日10時間，1週52時間まで延長することができる。ただし，1週間に1日の休日を確保する必要がある。

④　フレックスタイム制

フレックスタイム制とは，労使協定において1カ月以内の一定期間（清算期間）を平均して1週間の労働時間が，法定労働時間（40時間／週）の範囲内となるように定め，始業及び終業の時刻の決定を労働者に委ねる制度である。多くの場合，コアタイムとフレックスタイムを設けている（図表12-8）。

コアタイムとは，必ず労働しなければならない時間であり，フレックスタイムとは仕事をしてもしなくてもよい時間帯である。コアタイムを設けるかどうかは企業の自由であるが，通常は事務連絡の必要性などから設けるのが一般である。この制度はもともと研究職を中心に導入されたが，最近はある程度のレベル以上の事務職に導入したり，間接部門全体に導入するところも増えている。この制度の特徴は，各自が自分の都合で労働時間を設定できることと，暇なときには早く帰り，忙しいときには長く働くことができる，柔軟な労働時間の設定が可能であることである。ただし，出退社時間がばらばらになるために，コミュニケーションがとりにくくなる問題点もある。

(2)　みなし労働時間制

みなし労働時間制とは，時間の計測が難しくまたいちいち監督することが仕事の性格に適さない場合に，実際に何時間働いたかにかかわらず，一定の労働時間だけ働いたものとみなした時間をもとに賃金を決定する仕組みのことをいう（菅野 2008）。

通常，賃金は「1時間当たりいくら，時間外の労働を何時間したからいくら」と時間に基づいて計算される。しかし，時間で仕事の成果が測れるものがあれば創造的な仕事の価値は時間では測れないものもある。また，効率よく成果を上げた人よりもだらだら時間外まで長く働いて成果の出ない人の方が時間外賃金をもらって賃金が高くなるというのも不公平である。そこで，業務の性質上自由裁量度が大きく，その仕事の遂行方法やかける時間を大幅に労働者に委ねる必要のある仕事に関しては裁量労働制が認められている。この裁量労働

制によって労働者を管理する基準が時間から成果に変わったのである。

みなし労働時間制には，次の3種類がある（菅野2008）。

① 事業場外みなし労働時間制

事業場外みなし労働時間制とは，事業場外で業務に従事し，かつ，使用者の具体的な指揮・監督が及ばず労働時間を算定することが困難である業務を遂行する場合に，労使協定などにより，その業務の遂行に通常必要とされる時間を労働したものとみなす制度をいう。外回りをする営業職に適用されることが多いが，それ以外の職種でも，出張のために社外で仕事をした場合，その日の労働時間は，このみなし労働時間制によって算定される。

事業場外みなし労働時間制を導入すると，何時間労働したかにかかわらず「所定労働時間労働したものとみなす」ことが認められるため，残業代を抑えることができる。

② 専門業務型裁量労働制

専門業務型裁量労働制とは，業務の性質上その遂行方法を大幅に労働者の裁量に委ねる必要があるため，その遂行の手段や時間配分の決定などについて使用者が具体的に指示しないこととする業務を遂行する場合に労使協定で定めた時間労働したものとみなす制度をいう。

この制度が導入できる業務は，次の19業務に限定されている。① 新商品，新技術の研究開発，② 情報処理システムの分析・設計，③ 新聞・出版・テレビ・ラジオなどの取材，編集，④ デザイナー，⑤ プロデューサー，ディレクター，⑥ コピーライター，⑦ システムコンサルタント，⑧ インテリアコーディネーター，⑨ ゲーム用ソフトウェアの創作，⑩ 証券アナリスト，⑪ 金融商品の開発，⑫ 大学の教授，⑬ 公認会計士，⑭ 弁護士，⑮ 建築士，⑯ 不動産鑑定士，⑰ 弁理士，⑱ 税理士，⑲ 中小企業診断士

③ 企画業務型裁量労働制

企画業務型裁量労働制とは，事業運営上の重要な決定が行われる中枢部門で企画，立案，調査及び分析の業務を行う労働者を対象に，労使委員会を設置して必要な決議等を経た上で，実際の労働時間と関係なく，決議で定めた時間労働したものとみなす制度をいう。主にホワイトカラーを対象とした制度である。この制度の導入にあたっては，労使委員会における委員の5分の4以上の

多数による決議と対象労働者本人の同意が必要である。事業場外みなし労働時間制・専門業務型裁量労働制と同じように，対象者は実際の労働時間が何時間であろうと，あらかじめ決められた時間労働したものとみなすことができ，残業代対策に効果がある。

　企画業務型裁量労働制の対象となるためには，以下の3つの項目をすべて満たした業務でなければならない。すなわち，① 会社運営の企画，立案，調査分析の業務，② 仕事の進め方を大幅に従業員に任せる業務，③ 時間配分について上司が具体的な指示をしない業務である。

7. ワークシェアリング

(1) ワークシェアリングとは

　ワークシェアリング（work-sharing）とは，労働者1人当たりの労働時間を減らすことによって，雇用を維持するといういわば「仕事の分かち合い」のことである（脇坂2002）。ワークシェアリングのねらいは，働く人の数を増加させることであって失業者が多いときに，働く人の数を増加させることは失業者数の減少につながり，失業対策として取り上げられている。ワークシェアリングは，第1次石油危機以降，高失業状態が恒常化したヨーロッパから早く議論され，また具体的な政策が推進されてきた（脇坂2002）。

　フランスでは，1981年に法定労働時間を週40時間から週39時間に短縮した後，2000年には週39時間から週35時間に短縮して雇用創出を図った。またドイツでは，フォルクスワーゲン社が受注量の減少に伴い従業員10万人のうち3万人の余剰人員を抱えることになった。そこでこれらの余剰人員の雇用を維持するために，週5日36時間労働から週4日28.8時間へと労働時間短縮案を会社側が提案を行い，これに労働組合が同意し実現したのである。労働時間が2割減ることで年間給与も1割削減されることになった。但し，ワークシェアリングの代償として会社は，協約期間中において解雇を行わないことを約束した。このようなワークシェアリングが実施されるようになった背景としては，大量解雇が社会不安の大きな要因となることが挙げられる（小倉2001；

脇坂 2002)。

　日本においても長引く不況で企業体力が弱まり，雇用調整をせざるを得なくなっている企業が増えるなど，大量失業は社会問題にもなりかねないという認識から雇用確保のためのワークシェアリング問題が議論されるようになった。失業率がこれまでない高い水準の下で2000年春闘ではワークシェアリングが大きな争点となった。

　日経連（現日本経団連）は春闘に向けての労働問題研究委員会報告において「勤労者間で，雇用・賃金・労働時間を多様かつ適切に配分して，雇用の維持・創出を実現する観点から，あらためて柔軟なワークシェアリングについて，さまざまな具体策を検討・実施していくことが必要である」としている。また「労働時間の縮減に応じて賃金を削減することが1つの選択肢となろう」としている。これに対して，連合は「ワークシェアリングはあらゆる対策を尽くした上で，なおかつ雇用削減が避けられない場合の緊急避難措置である」とし，実施に際しては，全従業員が対象であること，必ずしも賃下げを伴うものではないことが欠かせない」としている（佐護 2003）。

　このように，日経連と連合の考え方の大きな違いは，日経連は労働時間短縮による賃金は削減するという立場であるのに対して，連合側は労働時間の減少に比例した賃金減少には反対するという立場を鮮明にしていることである。

　こういう中で緊急避難型のワークシェアリングの具体例として注目を集めたのが日野自動車の事例である。日野自動車は1999年6月から間接部門に働く55歳以上の組合員を対象に1日当たりの所定労働時間を1時間短縮し，これに合わせて賃金も年間ベースで約10％削減することを実施した（佐護 2003）。

(2) ワークシェアリングの類型

　ワークシェアリングは，行う目的，背景，誰と誰の分かち合いか，手法，賃金額の減少の有無によって，次の4タイプに分けられる（図表12-9）。

① 雇用維持型（緊急避難型）：一時的な景況の悪化を乗り越えるため，緊急避難措置として，従業員1人当たりの所定内労働時間を短縮し社内でより多くの雇用を維持するタイプ。

② 雇用維持型（中高年対策型）：中高年層の雇用を確保するために，中高

図表12-9 ワークシェアリングの類型

	背景	誰と誰のシェアリングか	仕事の分かち合い手法	賃金の変化	対比すべき概念
①雇用維持型（緊急避難型）	●企業業績の低迷	●現在雇用されている従業員間全体	●所定外労働時間短縮 ●所定内労働時間短縮 ●休暇の増加 ●一時帰休	●減少 ●維持（生産性上昇等によりカバー）	●残業手当廃止，ボーナス削減，昇給停止
②雇用維持型（中高年対策型）	●中高年を中心とした余剰人員の発生 ●60歳代前半の雇用延長	●高齢者など特定の階層内 ●60歳未満の世代から60歳以上の世代			
③雇用創出型	●高失業率の慢性化	●労働者と失業者	●法定労働時間短縮	●維持される場合が多い（フランス）	―
		●高齢者と若年層	●高齢者の時短，若年層の採用	●減少	
④多様就業対応型	●女性・高齢者の働きやすい環境作り ●育児・介護と仕事の両立 ●余暇─所得選好の多様化 ●勤労者の自己実現意識 ●企業にとっての有能人材確保	●現在の労働者と潜在的な労働者	●ジョブシェアリング：1人分の仕事を2人で分担 ●フルタイムのパートタイム化 ●勤務時間や日数の弾力化	●働き方に応じた賃金	●裁量労働制，フレックスタイム制度，柔軟勤務制（個人内での仕事の分かち合い）

出所：脇坂明『日本型ワークシェアリング』(PHP新書)，PHP研究所，2002年，pp. 54-55。

年層の従業員を対象に，当該従業員1人当たりの所定内労働時間を短縮し，社内でより多くの雇用を維持するタイプ。
③ 雇用創出型：失業者に新たな就業機会を提供することを目的として，国または企業単位で労働時間を短縮し，より多くの労働者に雇用機会を与えるタイプ。
④ 多様就業対応型：正社員について，短時間勤務を導入するなど勤務の仕

方を多様化し，女性や高齢者をはじめとして，より多くの労働者に雇用機会を与えるタイプ。

これらの4つのタイプのうち，雇用維持型（緊急避難型）は，ドイツのフォルクスワーゲン，フランスのルノー，日本の日野自動車がその例である。雇用維持型（中高年対策型）は，三井不動産販売や電気連合所属の50の組合が60歳以上の高齢者を対象に，雇用創出型は，フランスやオランダ，ベルギーが実施された。そして多様就業促進型は，オランダや日本（日立製作所，田辺製薬，日本航空など）で実施された（脇坂2002）。

□引用・参考文献

石田英夫・梅澤隆・永野仁・蔡芢錫・石川淳『MBA 人材マネジメント』中央経済社，2002年。
岩出博『LECTURE 人事労務管理』泉文堂，2007年。
小倉一哉『欧州におけるワークシェアリングの現状―フランス・ドイツ・オランダを中心に』日本労働研究機構，2001年。
佐護譽『人的資源管理概論』文眞堂，2003年。
産業総合研究所編『労働時間管理ハンドブック』経営書院，2000年。
菅野和夫『労働法（第八版）』弘文堂，2008年。
鈴木滋『エッセンス人事労務管理』税務経理協会，2002年。
中川恒彦『新訂人事労務担当者のやさしい労務管理』労働調査会，2010年。
日本労働研究機構編『労働時間白書―労働時間短縮の現状と課題』1991年。
労働大臣官房政策調査部編『ワークシェアリング―労働時間短縮と雇用，賃金』大蔵省印刷局，1990年。
労務行政研究所編『人事労務管理実務入門』労務行政研究所，1998年。
労務行政研究所編『労働時間管理の実務』労務行政，2008年。
脇坂明『日本型ワークシェアリング』PHP研究所（PHP新書），2002年。

■演習問題

I．次の文章の（　）の中に適切な言葉を書き入れなさい。
1．日本の法定労働時間は，1週間（　　　　）以内，1日（　　　　）以内と定められている。
2．法定労働時間を超えて労働者を働かせる場合，使用者は（　　　　）を結び，時間外労働に対する（　　　　）賃金を支払わなければならない。
3．労働基準法では，使用者は，6カ月継続勤務して全労働日の（　　　　）出勤した労働者に対して，10日の（　　　　）を与えることとされている。
4．仕事の繁閑によって労働時間を変えることができるのを（　　　　）といい，労働時間の計測が難しい仕事の場合，一定の労働時間を働いたものとするのを（　　　　）という。
5．（　　　　）とは，労働者1人当たりの労働時間を減らすことによって（　　　　）を維持するいわば「仕事の分かち合い」のことである。

II．次の問題を説明しなさい。
1．労働時間短縮は経営側と働く側にどのような意義があるか説明しなさい。
2．ワークシェアリングの類型と特徴について説明しなさい。

第13章
労使関係管理

1. 労使関係とは

　労使関係とは労働者と使用者の関係のことであり，労使間の利害対立を調整したり解決したりする過程のことである。労使関係には，使用者と個々の労働者との関係に関わる個別的労使関係と，使用者と労働組合との関係に関わる集団的労使関係の2つがある。労使関係といえば，一般的に集団的労使関係を指す場合が多い（中央職業能力開発協会編 2010）。

　労使関係管理は，労働者の職場環境や仕事や報酬に関する不満や要望を吸い上げ，労働サービスの提供が円滑に行われる条件を整備し，生産阻害や生産性低下を防止することを目的とするものである。労使関係管理には労働組合をとおした不満や要望の調整や解消を行う集団的労使関係の管理と個々の労働者の不満や要望の調整や解消を行う個別的労使関係の管理がある。集団的労使関係の管理の方法には，労働・就業条件決定の場となる団体交渉，交渉合意内容を公式に確認する労働協約・協定，協約・協定の運用上の公正を確保する苦情処理などがある。

　さらに今日では，労働組合とのいっそう円滑な関係を維持するために，労使協議や経営参加の施策が加わっている。また，最近においては，成果主義による目標管理に基づく年棒制の導入などにより，上司と部下の交渉により賃金や雇用が決められるケースが増えつつあり，個別的労使関係の重要性は高まっている（中央職業能力開発協会編 2010）。

　日本国憲法では，労働者の権利について定めている（菅野 2008）。第27条では，すべての国民は，勤労の権利を有し，義務を負うとし，第28条では勤

労者の団結する権利及び団体交渉その他の団体行動をする権利は，これを保障するとしている。ここで認められている次の4つの権利を労働基本権という。

① 勤労権：国民すべてが働くことができる権利
② 団結権：労働者が労働条件の維持・改善のために団結する権利（労働組合を結成し，それに加入する権利）
③ 団体交渉権：労働者が団結して使用者と交渉する権利
④ 団体行動権（争議権）：労働者の団体が労働条件の維持・改善のためにストライキなどの争議行為を行う権利

これらのうち，団結権，団体交渉権，団体行動権を労働3権と呼ばれる。これらに対応する法律が労使関係法であり，その中で労働組合法と労働関係調整法が成立している。労働組合法は，労働組合の結成，団体交渉による労働協約の締結，正当な労働争議の承認，使用者による不当労働行為を定めている。また労働関係調整法は，労働争議の調整と紛争の予防に関する法律であり，労働争議が発生した場合は，労働委員会が斡旋，調停，仲裁の方法を通して調整することを定めている（中央職業能力開発協会 2010, p. 138）。

公共部門の国家公務員に対しては，国家公務員法が，地方公務員に対しては地方公務員法が特別の規定を設けて，民間部門とは異なる法的制約が適用されている（図表 13-1）。特に，争議行為が制限されている点が特徴である（中央

図表 13-1　労働基本権とその制限

		団結権	組合活動権	団体交渉権	争議権
国家公務員	非現業	○	○	△	×
	自衛隊員，警察職員，消防職員，監獄職員等	×	×	×	×
地方公務員	一般職職員	○	○	△	×
	地方公営企業職員	○	○	○	×
	単純労務者	○	○	○	×
国営企業職員		○	○	○	×
私営企業従業員		○	○	○	○

注：○は「あり」，×は「なし」，△は「きわめて限定された保障」を示している。
出所：中央職業能力開発協会編『労務管理3級』社会保険研究所，2010年，p. 139。

職業能力開発協会編 2010)。

2. 労働組合の組織形態とショップ制

(1) 労働組合の組織形態

　労使関係の一方の当事者である労働組合とは，何か。ウェッブによれば，労働組合とは「賃金労働者が，その労働生活の諸条件を維持または改善するための恒常的な団体」である（佐護 2003）。日本の労働組合法でも，ほぼ同様に，労働組合とは「労働者が主体となって自主的に労働条件の維持改善その他経済的地位の向上を図ることを主たる目的として組織する団体又はその連合体をいう」と規定している（第2条）。要するに，労働組合とは，労働者の利益を代表する労働者による自主的組織なのである。

　労働組合の組合員は通常，就業時間には就労し，就業時間外の自由な時間を労働組合活動にあてる。これに対して，就業時間に就労することを免除されて，労働組合の管理運営または他の労働組合との連絡折衝などの活動を行う組合員がおり，これを組合専従者（または在籍専従者）とよぶ。組合専従者の範囲は，労働協約その他労使間協定によって合意され定められる。組合専従者に対する給与は，労働組合の財政から支払われる。したがって，中小企業の場合は，組合専従者を置いていないところが多い。

　労働組合の組織形態としては，次のような類型がある（菅野 2008；佐護 2003）。

　① 職業別組合（craft union）

　職業別組合は，同一職業・職種に従事する労働者によって，産業や企業の枠を越えて横断的に組織された労働組合である。したがって，その組織原則は「1職業1組合」である。職業別組合は労働組合の歴史とともに古く，労働組合運動の初期にはいずれの国においても現れた。イギリスで1851年に結成された「合同機械工組合」はその典型的な例である。

　職業別組合の特徴は，それぞれの職種・職業の熟練労働者の利益を守るための特権的・排他的組織であることである。職業別組合は労働の単純化，旧来の

熟練労働の陳腐化，新機種の出現，同一職種の他職務への分化などが進行し，古い熟練労働者に代わって，半熟練・不熟練労働者の占める役割と比重が決定的になると，後退を余儀なくされた。すなわち，職業別組合は，いわゆる「熟練の機会への移転」によって，支配的な位置から後退していったのである。それは，機械化や技術の進展によって生み出され，労働者層の圧倒的部分を占めるに至った半熟練・不熟練労働者層を組織することができなかったからである。

　近年においては，管理職組合のような専門性の高いプロフェッショナルズの組合も生まれている。

　② 産業別組合（industrial union）

　産業別組合は，職業や職種を問わず，同一産業で働く労働者を，企業の枠を超えて一括して組織することを原則とする労働組合のことである。産業別組合は「1産業1組合」を組織原則とするのである。20世紀の大量生産工業の成立とともに発展した。日本においては，「全日本海運組合」が唯一の産業別組合である。また，日本では，産業別組合を単産（産業別単一組合）と呼ぶが，その実態は，企業別組合が組織ごとに加盟する産業別連合体の組織となっている。

　③ 一般組合（general union）

　一般組合は，職業，産業，熟練のいかんを問わず，各種の職業・産業の枠を越えた労働者，とくに不熟練労働者や一般労働者を広く組織する労働組合のことである。歴史的には，職能別組織に加入を認められなかった不熟練労働者組織として成立した。一般組合は，職業別組合の特権的・排他的閉鎖主義とは逆に，可能な限り広汎に労働者を組織し，組合員数をもってその要求を貫徹することに努める。すなわち，規模の大きさによる交渉力の強化がめざされる。この組織形態は，従来の職業別ないしは産業別組合に組織することの困難な労働者，従来の組合組織から疎外されてきた労働者を組織できるという長所をもつ。

　現在，欧米諸国においては，一般に産業別組合を基本とし，これに混合組織，職業別組合および一般組合が混在している。

　④ 企業別組合（enterprise union）

企業別組合は，企業または事業所を単位として組織されているものである。組合員資格を企業あるいは事業所の従業員のみに限定する。一般に従業員であれば工員，職員の区別なく（ただし，通常正規従業員のみ）組織する工職混合組合である。この組織形態は日本で最も普遍的に見られ，単位組合の9割以上が企業別組合である。企業別組合の弱点は，組合員意識より従業員意識が強いことと，企業の支払い能力など経営上の事情を考慮することである。

(2) ショップ制

ショップ制とは，労働組合員資格と従業員資格の範囲や関係を労使間の協定で取り決めたものである。ショップ制には，オープン・ショップ，クローズド・ショップ，ユニオン・ショップの3種類がある（白井1982）。

① オープン・ショップ制（open shop）

オープン・ショップ制とは，使用者が雇用する労働者に対し，特に労働組合員であることを雇用条件とせず，組合への加入が自由な形態である。基本的に労働組合員とそうでない者との労働条件等の処遇の違いはない。日本では，公務員の労働組合（法律では「職員団体」と呼んでいる）については，国家公務員法などでオープン・ショップでなければならないとされている。

② クローズド・ショップ制（closed shop）

クローズド・ショップ制とは，使用者が雇用する労働者は労働組合員から雇用しなければならないとする制度である。労働者が組合員資格を失った時は，使用者はその労働者を解雇することになる。この制度は産業別労働組合が存在する国々にみられるが，日本ではみられない。

③ ユニオン・ショップ制（union shop）

ユニオン・ショップ制とは，使用者が労働者を雇用する際，労働組合員であってもそうでなくても構わないが，雇用された労働者は一定期間内に労働組合員にならなければならないとする制度である。一定期間内に労働組合員にならなかったり，組合員である資格を失った時は使用者はその労働者を解雇しなければならない。しかし，実際はいわゆる「尻抜けユニオン」が多く，労働組合員である資格を失っても雇用については別途労使間で協議し，決定することが多い。従って，労働組合を脱退したからといって必ずしも退職しなければな

らないことはない（菅野 2008）。

(3) **組合費の徴収方法**

組合費の徴収方法として，チェック・オフ（check off）による方法が広く普及している。チェック・オフとは，使用者が給与支給の際，労働者の給与から組合費を天引きし，労働組合に一括して渡すことをいう（菅野 2008）。労働組合は費用を徴収する手間が省けるという利点があるため，ほとんどの会社で行われている。しかし，チェック・オフは，「給料は労働者に全額支払われなければならない」という労働基準法の「全額払いの原則」に反しているため，実施には労働組合に社員の過半数が入っていることが要件となる。

組合費は日本では，あくまでも企業別組合が労働組合の基本単位で，企業別に納入され，ストライキ権や財政権は企業別組合にあり，単産やナショナルセンターの上部組織へは上納金が支払われているにすぎない（鈴木 2002）。

一方，アメリカでは，労働組合が産業別に組織されており，日本の企業別組合とは大きく異なっている。日本の単位組合に当たる組織がアメリカではローカルユニオン（Local Union：支部組合）であり，単産に相当するのがナショナルユニオン（National Union：全国組合）である。さらに，その上部に全国中央組織として日本の連合に当たる AFL-CIO（アメリカ労働総同盟産業別組合会議：American Federation of labor-Congress of Industrial Organization）がある。日本と異なるのは，アメリカの労働組合の基本単位が産業別組合であり，組合費はナショナルユニオンに納入され，ストライキ権もナショナルユニオンにあることである（鈴木 2002；佐藤・藤村・八代 2007）。

3. 労働組合の設立と不当労働行為

(1) **労働組合の設立条件**

労働組合は，一人ひとりでは使用者に対して弱い立場にある労働者が，団結することによって使用者と対等の立場に立って交渉し，労働条件の維持改善や経済的地位の向上を図るために結成されるものである（労働組合法第 2 条）。

第 13 章　労使関係管理

図表 13-2　労働組合の設立手順

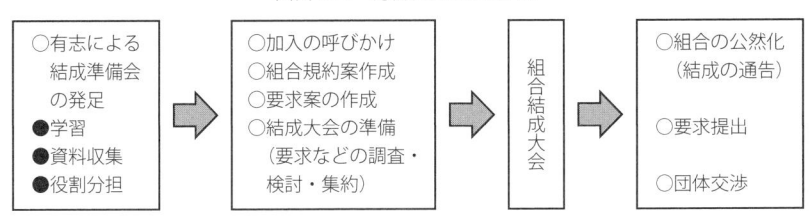

| 有志による結成準備会の発足
●学習
●資料収集
●役割分担 | → | ○加入の呼びかけ
○組合規約作成
○要求案の作成
○結成大会の準備
　（要求などの調査・
　検討・集約） | → | 組合結成大会 | → | ○組合の公然化
　（結成の通告）
○要求提出
○団体交渉 |

出所：東京都産業労働局「組合づくりのハンドブック」より。

　労働組合の設立条件としては，① 労働者が主体となって組織すること，② 労働者の自主的な団体であること，③ 主な目的は労働条件の維持改善であること，④ 規約，役員，財政を有し，団体としての体裁を整えることとなっている（菅野 2008）。
　労働組合は，労働者が 2 人以上集まればいつでも自由に設立することができる。労働組合の設立やその活動は憲法により労働基本権として保障されている。労働組合設立の目的は，職場のさまざまな問題をきっかけに設立される場合が多い。例えば，① 労働時間が長く，忙しくなると残業の連続なのに，残業手当が支払われない，② 年次有給休暇がない，ボーナスがない，退職金制度がない，③ 人事評価基準がはっきりせず，正当な評価がなされない，④ リストラのために，賃金引下げや退職強要がされている，などである。
　労働組合を設立するための一般的な手順は〈図表 13-2〉のとおりである。

(2) 不当労働行為の類型

　不当労働行為とは，使用者が労働組合の結成や活動を不当に妨害する行為のことである。不当労働行為救済制度は，憲法 28 条で保障された団結権等の実効性を確保するために，労働組合法に定められている制度である。労働組合法第 7 条では，使用者の労働組合や労働者に対する次のような行為を「不当労働行為」として禁止している（菅野 2008；村田 2008）。
　① 不利益取り扱い
　不利益取り扱いとは，「労働者が労働組合の組合員であること」，「労働組合に加入し，もしくは労働組合を結成しようとしたこと」，「労働組合の正当な活動をしたこと」を理由として，その労働者を解雇したりその他不利益な取り扱

いをすることを指している。解雇以外の不利益取り扱いの具体的例としては，懲戒処分，降格，左遷，賃金引き下げ，賞与不支給，低い査定，転勤，配置転換などである。

② 黄犬契約

黄犬（おうけん）契約とは，労働者を雇用する際に，労働組合に加入しない

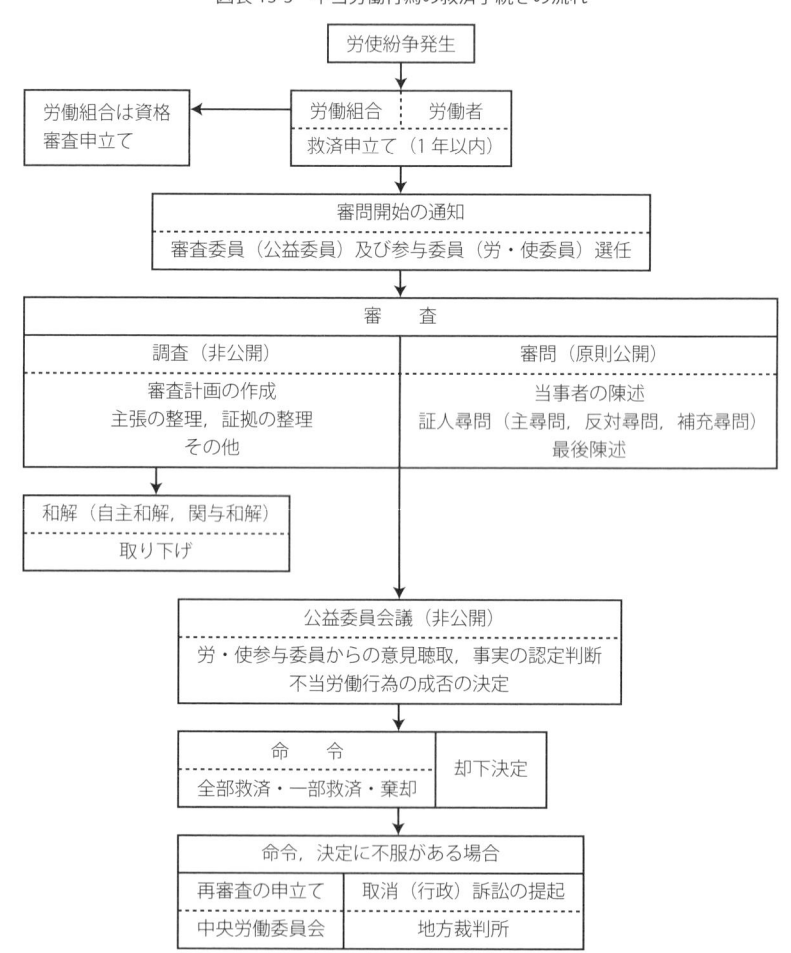

図表13-3 不当労働行為の救済手続きの流れ

```
                        労使紛争発生
                             │
                             ▼
労働組合は資格 ◀───── 労働組合    労働者
審査申立て            救済申立て（1年以内）
                             │
                             ▼
                      審問開始の通知
              審査委員（公益委員）及び参与委員（労・使委員）選任
                             │
                             ▼
                          審　査
            ┌──────────────┬──────────────┐
            │ 調査（非公開）│ 審問（原則公開）│
            │ 審査計画の作成│ 当事者の陳述   │
            │ 主張の整理，  │ 証人尋問（主尋問，反対尋問，補充尋問）│
            │ 証拠の整理   │ 最後陳述       │
            │ その他       │                │
            └──────────────┴──────────────┘
                 │
                 ▼
        和解（自主和解，関与和解）
        取り下げ
                             │
                             ▼
                   公益委員会議（非公開）
          労・使参与委員からの意見聴取，事実の認定判断
                 不当労働行為の成否の決定
                             │
                             ▼
              ┌───────────────┬──────────┐
              │    命　令     │ 却下決定  │
              │ 全部救済・一部救済・棄却 │          │
              └───────────────┴──────────┘
                             │
                             ▼
                 命令，決定に不服がある場合
              ┌───────────────┬──────────────┐
              │ 再審査の申立て │ 取消（行政）訴訟の提起 │
              │ 中央労働委員会 │ 地方裁判所           │
              └───────────────┴──────────────┘
```

出所：村田毅之『日本における労使紛争処理制度の現状』晃洋書房，2008年，p.84。

こともしくは労働組合から脱退することを条件とすることをいう。このような条件を提示したり，約束した使用者はそれだけで不当労働行為をしたと判断される。労働委員会が黄犬契約であると認定した場合には，その破棄を命じることになる。

③　団体交渉の拒否

団体交渉の拒否とは，使用者が労働者の代表者と団体交渉をすることを正当な理由がないのに拒否することをいう。形式的には団体交渉に応じるが，誠実に交渉に応じない場合にも団体交渉の拒否と判断されることになる。

④　支配介入・経費援助

支配介入とは，労働者が労働組合を結成し，もしくは運営することを支配したり，介入したりすることをいう。また，経費援助とは，使用者が労働組合の運営のための経費の支払いについて経理上の援助をすることをいう。支配介入・経費援助は，労働組合の団体交渉の主体としての自主性や組織力を，使用者の行為によって損なわれないように，使用者による組合結成・運営への干渉行為や組合弱体化行為を禁止するものである。

⑤　報復的不利益取り扱い

報復的不利益取り扱いとは，労働者が労働委員会に不当労働行為の申立てをしたこと，もしくは労働委員会において会社の事情等について発言したことを理由に，解雇その他の不利益な取り扱いをすることをいう。

以上のような労働組合または労働組合員は，使用者が不当労働行為を行った場合，都道府県の労働委員会に救済の申立てを行うことができる。労働委員会は，事実関係を審査の上，使用者の行為を不当労働行為であると判断した場合，使用者にその行為の是正を命ずる救済命令を出す（図表13-3）。

4. 日本の労使関係

(1) 労働組合の組織

欧米の労働組合は，一般に企業を超えて横断的に組織された産業別もしくは職業別組織，または混合組織である。これに対して，日本の労働組合の圧倒的

図表13-4 日本の労働組合組織

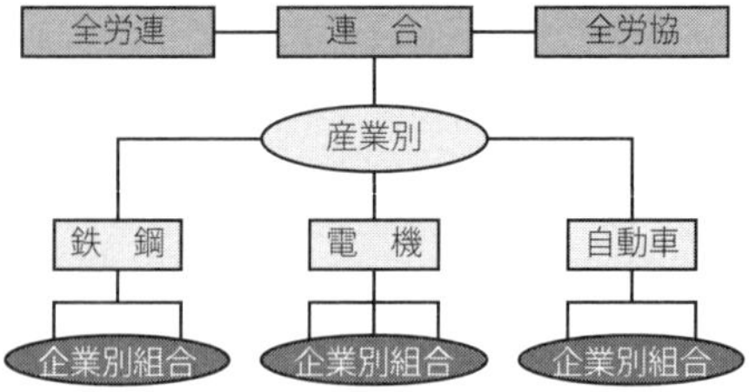

出所：筆者作成。

多数は，企業別に組織された企業別組合である。企業別組合は特定の企業（またはその事業所）を組織単位として，その企業の正規従業員のみによって組織されている。すなわち，企業別組合の組合員資格は，特定の企業の正規の従業員に限られるのである。したがって，従業員が退職すれば，自動的に非組合員となる。また，日本の労働組合の特徴は，単に企業別組織であるだけでなく，工員と職員が同一組織に属する，いわゆる「工職混合組合」であることである。事務職と技術職，ホワイトカラーとブルーカラーといった職種に関係なく，同じ構成員になっている（白井1996；今野・佐藤2009）。

日本の労働組合の最小単位は，1企業1事業所の単位組合である。ただし，パナソニックや新日本製鉄などのように複数の事業所を抱えている大企業の場合，各事業所の組合を単一組合と呼び，それらの集合体であるパナソニック労連や新日鉄労連などを企業連（企業内における労働組合連合体）と呼んでいる。日本の労働組合の組織構造の中では，企業連の地位と役割はきわめて重要であり，労働運動を動かす決定的な力をもっているのは巨大な企業連である。巨大企業の企業連は，事実上，単産の扱いをうけている（白井1968）。

企業別組合や企業連の多くは，いずれかの上部組織で産業別連合体（単産）に加盟している。単産の加盟単位は，企業別組合であり，個人ではない（図表13-4）。代表的な単産としては，電気連合，自動車総連，UIゼンセン同盟，私鉄総連，鉄鋼労連などがあげられる（中央職業能力開発協会2010）。

各単産が集まって全国レベルで単産の連合体であるナショナルセンターが結成されている。1987年までの全国中央連合体いわゆるナショナルセンターとしては，「総評」（日本労働組合総評議会，1950年結成），「同盟」（全日本労働

第13章 労使関係管理　265

図表13-5　戦後労働組合組織の変遷

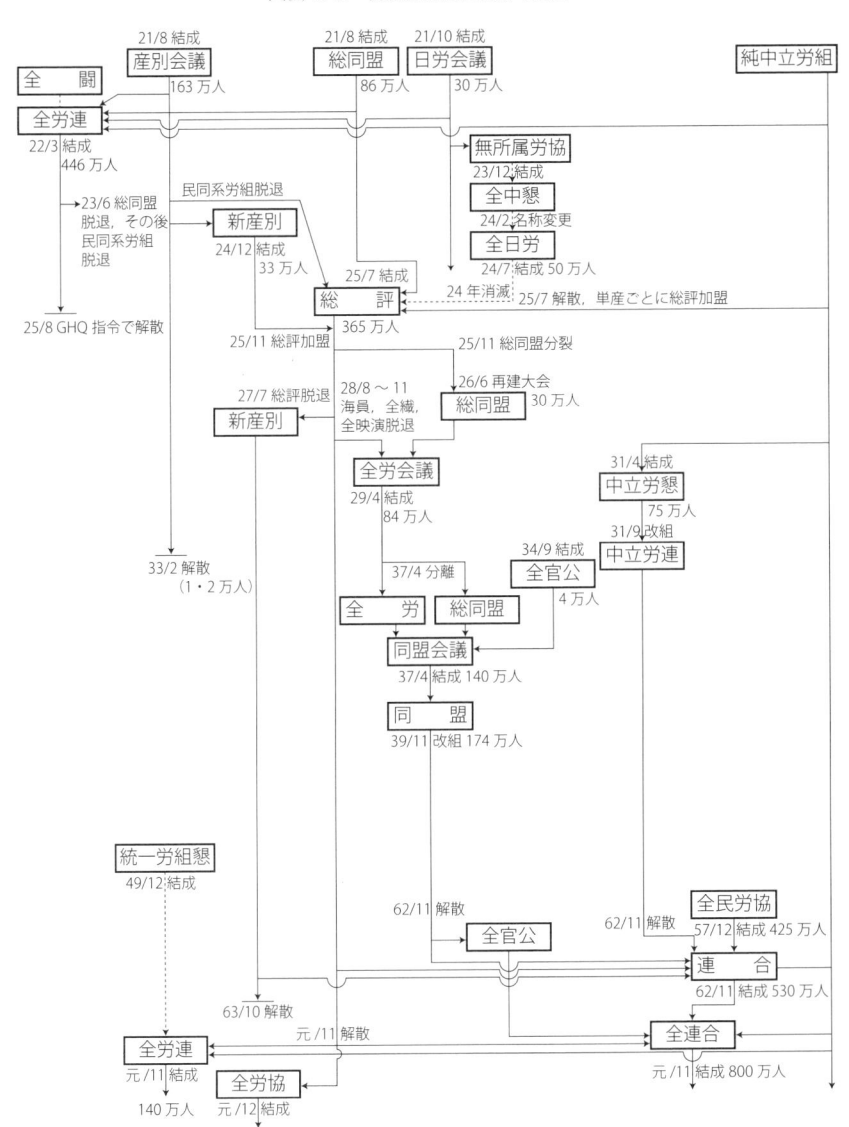

全闘	産別会議 21/8結成 163万人	総同盟 21/8結成 86万人	日労会議 21/10結成 30万人		純中立労組

```
全労連
22/3結成
446万人
        ┌─ 23/6総同盟脱退，その後民同系労組脱退
        │                              無所属労協
        │   民同系労組脱退              23/12結成
        │   新産別                      全中懇
        │   24/12結成                   24/2名称変更
        │   33万人                      全日労
        │         25/7結成              24/7結成 50万人
        │         総評 ←── 24年消滅     25/7解散，単産ごとに総評加盟
25/8 GHQ指令で解散
        25/11総評加盟  365万人
                       25/11同盟分裂
        27/7総評脱退   26/6再建大会
                       総同盟 30万人
        新産別   28/8〜11
                海員，全繊，
                全映演脱退
                全労会議               中立労懇   31/4結成
                29/4結成               75万人
                84万人                 中立労連  31/9改組
                       34/9結成
                37/4分離 全官公
                全労  総同盟           4万人
                       同盟会議
                       37/4結成 140万人
                       同盟
                       39/11改組 174万人

統一労組懇
49/12結成
                                      全民労協
                 62/11解散             57/12結成 425万人
                 全官公    62/11解散
                                      連合
                                      62/11結成 530万人
        63/10解散       元/11解散
全労連 ←───            全連合
元/11結成  全労協         元/11結成 800万人
140万人    元/12結成
```

注：結成時の組織人員は，結成大会における発表数である。
出所：厚生労働省労使関係担当参事官室編『日本の労働組合　歴史と組織』日本労働研究機構，2002年，p.399。

総同盟，1964年結成），「新産別」（全国産業別労働組合連合，1949年結成），「中立労連」（中立労働組合連絡会議，1956年結成）が存在していた。これら4つの組織は一括して労働4団体と称されていた。しかし，1989年にナショナルセンターの再編成が行われ，同年11月，民間労組と官公労組が団結して，新たな全国中央組織として「連合」（日本労働組合連合会）が結成された。また，同年同月，連合に批判的なグループは，結集して「全労連」（全国労働組合総連合）を結成し，同年12月には，ゆるやかな共闘組織として，「全労協」（全国労働組合連絡協議会）が結成された（図表13-5）。

現在，日本では連合，全労連，全労協の3つのナショナルセンターがあり，この中で連合が最大の組織である。

(2) 使用者団体

労働組合が産業レベル，全国レベルで組織されているのと同じように，使用者の利益を代弁する使用者団体も組織されている。使用者団体とは，産業別または全国レベルで組織された使用者の集合体である。日本の産業別使用者団体としては，私鉄経営者協会，鉄鋼経営者協会などがある。全国レベルの団体としては，日本経済団体連合会（日本経団連），日本商工会議所，全国中小企業団体中央会，経済同友会があり，財界4団体と呼ばれる。これらのうち，労使関係問題を取り扱っているのが日本経団連である。

日本経団連は，経済団体連合会（経団連）と日本経営者団体連盟（日経連）が2002年に統合され，名称が変更された団体である。もともと，経団連は日本の経済政策に対する財界からの提言及び発言力の確保を目的として結成された組織であり，日経連は労働問題を大企業経営者の立場から議論・提言する目的で結成された組織であって健全な労使関係の確立に重点がおかれていた。統合の理由としては，① リストラによる経費削減と効率化，② バラバラであった政策提言の統一，③ 労使関係の安定化などがあげられる（佐護2003）。

(3) 日本の労使関係の特徴

欧米では，一般的にホワイトカラーとブルーカラーは，別々の組合を企業横断的に組織するのが普通である。そのため，労働組合は企業外の組織として存

在し，団体交渉では労働条件の統一的要求を出し，個別企業の事情は考慮されない。一方，日本では，企業別組合であるため，労働条件を決定する団体交渉は企業別に行われる。そして，企業業績の向上が従業員の労働条件向上の前提となっており，労使が企業業績（パイ）を増大することが共通目的として成り立っている。このため，同業他社をライバルととらえ，労使一体となって企業業績向上のための生産性の向上にも積極的に協力しているのである。企業別組合は，終身雇用制・年功序列制とともに日本的経営の「三種の神器」として高く評価されてきた。

　企業別組合であるから日本の重役の中には，労働組合の執行委員を経験した者も多い。かつては労働組合の執行委員として労働者側の立場で発言・行動してきた者が，逆に経営者側の代表となって団体交渉や労使協議に臨むことにより，労使の当事者はともに相互の事情に精通し，人間関係的にも親密な労使関係の基盤が形成されてきたのである（岩出 2007）。

　このように，日本の労使関係は，労使間の利害対立はあるものの，「労使協調主義」といった理念を置く労使関係が築かれている。これは労使双方ができるだけ紛争を避け，お互いに相互の立場を理解し合い妥協・調整していくという立場を重視することである。そのため，「御用組合」「第2人事部」と批判されることもある（岩出 2007）。

　しかしながら，このような日本の協調的な労使関係が，戦後，企業の成長と従業員の雇用の安定，労働条件の維持とを両立させるものとして受け入れられ，定着してきたことは否定できない。日本企業の成長を支えてきた協調的労使関係は，今後も続くであろう。

5. 団体交渉と労使協議制

(1) 団体交渉とは

　団体交渉（collective Bargaining）とは，労働条件についての労働組合と使用者（またはその団体）の間で交渉することをいう。労働者個人と使用者との交渉に代わり，労働組合が組合員の利益を代表して使用者と交渉，協定を結ぶと

いう意味で、集団的取引である。団体交渉は労働組合の主要な機能であり、労働組合法で労働者の団体交渉権として保障されている。団体交渉は労使間のコミュニケーションの手段として用いられる。使用者が労働組合の団体交渉の申し入れを正当な理由がなく拒否することは不当労働行為になる。

団体交渉の対象事項は、つぎのとおりである（菅野 2008）。

1）労働条件その他の待遇
賃金、労働時間、休憩、安全衛生、災害補償、教育訓練など

2）人事に関する事項
① 配転・懲戒・解雇の基準や手続
② 個別組合員に対する配転・解雇の撤回要求
③ 人事考課の基準、手続、具体的適用
④ 年俸制、業績賞与など費用化の基準・枠組み
⑤ 採用の基準手続

3）経営・生産に関する事項
新機械の導入、設備の更新、生産の方法、工場事業場の移転、経営者・上級管理者の人事、営業譲渡、会社組織の変更、業務の下請化

4）団体的労使関係の運営に関する事項
ユニオン・ショップ、組合活動に関する便宜供与やルール、団体交渉の手続きやルール、労使協議手続き、労働争議行為に関する手続きやルールなど

団体交渉で合意、決定された事項は、労働協約として明記の上、その後の労使関係を律するルールとなる。労働協約とは、使用者と労働組合との間で、労使関係の基本的な約束事をまとめたものである。労働協約は、労使が団体交渉を行い、その結果、賃金、労働時間等の労働条件を書面に作成し、両当事者が署名又は記名押印することによってその効力が生ずる。労働協約は一般的に、労働者の働き方や労働条件などについて定めた「規範的部分」と組合活動や団

体交渉などについて定めた「債務的部分」とに分かれている（菅野 2008）。労働協約の規範部分とほぼ同じ内容が就業規則にも記載されている。

　また，労使協定とは，事業場の過半数の労働者で組織する労働組合（組合がない場合は労働者の過半数を代表する者）と使用者の間で，労働条件に関する具体的な取り扱いを定めたものである。

　労働協約は，労働組合と使用者との間で締結するものであるが，労使協定は，労働組合がない場合でも従業員の過半数を代表する代表者と使用者との間で締結することができる（菅野 2008）。

　労働基準法で労使協定締結が必要と定められている主な事項としては，次のものがある。
① 労働者の貯蓄金をその委託を受けて管理する場合
② 賃金の一部を控除して支払う場合
③ 時間外・休日に労働させる場合
④ 変形労働時間制を採用する場合
⑤ 事業場外労働のみなし労働時間を定める場合
⑥ 専門業務型裁量労働制を導入する場合
⑦ 年次有給休暇を付与する場合

　この他にも，労働時間，育児・介護休業に関する事項についても労使協定の締結が必要である。

(2) 団体交渉の諸形態

　団体交渉の形態は，労働組合の組織形態，産業構造，法制度の違いに応じてさまざまで，国ごとに異なっている。ヨーロッパ諸国の産業別組合の場合には，団体交渉や労働協約の締結は基本的には，全国的レベルもしくは地域レベルで労働組合と当該産業の使用者団体との間で，産業別ないし職業別の全国交渉または地域別交渉が中心である。他方，アメリカでは労働組合の組織形態は，ヨーロッパ諸国のそれと同様で，企業レベルを超えて組織されているものの，団体交渉は，産業別組合と個別企業の間で行われる企業別組合が一般的である（奥林・上林・平野 2010）。また，企業レベルで設定される交渉単位において過半数の労働者の支持を得た労働組合と使用者との間で行われる排他的交

渉代表制が採用されている。

　企業別組合が主流である日本では，個々の労働者が企業別の労働組合に加入し，さらにその組合が構成単位となって産業別の協議体や連合体が作られている。そして，通常は企業別の組合が中心となって団体交渉が行われている。しかも，この企業別交渉は，パターン交渉（pattern bargaining）と呼ばれ，産業別組合の本部が，まず当該産業の中で業績の優れた大企業1社を選んで団体交渉を行い，これをパターンにして，そこで獲得した労働条件を他の企業の団体交渉にも波及させていくやり方をとっている（奥林・上林・平野 2010）。

　一般的に，使用者は企業別組合との団体交渉を強く希望し，その企業別組合が加入している産業別労働組合やその他の上部団体が団体交渉に関与することを嫌う傾向がある。しかし，産業別組合やその他の企業外の上部団体も労働組合である以上，固有の団体交渉権を有しているので，上部団体がその固有の団体交渉権に基づいて行う団体交渉の申し出を正当な理由なく拒否することはできない。

　したがって，日本では企業別交渉の弱点を補うために，企業別交渉の他に上部団体が関与するいくつかの交渉形態がある（菅野 2008；佐護 2003）。

　①　統一交渉

　統一交渉は，全国的（地域的）規模の産業別（職種別）労働組合または交渉権を委ねられた上部団体とこれに対応する使用者団体または交渉権を委ねられた使用者代表が，当該産業の労働者に共通の労働条件その他の事項について行う団体交渉である。私鉄労連と私鉄経営者協会との賃金交渉がその例である。日本では産業別組合は，その必要性は強調されているが，企業別組合の独立性が強いため，統一交渉は海員組合などごく一部で行われている。

　②　対角線交渉

　対角線交渉は，企業別組合が所属する産業別の上部団体が単独で個々の使用者と交渉する形態である。団体交渉のスケジュールを合わせず個々に行われる場合とスケジュールを合わせて一斉に行う場合とがある。企業別組合が支配的な日本や韓国において産業別交渉の方式を取り入れた団体交渉の一形態である。

　③　共同交渉

共同交渉は，企業別組合とその上部団体とがそれぞれの団体交渉権に基づいて共同で使用者と交渉に当たる形態である。

④　集団交渉

集団交渉は，複数の使用者と複数の企業別組合とがそれぞれ共同し，労使双方とも多数当事者が出席して行われる団体交渉である。本来は，産業別組合の統制下にいくつかの企業別組合と各企業との交渉を同一テーブルで行うものを指すが，産業別組合の統制の下，同一スケジュールに合わせて企業別組合が一斉に企業別交渉を行うケースを指す場合もある。

(3)　**春闘**

春闘とは，企業の労働組合と経営側が毎年春に実施する賃金交渉のことである。春闘は，企業別交渉の弱点を克服し，労働条件の改善のために，1955年8つの産業別連合体（炭労，私鉄総連，合化労連，電産，紙パ労連，全国金属，化学同盟，電機労連）の共闘組織が結成され，作られたものである。各産業の主要な組合が要求を一本化し，要求実現のためにストライキ等の実行時期・規模・方法などを統一して，各単産（企業別組合の連合体で産業別組合に相当する組織）の指導の下に傘下の企業別組合が同一時期に集中して賃上げ交渉を行うものである（厚生労働省労使関係担当参事官室編2002）。

各産業の労働組合は，毎年春に一斉に賃金引上げ等を中心とする要求を企業に提出し，全国的中央組織の労働団体や産業別組織の指導・調整のもとに各企業と団体交渉を行う。1974年には春闘史上最大のストライキを行い，32.9％の大幅な賃上げ獲得を成し遂げた。春闘は，全労働者の賃金水準の引き上げに貢献するとともに，横並びの賃上げを通じて企業間・産業間の賃金格差を縮小させてきた。

しかし，世界的な市場競争の激化，バブル崩壊後の深刻な不況，賃金制度の成果主義化の進展などを背景に，経営側のベアゼロ回答や組合側のベア断念など，ベースアップと横並びの賃上げを基本とした春闘は転換期を迎えている。

(4)　**労使協議制**

日本では団体交渉と並んで，労働者代表（労働組合）と使用者が参加する

労使協議制が設けられている。労使協議制とは,「労使間で企業経営上の諸問題,とりわけ労働者の雇用・労働条件や生活上の利害関係に直接・間接に影響する諸問題について,情報や意見を交換する常設機関」である（白井1982）。

労使協議制は,労働者または労働組合が使用者と団体交渉とは別に労使間における諸問題について,自主的に協議するために設置された制度である。労使協議制は,労働条件に関する団体交渉とは異なり,労使の利害の共通する事項も含めて協議することが特徴である。労働組合と労使協議機関が併存している企業においては,団体交渉の主体と労使協議のそれとはほとんど同じである。

労使協議制の付議事項としては,経営,生産計画,賃金,労働時間,福利厚生,人事に関する協議など,多岐にわたっている。これらの事項の協議の仕方には,①会社が組合に対して当該事項について「説明・報告」する,②当該事項に関して組合から「意見聴取」を行い,最終的な意思決定の参考とする,③意見聴取から踏み込んで「協議」を行い,最終的な態度を決定する,④労働組合の「同意」がなければ執行しないといった4つの形態がある（菅野2008；白井1996）。

企業レベルの労使関係を中心とする日本の労使関係においては,団体交渉はそのほとんどが企業別組合による企業別交渉であるから,労働組合が組織されており,かつ労使協議機関も設けられている企業においては,団体交渉と労使協議の制度的関係あるいは機能的区別が問題となる。

団体交渉と労使協議は,労使間に存在する諸問題を労使が対等の立場で話し合うという点では,共通点をもっている。ドイツの場合は,団体交渉と労使協議は明確に区別されている。すなわち,交渉の主体（当事者）もレベルも対象事項も異なっている（佐護2003）。

労使協議機関は,本来,通常団体交渉の対象とならない経営上・生産上の問題について話し合う場とされているが,実態としては必ずしも団体交渉と明確に区別されていない。団体交渉と労使協議の関係は次の3つのタイプに区分して捉えられている（佐護2003；白井1996）。

① 分離型：それぞれ別の制度が設けられていて,労使協議機関では団体交渉事項は取り扱わない。
② 連結型：それぞれ別の制度が設けられているが,団体交渉事項について

は労使協議機関でまず予備的な話し合いを行う。

③　混合型：2つの制度を特に区別せず，1つの期間で団体交渉も処理する。

これらのうち，日本では分離型が最も多いものの，連結型ないし混合型もみられる。

労働組合と労使協議機関が併存している企業においては，団体交渉の主体と労使協議のそれとはほとんど同じである。さらに，団体交渉と労使協議の付議事項の明確な区別もまたほとんど不可能である。そのために，団体交渉と労使協議の境界があいまいになり，両者の区別が困難になっている。

団体交渉制度と労使協議制度は，企業レベルの労使関係制度として定着しているが，日本では後者がより重要な役割を果たしている。

6. 労働争議の形態と調整

(1) 労働争議の形態

団体交渉で合意が得られなければ，労働争議に突入し，労使紛争が発生する。労働争議は，労働者が自らの労働条件の向上を目指して行うさまざまな活動である。労働関係調整法6条では，「労働争議とは，労働関係の当事者間において，労働関係に関する主張が一致しないで，そのために争議行為が発生している状態または発生するおそれがある状態をいう」と定義されている（菅野2008）。団体交渉が妥結に至らないと，労働組合は集団で労務の提供を拒否する行為（ストライキ）などを行い，自分たちの要求を通そうとする。このように，労使の当事者が自らの主張を貫徹することを目的として，意図的に業務の正常な運営を阻害することを労働争議という。

団体交渉を重ねてもなお解決しない場合，労働組合には争議行為を行うことが認められており，また使用者もこれに対抗して争議行為を行うことができる。労働組合に認められている争議形態としては，ストライキ（同盟罷業），ピケッティング，サボタージュ（怠業），ボイコット，リボン闘争，ビラ貼りなどがある（鈴木2002）。

一方，使用者側に認められているのは，労働者を職場から閉め出すロックア

ウトのみである。ロックアウトとは，労働争議発生時に経営者（使用者）側が，事務所，工場，店舗などの作業所を一時的に閉鎖して労働者の就業を拒み，賃金を支払わないことで労働者が起こしたストライキなどの争議行為に対抗するための最後の手段である。

(2) 労働争議の調整方法

労使間での交渉が決裂し，労働争議が長期化すると，労使双方がダメージを受けるだけでなく，社会や顧客に対しても悪影響を及ぼすことになる。また，最悪の場合，企業倒産という事態を招くこともある。このような事態を避けるために，労使の一方または双方からの申請に基づき，第3者機関による調整が争議の途中で行われる。

調整機関としては，日本では労働委員会があり，民間企業では中労委（中央労働委員会），公共企業では公労委（公共企業体等労働委員会）がある。これらは労働関係調整法に定められている。労働委員会が行う調整方法には，斡旋，調停，仲裁の3種類がある（図表13-6）。このうち拘束力が最も強いのは仲裁である（村田2008；菅野2008）。

図表13-6　労働争議の調整方法

区分	開始方法	調整者及び委員構成	内容
斡旋	(1) 労使双方からの申請 (2) 労使いずれか一方からの申請 (3) 労働委員会の職権	あっせん員 ・公・労・使委員各1名 （事件により異なる）	労使双方の妥協点を見出し，争議が解決するように努める（あっせん案の提示，勧告等）。
調停	(1) 労使双方からの申請 (2) 労使いずれか一方からの申請（公益事業の場合） (3) 労働委員会の職権 (4) 労働大臣または知事の請求	調停委員会 ・公・労・使委員 （労使委員は同数）	調停案を示して労使双方に受諾を勧告する。調停案を受諾するかどうかは自由で法的に拘束されない。
仲裁	(1) 労使双方からの申請 (2) 労使いずれか一方からの申請	仲裁委員会 ・公益委員3名 （労使が指名した労使委員は意見を述べることができる。）	仲裁裁定を出す。労使双方はこの裁定に従わなければならず，その効力は労働協約と同一である。

出所：中央労働委員会ホームページより。

① 斡旋

斡旋は，労働委員会が指名した斡旋員が労使双方の主張を聞いた上で，交渉を取り持つなどして労働争議の解決を図ることである。通常は，斡旋員からは解決案を示さず，労使間での自主的な解決を促すことにとどまる。

② 調停

調停は，公益・労働者，使用者の三者委員からなる調停委員会が労使双方の意見を聴取した上で，調停案を作成し，労使にその受諾を勧告することである。なお，調停案を受諾するかどうかは，労使の自由である。

③ 仲裁

仲裁は，公益を代表する仲裁委員会が労使双方から事情を聴取した上で，仲裁裁定を下すものである。ここで示される解決案は労働協約と同じ効力を持ち，労使双方を拘束することになる。

7. 日本の労使関係の課題

戦後，終身雇用や年功序列慣行とともに効果的に機能してきた日本の労使関係は，産業構造や雇用・就業構造などの大きな変化によって，労使双方に新たな問題が生じている。とくに，1990年代のバブル経済崩壊以降，グローバルな企業競争の激化を背景に進んでいる事業の再構築，雇用の流動化，成果主義の進展といった動きは，これからの労使関係に多かれ少なかれ影響を及ぼすことになる（岩出 2007）。

使用者と労働者が労働条件に関して対等に交渉するためには，労働組合が必要とされる。しかしながら，日本の労働組合組織率は18％台と低下しており，労働組合員数も減少しているのが実情である。労働組合組織率の低下傾向は，世界の先進諸国に共通してみられる現象である。

日本における労働組合運動の低迷には，次のような理由が挙げられる（佐藤・藤村・八代 2007；岩出 2007）。

第1に，産業構造の変化である。経済のサービス化・ソフト化の進展によって，もともと組織率が低い流通・外食などのサービス業や第3次産業で働く労

働者が増えている。その一方，組織率の高い基幹的な製造大企業での雇用調整により雇用者数の減少が進んでいることである。

　第2に，企業内未組織層の増大である。就業形態の多様化が進み，パート・派遣・契約社員といった非正規社員が増えている。しかしながら，労働組合が非正社員の組織化に消極的であるため，組織率が低下することである。

　第3に，非組合員となる管理・専門職の増大である。従業員の高齢化によって使用者の利益を代表しない管理職や専門職が増大している。日本の人事制度は，役職昇進と資格昇格が切り離されているために，従業員は職務遂行能力が向上すれば管理職に昇格できる。したがって，従業員の高齢化に伴い管理職層は増大し，彼らは課長相当の資格に昇格した時点で組合から離脱することになる。

　第4に，労働者意識の変化である。若年層における個人主義的な価値観と成果主義的な処遇の進展により，労働組合自体の存在感が薄れ，労働者の間に組合離れの意識が広がっていることである。

　第5に，関連企業への出向者が非組合員扱いになることである。出向者が出向先で管理職になる場合，多くの組合が出向者を非組合員扱いにしている。また，出向ではなく転籍した場合，転籍先に組合がないことがある。

　今後，労働組合運動の再活性化のためには，魅力ある組合作りや積極的な組織化の展開が必要である。そのためには，日本の労働組合の最大組織である連合の役割がより重要になるであろう。

□引用・参考文献

岩出博『LECTURE 人事労務管理』泉文堂，2007年。
奥林康司・上林憲雄・平野光俊『入門人的資源管理』中央経済社，2010年。
厚生労働省労使関係担当参事官室編『日本の労働組合　歴史と組織』日本労働
　　研究機構，2002年。
今野浩一郎・佐藤博樹『入門人的資源管理』日本経済新聞出版社，2009年。
佐護譽『人的資源管理概論』文眞堂，2003年。
佐護譽・韓義泳編『企業経営と労使関係の日韓比較』泉文堂，1991年。

佐藤博樹・藤村博之・八代充史『新しい人事労務管理（第3版）』有斐閣, 2007年。
白井泰四郎『企業別組合』（中公新書）中央公論社, 1968年。
白井泰四郎『現代日本の労務管理』東洋経済新報社, 1982年。
白井泰四郎『労使関係論』日本労働研究機構, 1996年。
菅野和夫『労働法』（第八版）弘文堂, 2008年。
鈴木滋『エッセンス人事労務管理』税務経理協会, 2002年。
中央職業能力開発協会編『労務管理3級』社会保険研究所, 2010年。
日本生産性本部編『労使協議制の充実を求めて』日本生産性本部, 1990年。
久本憲夫編『労使コミュニケーション』ミネルヴァ書房, 2009年。
村田毅之『日本における労使紛争処理制度の現状』晃洋書房, 2008年。

■演習問題

Ⅰ．次の文章の（　）の中に適切な言葉を書き入れなさい。
1．労働3権とは,（　　　　）,（　　　　）,（　　　　）である。
2．日本の労働組合の組織形態は（　　　　）が圧倒的に多く, その企業の（　　　　）のみによって組織されている。
3．使用者が労働者を雇用する時は,（　　　　）であってもそうでなくても構わないが, 雇用された労働者は一定期間内に労働組合員にならなければならないとするショップ制を（　　　　）という。
4．団体交渉の形態には, 企業別交渉の他に（　　　　）,（　　　　）,（　　　　）, 集団交渉がある。
5．労働争議が長期化した場合, 労使双方はもちろん社会的影響が大きいことから, 日本では（　　　　）が調整を行うが, その調整方法には,（　　　　）,（　　　　）,（　　　　）の3種類がある。

Ⅱ．次の問題を説明しなさい。
1．日本の労働組合の特徴について説明しなさい。
2．団体交渉と労使協議制の関係について説明しなさい。

第3部
人的資源管理のダイバーシティ

第14章
雇用形態の多様化と人的資源管理

1. 雇用形態の多様化とは

　日本的経営の特徴の1つとして，終身雇用（長期安定雇用）が挙げられる。終身雇用とは，定年まで雇用されるという暗黙的雇用契約のことである。欧米の場合，一般に企業は業績の悪化に伴って大規模な人員の削減などを行うが，日本では，可能な限り雇用を保障し，景気変動に対する雇用調整は行わないことを前提としている。日本で雇用調整がまったくないわけではない。実際，1970年代の2度にわたる石油危機の時期には，企業で希望退職者の募集や解雇が行われた。しかし，日本では正社員を解雇する前に，いろいろな対策が講じられ，それでも業績の悪化が止まらないときに最終的な手段として解雇が行われる（安西2013；奥林・上林・平野2010）。

　ところが，1990年代に入ってバブル崩壊を契機とした長期的な景気低迷やグローバル化の進展，IT化，少子・高齢化といった企業経営環境の急速な変化は，日本の雇用慣行にも大きな影響を与えた。これまでの終身雇用慣行は，景気の変動に柔軟に対応できないこと，雇用延長による組織の高齢化で人件費が増大する傾向にあること，といった点でむしろ企業の競争力を阻害する要因であるといった指摘がなされた（白木・梅澤2010）。

　こうした状況下で，企業は経営環境の変化に対応するためにコスト削減が必要となり，正社員の雇用を抑制し，終身雇用・年功賃金が適用されない非正社員を活用し始めた。そのため，非正社員の割合が3割を超え，有期，短時間，派遣など，雇用形態の多様化が進展した。

　日経連は，1995年に発表した報告書「新時代の『日本的経営』―挑戦すべ

282　第3部　人的資源管理のダイバーシティ

図表14-1　雇用ポートフォリオ

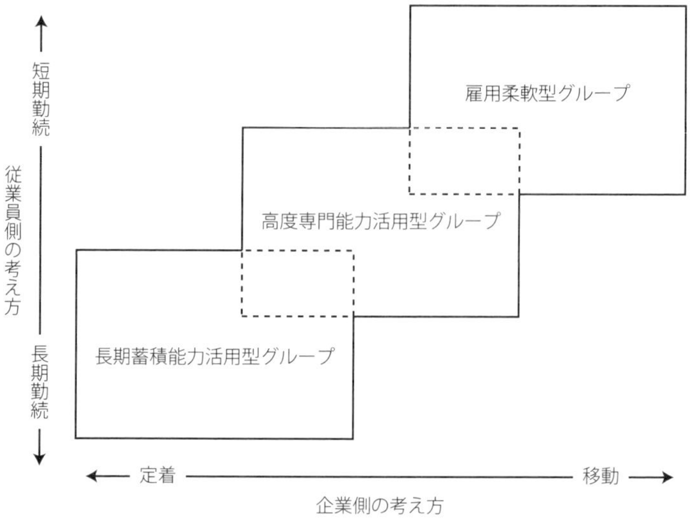

```
                                        ┌────────────────────────┐
        ↑                               │                        │
        短                              │                        │
        期                              │   雇用柔軟型グループ   │
        勤                              │                        │
        続                        ┌─────┼──────┐                 │
  従                              │     │      │                 │
  業                              │     └──────┼─────────────────┘
  員                              │            │
  側                              │ 高度専門能力活用型グループ
  の                              │            │
  考            ┌─────────────────┼──────┐     │
  え            │                 │      │     │
  方            │           ┌─────┼──────┘     │
                │           │     │            │
        長      │           └─────┼────────────┘
        期      │                 │
        勤      │  長期蓄積能力活用型グループ
        続      │                 │
        ↓      └─────────────────┘
                ←── 定着 ──           ── 移動 ──→
                        企業側の考え方
```

雇用グループ別にみた処遇の主な内容

	雇用形態	対象	賃金	賞与	退職金・年金	昇進・昇格	福祉施策
長期蓄積能力活用型グループ	期間の定のない雇用契約	管理職・総合職・技能部門の基幹職	月給制か年俸制 職能給 昇給制度	定率＋業績スライド	ポイント制	役職昇進 職能資格昇格	生涯総合施策
高度専門能力活用型グループ	有期雇用契約	専門部門（企画，営業，研究開発等）	年俸制 業績給 昇給なし	成果配分	なし	業績評価	生活援護施策
雇用柔軟型グループ	有期雇用契約	一般技能部門 販売部門	時間給制 職務給 昇給なし	定率	なし	上位職務への転換	生活援護施策

注：1　雇用形態の典型的な分類
　　2　各グループ間の移動は可
出所：日経連『新時代の『日本的経営』―挑戦すべき方向とその具体策』日経連，1995年，p.32。

き方向とその具体策」において，「雇用ポートフォリオ」の考え方を提示した。すなわち，長期雇用と短期雇用を組み合わせた雇用ポートフォリオをこれから雇用システムの改革の方向として示したものである。同報告書において日経連は，企業が生き残るためには従来の正社員を中心とした雇用管理を見直し，非正社員の積極的な活用の必要性を強調した。厳しい企業競争が続く中，仕事・人・コストを効果的に組み合わせた企業経営を実現するために，人員の調整が困難であり，高コストである正社員の活用を中核（コア）人材の一部にとどめ，有期雇用の人材や派遣社員などの外部人材の活用を積極的に取り入れ，雇用形態の多様化を進めていくことを提唱した（日経連1995）。

日経連は，雇用ポートフォリオの構築に向けた人材グループとして3つを挙げている（図表14-1）。

① 長期蓄積能力活用型グループ：従来の長期継続雇用という立場に立って，企業としても働いてほしい，従業員としても働きたいという，無期雇用契約の人材
② 高度専門能力活用型グループ：企業の抱える課題解決に，専門的熟練・能力をもって応える，必ずしも長期雇用を前提としない，有期雇用契約の人材
③ 雇用柔軟型グループ：職務に応じて定型的業務から専門的業務を遂行できる人までさまざまで，従業員側も余暇活用型から専門的能力の活用型までいろいろいる，有期雇用契約の人材

2. 雇用形態の区分

雇用形態は大きく正社員と非正社員に分かれる。正社員の定義について法律で明確にされてはいないが，一般的には，期間の定めのない雇用契約で働いている社員を指すことが多い。正社員は長期雇用を前提に，社員教育と人事異動を通してキャリアを形成させていく社員である。また，非正社員の定義についても法律で明確にされてはいないが，一般的には，契約社員やパートタイマー，アルバイト，派遣社員のように期間を定めた雇用契約により，正社員

と比べて短い時間で働く社員を指すことが多い（図表14-2）。非正社員の他に「非正規社員」「非正規労働者」「非典型雇用者」などさまざまな呼び方があるが，ここでは一般的に広く使われている「非正社員」の言葉を用いることにする。

図表14-2　雇用形態の区分

雇用形態		契約期間	賃金形態	終業時間
正社員		無期契約	・月給制	フルタイム
パートタイマー		3～6カ月の契約で繰り返し更新	・時間給	通常は短時間
契約社員	高度な専門性を持つ者	最長3年間 更新は1年契約	・月給 ・年俸	正社員と同じ
	正社員に準ずる者	1年契約を更新	・時間給 ・日給 ・月給	正社員と同じ あるいはそれ以下
派遣社員	派遣元（無期契約）	期間制限なし	・時間給	正社員と同じ
	派遣元（有期契約）	最長3年 但し，人を3年ごとに交代すれば同じ職場で活用可能	・時間給	正社員と同じ あるいはそれ以下
嘱託社員		最長3年間	・日給 ・月給	正社員と同じ あるいはそれ以下

出所：高橋裕次郎『パート・派遣の雇用しくみと手続き』三修社，2003年，p.9より修正作成。

図表14-3　非正社員のタイプ

A．正社員の補助的な業務をするタイプ
・パートタイム：正社員より労働時間が短い ・アルバイト：本業を持つ人が兼業として一時的に働く（パートタイムと比べて労働の継続性がない） ・臨時労働者：短時間だけ働く ・嘱託社員：正社員だった人が定年退職した後に再雇用される場合
B．正社員並みの業務をするタイプ
・契約社員：専門的な能力を持ち短期的に雇用される。正社員のみに任されていた基幹的な業務を担うものの，雇用形態は正社員ではない ・派遣社員：外部の会社（人材派遣会社）から派遣された労働者。契約社員と同様，専門的な能力が期待される。

出所：藤永伸一『派遣・契約・パート社員の法律知識』日本実業出版社，2001年，p.13より作成。

非正社員は大きく，正社員の補助的な業務を行う者と正社員とほぼ同じ業務を行う者の2種類に分けられる（図表14-3）。

3. 非正社員の増加要因

　総務省の労働力調査（2013）によると，非正社員の比率は1985年の16.4%から2012年の35.2%まで上昇している。非正社員の割合は，雇用者の3分の1を超えている。非正社員の内訳をみると，パートが49.0%，アルバイト19.5%，派遣5.0%，契約社員・嘱託19.5%となっている。

　非正社員の増加の背景には，需要側である企業だけによるものではない。供給側である労働者にもさまざまな理由から，自ら非正社員としての働き方を選択することも少なくない（労働政策研究・研修機構編 2007）。

(1) 需要側の要因

　厚生労働省の調査（2003）によると，企業が非正社員を雇用する理由として，「人件費の節約のため」，「景気変動に応じて雇用量を調節するため」などコスト要因に基づくもの，「1日，週の中の仕事の繁閑に対応するため」，「長い営業（操業）時間に対応するため」など業務内容の特性や変化に基づくものがあげられているが，最も大きい理由はコスト要因であろう（労働政策・研修機構編 2007）。

　国際競争激化の下でのコスト削減の必要性，経済の先行きに対する不透明感やデフレの進行などの下で，できるだけ賃金コストが安く，雇用調整も容易な労働者のウェイトを拡大したいという企業側のニーズがかつてなく強まっていることが，パート労働者等非正社員の増加に結びついていると考えられる。さらに自動車や電機業界などでは，パートも含めた「直傭形態」ではなく，いわゆる「構内下請け」の活用を広げることにより，人件費コストの柔軟化を進める動きもみられる。

　また，業務量変化の要因もあげられる。サービス経済化の進展に伴い，繁閑業務の拡大とともに，繁忙期だけの対応をするパート労働者の需要拡大の大き

な要因となっている。特に，流通業や外食産業などではパートが重要な戦力となっている。近年では，製造業の生産ラインや金融業の窓口業務など，業種を問わず広く実施されている。これまでの正社員は「基幹業務，非正社員は補助業務」といったあいまいな役割分担を見直し，同一仕事であれば積極的に非正社員を活用していくためである（上林・厨子・森田 2010）。流通業などでは営業時間の延長に対応してシフト制を組むためにパート化が一層進んでいる面があり，短時間でも店長やマネージャー等責任のある仕事を担える人材も必要になってきており，こうしたパート比率の高い業種では，パートの基幹化も進んでいる（厚生労働省雇用均等・児童家庭局編 2002）。

(2) 供給側の要因

厚生労働省の調査によると，非正社員の現在の就業形態を選択した理由として，「自分の都合のよい時間に働けるから」，「家計の補助，学費等を得るため」，「勤務時間や労働日数が短いから」，「家庭生活や他の活動と両立しやすいから」など，時間的な自由度を積極的に評価する者が多い（図表14-4）。

このように，非正社員としての就業を選択した人の中には，自己の能力，技能の活用，生活上の都合との調和などといった働く側の要因もある。

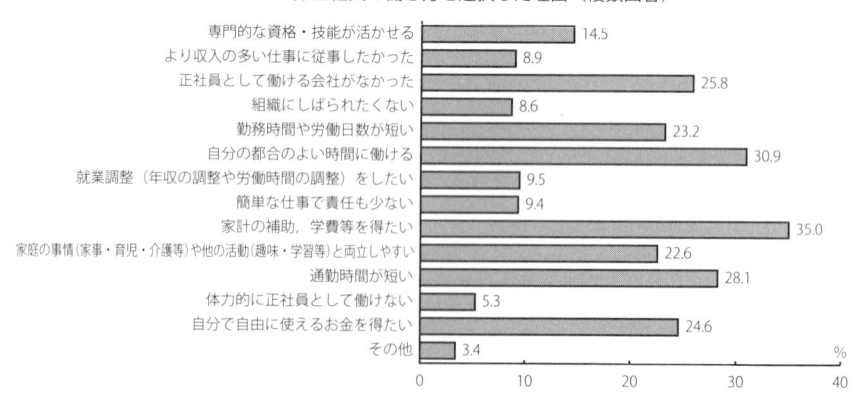

図表14-4 非正社員の働き方を選択した理由（複数回答）

理由	%
専門的な資格・技能が活かせる	14.5
より収入の多い仕事に従事したくなかった	8.9
正社員として働ける会社がなかった	25.8
組織にしばられたくない	8.6
勤務時間や労働日数が短い	23.2
自分の都合のよい時間に働ける	30.9
就業調整（年収の調整や労働時間の調整）をしたい	9.5
簡単な仕事で責任も少ない	9.4
家計の補助，学費等を得たい	35.0
家庭の事情（家事・育児・介護等）や他の活動（趣味・学習等）と両立しやすい	22.6
通勤時間が短い	28.1
体力的に正社員として働けない	5.3
自分で自由に使えるお金を得たい	24.6
その他	3.4

出所：厚生労働省『就業形態の多様化に関する総合実態調査』2003年。

4. パート・アルバイト社員の活用

(1) パート社員

　パートタイム労働法では，パート社員は「1週間の所定労働時間が同一の事業所に雇用される通常の労働者の1週間の所定労働時間に比べて短い労働者」とされている（安西2013）。「パートタイマー」「アルバイト」「嘱託」「契約社員」「臨時社員」「準社員」など，名称の如何にかかわらず，上記に当てはまる労働者であれば，労働法の対象となる。

　非正社員の中でもパートタイマーが占める割合は高く，パートタイム労働という働き方が定着してきている。企業においても，パート社員の勤続年数の長期化や積極的な就業意識を受けて，パート社員を基幹的な戦力として活用する動きが現れている。

　このパート社員は，サービス業などを中心に増加してきている。サービス業などでは，パート社員を基幹的な労働力として位置付けることも多く，昇格・昇給制度や正社員への転換制度を取り入れるなど，処遇も多様化しつつある（白木・梅澤2010；労働政策・研修機構2007）。しかし，労働時間や勤務状況が正社員と変わらないパート社員については，賃金面などの待遇格差が人的資源管理上の大きな課題となっている。

　合理的な根拠のない処遇差は，パートタイム労働者の勤労意欲を低下させたり，離職率を高める可能性もある。ただし，処遇差を議論する場合は，いくつかの条件を考慮する必要がある。すなわち，正社員は仕事を特定して採用されてないのに対して，パート社員は職種を特定し採用された場合が多い。また，同じ仕事でも正社員には残業があるが，パート社員にはなかったり，あるいは正社員は転勤があるが，パート社員にはないなど，両者には働き方が異なり，それが処遇差として現れることもある。しかしながら，正社員とパート社員の処遇差は経済的に合理的であるだけでなく，パートにとって納得できるものでなければならない（佐藤・藤村・八代2007）。

　パート社員の中には，労働時間数は週35時間以上で，フルタイム労働者と

ほとんど同じ仕事をしている者もいる。正社員と同じ仕事をしながら名称だけがパートであるため，このようなパートを「疑似パート」と呼ぶこともある（佐藤・藤村・八代 2007）。パートというだけで正社員との労働条件の格差は大きい。パートタイム労働者も，労働者である以上は，労働基準法をはじめとする各種労働法規の適用を受けるのが原則である。

　また，1993 年に制定されたパートタイム労働法では，同一の事業所に雇用されている通常の労働者に比べて 1 週間の所定労働時間が短い労働者を対象として，適正な労働条件の確保をはじめとする雇用管理の改善，および就業能力の開発など行うことで，その能力の発揮と福祉の増進が図られている。パート社員の処遇改善や適正な雇用管理が一層求められている。

⑵　アルバイト社員

　パート社員とともに学生アルバイトやフリーターも重要な人的資源として活用されている。小売業，飲食店，サービス業などにおいて，とりわけ夕方や深夜，土日など，主婦パートの確保しにくい曜日や時間帯での営業がある業種では，学生が非正社員の主たる担い手となっている。コンビニエンス・ストアやファミリー・レストランが典型的な例である（佐藤・藤村・八代 2003）。

　また，学生アルバイトの他に，いわゆるフリーターも活用されている。フリーターという言葉は「フリー・アルバイター」の略で，学校を卒業した後，正規の仕事につかずにアルバイトなど非正社員の仕事で生計を立てている若年者を指す場合が多い。年中無休で 24 時間営業の業種では，時間帯の制約が少ないフリーターが，企業にとって重要な戦力となっている（佐藤・藤村・八代 2003）。

　フリーターは，勤務させる時間帯や曜日に融通がきくため，仕事量の都合に応じた柔軟な人員設定がより容易になるメリットがある。企業によっては，フリーターをフルタイムで勤務させ，正社員と同じ勤務シフトに組み込むなどして活用するケースもある（佐藤編 2008）。

　フリーターの種類もさまざまで，①アルバイト社員としての仕事以外に活動や仕事を持ち，そちらでの活躍やキャリア形成を望む者，②適職を探す活動の一環としてアルバイト社員として勤務している者，③社員としての雇

機会が得られなかったため，やむを得ずアルバイト社員として働いている者，④ 特に今後の展望を持たず，とりあえずの収入を得るためアルバイト社員として勤務している者がいる（佐藤編2008）。これらのフリーターの中には，アルバイト社員として働く中で，現在の仕事に興味をもつ者もあり，企業としては，これらの人材を長期的な視点から活用していく必要がある。そのためには，仕事内容の高度化や技能の伸びに応じて賃金水準を上げる仕組みや正社員への登用といった人事制度上の工夫も必要である（佐藤編2008）。

フリーターの増加は，若者の意識の変化と企業の採用抑制による原因も大きい。しかし近年，日本だけでなくイギリスなど欧州諸国でもフリーターが大きな社会問題として取り上げられるようになった。それがニート（NEET: Not in Education, Employment or Training）である。ニートとは，就学，就労，職業訓練のいずれも行っていない者を指す（小杉編2005）。今後，少子・高齢化が進展する中で，これらの若者の増加は社会・経済面において大きな問題である。

政府もこのような若者を支援するために，さまざまな対策を講じている。その1つが「ジョブ・カフェ」というものである。ジョブ・カフェは，企業内で職業能力を形成する機会のない人を対象にした，安定した雇用への移行を目指すため，職業訓練施設や企業現場において所定の職業訓練を得る機会を提供するためのもので，2003年に政府が策定した「若者自律・挑戦プラン」の中核的施策と位置づけられた。

ジョブ・カフェに加え，ジョブ・カード制度もある。ジョブ・カード制度とは，過去のキャリアや職業訓練の履歴を記録し，一定の職業能力があることを証明するものである。このジョブ・カード制の内容としては① ジョブ・カードを活用した，きめ細かなキャリア・コンサルティングを通じた意識啓発やキャリア形成上の課題の明確化を行い，② 企業実習と座学などを組み合わせた実践的な職業訓練（職業能力形成プログラム）を提供するとともに，③ 職業訓練での企業からの評価結果や職務経歴などをジョブ・カードとして取りまとめることにより，就職活動やキャリアアップに活用するといったものである。

ジョブ・カフェやジョブ・カード制度により，フリーターなどの若者が，その能力を向上させ，安定した雇用へと移行することが期待されている。

5. 契約社員・嘱託社員の活用

(1) 契約社員

　契約社員には，担当業務によって2つのタイプがある。1つは，専門的な知識や技能が求められる特定の業務に従事する「専門型契約社員」である。たとえば，経営企画，法務，財務といったスタッフ部門やIT関連のサービス業務，設計，編集などがそれである。この専門型契約社員は必要な人材が社内にいないときに，必要な期間だけ活用できるメリットがある。企業にとっては，人員調整の必要性が生じた場合に柔軟に対応することが可能となる。

　もう1つは，正社員の補助的な定型的な仕事に従事する「一般職型契約社員」である。このような契約社員は飲食店やスーパー・デパートなどの小売業，旅行代理店やレジャー産業などのサービス業で多く活用されている。パート社員の仕事を契約社員に従事させることにより，企業は短時間勤務では対応が難しい仕事においても，仕事量に応じた柔軟な人員調整が可能となる（佐藤編 2008）。

　契約社員は専門職型，一般職型ともにフルタイム勤務が一般的である。今後，このような契約社員を活用していくには，正社員との均衡処遇が求められる。

(2) 嘱託社員

　嘱託社員は，定年年齢に達した高年齢者をいったん退職させて再雇用という形で，定年退職後も継続して1年以内の契約で雇用する社員をいう。高年齢者雇用安定法の改正により，2006年から65歳までの安定した雇用確保への取り組みが企業に義務付けられたことを背景に，嘱託社員の活用が増加している。個人にとっては，嘱託社員として継続雇用されることで，65歳まで一定の収入を確保することができるというメリットがある。他方，企業にとっては，高年齢者が長い職業人生で培ってきた業務知識や経験・ノウハウを若手社員に継承させたり，仕事に有効に活用することができるというメリットがある。

6. 派遣社員・請負社員の活用

⑴ 派遣とは

　派遣とは，労働者派遣を営む事業者（派遣元）が派遣社員を受け入れて使用する企業（派遣先）へ派遣社員を派遣し，派遣社員は派遣先の指揮命令に従って働くという働き方である。派遣先は派遣社員から労務の提供を受けた後に派遣元に派遣料金を支払い，派遣元は，派遣料金の中から派遣社員へ賃金を支払う。この派遣は，派遣元，派遣先，派遣労社員の三者の関係から構成される。

　労働者派遣は，派遣契約形態によって「常用型」と「登録型」の2つに分けられる。

　登録型派遣は，労働者が派遣元（派遣会社）に登録しておき，仕事の依頼を受けたときにだけ派遣元と雇用契約を結び，派遣先（ユーザ企業）で働く形態である（図表14-5）。派遣社員のほとんどは登録型派遣である。登録型派遣の場合，派遣元は派遣先から依頼を受けると，自社に登録している労働者の中から，適性，スキル，希望条件等を考慮したうえで，派遣先の示す条件に近い労働者を選ぶ。派遣元は，派遣社員の承諾が得られたら，その派遣社員と派遣労働契約（雇用契約）を結び，派遣社員を派遣先で就業させることになる。登録型派遣のうち，雇用契約の関係が生じる期間が30日以内のものを特に「日雇い派遣」と呼ぶ（佐藤2008）。

　一方，常用型派遣は，派遣元と常に雇用契約を結んでいる状態で，派遣先で働く形態である。

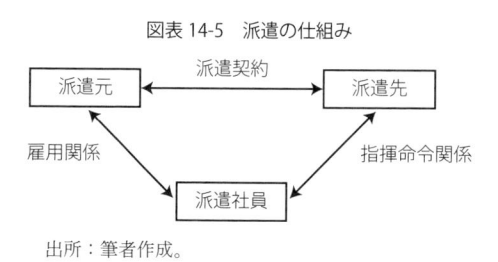

図表14-5　派遣の仕組み

出所：筆者作成。

図表14-6 労働者派遣（専門26業務）

①ソフトウェア開発・保守 ②機械・設備設計 ③放送機器等操作 ④放送番組等演出 ⑤電子計算機等の事務用機器操作 ⑥通訳、翻訳、速記 ⑦秘書 ⑧文書・磁気テープ等のファイリング ⑨市場等調査・調査結果整理・分析 ⑩財務処理 ⑪契約書等取引文書作成 ⑫機械の性能・操作方法等に関するデモンストレーション ⑬添乗 ⑭建築物清掃 ⑮建築設備運転・点検・整備 ⑯案内・受付、駐車場管理等 ⑰化学に関する知識・応用技術を用いての研究開発 ⑱事業の実施体制の企画・立案 ⑲書籍等の制作・編集 ⑳商品・広告等デザイン ㉑インテリアコーディネーター ㉒アナウンサー ㉓OAインストラクション ㉔テレマーケティング営業 ㉕セールスエンジニア営業 ㉖放送番組等における大・小道具

出所：佐藤博樹編『パート・契約・派遣・請負の人材活用』日本経済新聞出版社，2008年，p.74。

　派遣社員を受け入れるためには，派遣元との間で派遣社員の従事する業務の内容，就業場所，派遣期間，就業開始・終了時刻その他の事項について「労働者派遣契約」を締結することが必要である。

　派遣社員の活用は，従来から認められてきた専門26業務（図表14-6）のほかに，①港湾運送業務，②建設業務，③警備業務，④医療関係の業務（一部は解禁）を除くいわゆる自由化業務（営業，販売，一般事務，製造の業務など）で認められている（佐藤編 2008, p.73）。

(2) 派遣のメリット・デメリット

　派遣の働き方には，いくつかのメリット・デメリットがある。メリットとしては働く曜日や時間帯，さらには仕事を選べたり，仕事の範囲や責任が明確であることなどがある。他方，雇用期間に定めのない正社員ではないため，雇用が不安定であり，また，賃金や福利厚生など正社員に比べて不利な面が多いデメリットがある（図表14-7）。

　派遣社員を活用する企業側のメリットとしては，次の点が挙げられる（今野・佐藤 2009, p.324）。

① 募集や採用に要する時間とコストが不要であること
② 業務に必要な能力を保有しているので教育訓練が不要であること
③ 社会労働保険などの事務手続きの事務管理が不要であること
④ 一時的に発生する業務への対応に活用することができること

　また，派遣社員は，次の場合に活用されることが多い。

図表14-7 派遣労働のメリットとデメリット

メリット	デメリット
●仕事の範囲や責任が明確 ●専門的な技術や資格を生かせる ●働きたい仕事内容を選べる ●働く企業や職場を選べる ●残業・休日出勤をしなくてもすむ ●会社の人間関係に煩わされない ●働く期間を限って働ける	●雇用が不安定である ●収入が不安定である ●賃金水準が低い ●福利厚生が不十分 ●重要な仕事を任せてもらえず働きがいに欠ける ●補助的な仕事しか任されないため経験を積み重ねても職業能力が向上しにくい

出所：三浦和夫『派遣社員活用の実際』日本経済新聞社，1999年。

① 一時的あるいは季節的な業務を処理するためである。例えば，決算時期に経理事務の担当者を確保することがそれである。
② 一時的な欠員に対処するための利用である。たとえば，育児や介護休業の代替要員を派遣で確保することである。
③ 社内で確保できない専門的な能力のある人材を補充するものである。たとえば，海外企業との業務提携のために一定期間だけ語学が堪能な秘書が必要になった場合である。
④ 実際の働きぶりをみてから社員を採用したい場合，紹介予定派遣を活用することができる。

(3) 派遣期間

労働者派遣制度が見直され，2015年4月から適用されるようになる。厚生労働省の労働者派遣制度の見直し案の主要内容は，企業が派遣社員を受け入れる期間の上限を事実上なくし，3年ごとの人の交代で同じ業務をずっと派遣社員に任せられるようにするほか，派遣元と無期契約を結んだ派遣社員は期限なく働けるようにすることである。現行の制度では，通訳や秘書など「専門26業務」の派遣社員は特別に期限なく働くことができるが，それ以外の業務は最長で3年となっている。

新制度ではこの業務区分を廃止し，それにより何が26業務にあたるか分かりづらかった問題を解消し，派遣社員に仕事を任せやすくする。そのうえで，派遣元と無期の契約を結んだ人は派遣先で期限なく働けるようにする。派遣元

294　第3部　人的資源管理のダイバーシティ

図表14-8　派遣社員の働き方

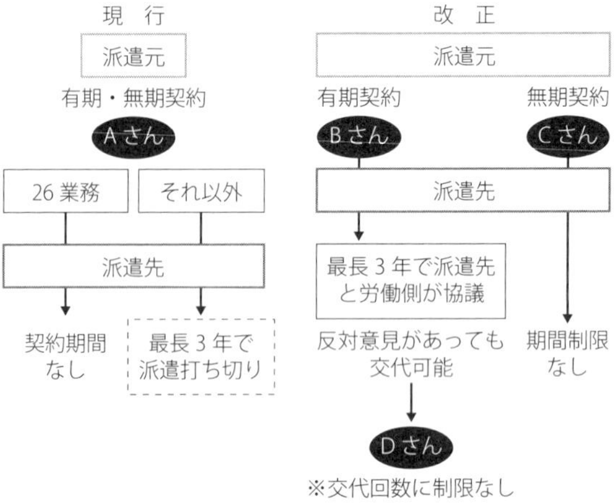

現　行
- 派遣元
- 有期・無期契約
- Aさん
  - 26業務 → 派遣先 → 契約期間なし
  - それ以外 → 派遣先 → 最長3年で派遣打ち切り

改　正
- 派遣元
  - 有期契約：Bさん
  - 無期契約：Cさん
- 派遣先
  - Bさん：最長3年で派遣先と労働側が協議／反対意見があっても交代可能 → Dさん
  - Cさん：期間制限なし
※交代回数に制限なし

出所：『日本経済新聞』2013年12月13日。

と有期契約を結んだ人は，派遣先で最長3年働ける。また，派遣期間の上限は「人」で判断する。これまではある業務を任せる場合，3年以内で何人も代わるケースがあったが，今後は個人ごとに最長3年働けるようにする。また，現在届け出制と許可制の2種類がある事業者について，基準が厳しい許可制に一本化する（日本経済新聞2013/12/13）。

(4)　紹介予定派遣

2000年12月から紹介予定派遣が法律で認められたため，採用方法の1つとして派遣労働を活用することが可能となった。紹介予定派遣とは，派遣先に直接雇用されることを前提に一定期間派遣社員として就業し，派遣期間終了時に企業と本人が合意した場合，社員として採用される派遣のことである（佐藤編2008；佐藤2008）。派遣期間中は通常の労働者派遣に相当し，正社員への採用過程は有料職業紹介に当たるため，「紹介予定派遣」と呼ぶ。派遣期間は最大で6カ月となっている（佐藤2008）。

紹介予定派遣は，労働者派遣を開始する時点に派遣労働者と派遣先の意思確認をし，同意を得たうえで行う場合に限って可能である。もし，派遣就業を始めてから，派遣労働者の希望によって新たに紹介予定派遣とする場合には，三

図表 14-9　紹介予定派遣の仕組み

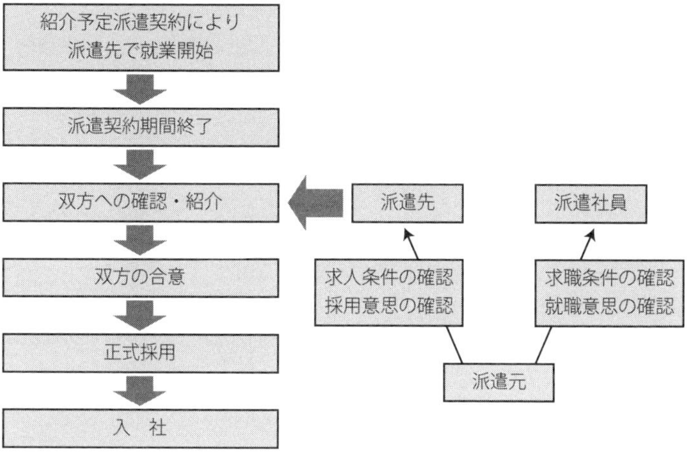

```
紹介予定派遣契約により
派遣先で就業開始
      ↓
派遣契約期間終了
      ↓
双方への確認・紹介　←　派遣先　　派遣社員
      ↓                  ↑         ↑
双方の合意         求人条件の確認  求職条件の確認
      ↓           採用意思の確認  就職意思の確認
正式採用                 ↖     ↗
      ↓                    派遣元
入　社
```

出所：筆者作成。

者（派遣元，派遣先，派遣労働者）の合意のもと，従来の労働者派遣契約及び派遣労働契約を終了させ，新たに紹介予定派遣としての契約を結び直す必要がある（図表 14-9）。

　紹介予定派遣のメリットは，働く側は自分に合った企業で働きたい，また企業にとってはいい人材を採用したいという両者が互いを見極められる点にある。入社前に，実際の仕事内容や企業の環境，雰囲気を体験できるため，入社後に「待遇・条件が違っていた」「自分に合わない」「スキルが活かせない」というギャップを少なくすることができる。企業は面接だけでは判定しにくい個人の人柄や普段の勤務態度を見ることができるため，雇用のミスマッチを減らし，安定した雇用を築くことができる（佐藤編 2008；佐藤 2008）。

⑸　**請負**

　労働者派遣と間違えやすい契約として，請負がある。請負も派遣と同じように請負先（ニーザー企業）が請負元（請負業者）から特定の仕事を担当できる人材を受け入れて業務を行わせるものである。請負の仕組みは，請負元が請負先と請負契約を結んで仕事を引き受け，請負元が雇用する労働者を指揮命令して，請負元の責任で仕事を完成させるものである（図表 14-10）。請負の場合

296　第3部　人的資源管理のダイバーシティ

図表 14-10　請負の仕組み

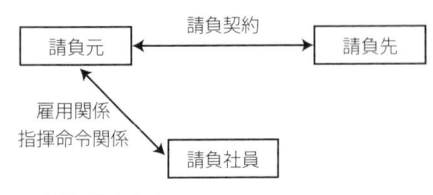

```
         請負契約
請負元 ←--------→ 請負先
  ↓↑
雇用関係
指揮命令関係
  ↓↑
請負社員
```

出所：筆者作成。

は，労働者派遣と異なり，業務の遂行に関する指示，労働時間管理に関する指示等については，請負元自らが行うことになっている。

請負は製造業で利用されることが多く，メーカーが1つの製造ラインを丸ごと業務委託し，請負社員が製品の組み立てをメーカーの工場内で行うのが一般的である。請負には契約期間を規制する法律が存在しないため，3年の上限がある派遣社員より請負社員の方が企業にとっては都合がいい（朝日新聞特別報道チーム 2007）。

そのため，近年，形式的には請負契約をとりながら，実際には請負先が直接

図表 14-11　派遣と請負との区分に関する基準

□労働者に対する業務の遂行方法に関する指示その他の管理を，受託者が自ら行っているか？
□労働者の業務の遂行に関する評価等に係る指示その他の管理を，受託者が自ら行っているか？
□労働者の始業及び終業の時刻，休憩時間，休日，休暇等に関する指示その他の管理を，受託者が自ら行っているか？
□労働者の労働時間を延長する場合又は労働者を休日に労働させる場合における指示その他の管理（これらの単なる把握を除く。）を，受託者が自ら行っているか？
□労働者の服務上の規律に関する事項についての指示その他の管理を，受託者が自ら行っているか？
□労働者の配置等の決定や変更を，受託者が自ら行っているか？
□業務の処理に関する資金について，すべて受託者自らの責任の下に調達し，かつ支弁しているか？
□業務の処理について，民法，商法その他の法律に規定された事業主としてのすべての責任を受託者が負っているか？
□受託者が自己の責任と負担で準備し，調達する機械，設備若しくは機材（業務上必要な簡易な工具を除く。）又は材料若しくは資材により，業務を処理しているか？
□受託者が自ら行う企画又は自己の有する専門的な技術若しくは経験に基づいて，業務を処理しているか？

出所：厚生労働省ホームページ。

請負社員に対し就業時間や場所を指定したり指揮命令を行うなど，実態として労働者派遣を行っているケース，いわゆる「偽装請負」が 2006 年頃から社会問題になった。偽装請負は，労働者派遣法，職業安定法に違反する。また，偽装請負では，労働基準法や労働安全衛生法等に定められた派遣元と派遣先との責任があいまいになってしまうため，労働者の労働条件や安全衛生が十分に確保されず，トラブルも発生している（朝日新聞特別報道チーム 2007）。

厚生労働省は，〈図表 14-11〉の基準に該当しない場合は，請負ではなく，労働者派遣事業を行うものと判断するという基準を告示している。

7. 非正社員の活用の課題

今後の人事戦略として，パート，アルバイト，契約，嘱託，派遣社員などといった非正社員の活用は不可欠である。その場合，多様な人材を活用するにあたっては，人的資源管理上の課題も多い。まず，正社員と非正社員の人材が混合する職場では，勤務条件が異なるために就業管理が煩雑化する恐れがある。また，集団としてのまとまりが薄れてくる可能性も高く，従業員同士のコミュニケーションが困難になることも予想される。さらに，正社員と非正社員という就業形態の違いによる労働条件の格差について，均等待遇の観点から管理の見直しも求められる。同じ仕事をしているにも関わらず正社員と非正社員との間で処遇に格差が生じている。また，非正社員が従事する仕事の難易度は上がったものの，処遇の仕組みは改善されていないのが現状である（厚生労働省雇用均等・児童家庭局編 2002）。

このような状況の下で，2008 年 4 月にパートタイム労働法が改正されたことを契機に，正社員と「職務内容や責任の程度が同一」，「人材活用の仕組みや運用（配置・異動の有無や範囲）が同一」，「期間の定めがないまたは反復して更新されることによって期間の定めのない雇用契約と同一」とみなされる短時間労働者に対する差別的扱いが禁止されるようになった。そのため，多くの企業では正社員と非正社員の人的資源管理の仕組みの統一化，処遇格差の解消といった非正社員を戦略的に活用していく取り組みが行われている（上林・厨

子・森田 2010)。

　いずれにしても，雇用形態の多様化は，就業者のニーズを見極め，その能力を最大限に引き出す戦略として捉えることが重要である。企業としては，長期に経営を支える人材も不可欠であり，すべてをフロー型の人材に置き換えることは問題がある。したがって，人件費節約だけではなく，長期的な視点に立って，多様な雇用形態の人材を組み合わせるアプローチが必要である。

□引用・参考文献

朝日新聞特別報道チーム『偽装請負―格差社会の労働現場』朝日新聞社，2007年。
安西愈『雇用法改正　人事・労務はこう変わる』日本経済新聞出版社，2013年。
奥林康司・上林憲雄・平野光俊『入門人的資源管理』中央経済社，2010年。
菊野一雄・八代充史編『雇用・就労変革の人的資源管理』中央経済社，2003年。
厚生労働省雇用均等・児童家庭局編『パート労働の課題と対応の方向性』21世紀職業財団，2002年。
小杉礼子編『フリーターとニート』勁草書房，2005年。
佐藤博樹編『パート・契約・派遣・請負の人材活用』日本経済新聞出版会，2008年。
佐藤博樹・藤村博之・八代充史『新しい人事労務管理』有斐閣，2003年。
佐藤広一『人材派遣の実務』日本実業出版社，2008年。
佐野陽子他編『ジェンダー・マネジメント』東洋経済新報社，2001年。
白木三秀・梅澤隆編『人的資源管理の基本』文真堂，2010年。
高橋裕次郎『パート・派遣の雇用のしくみと手続き』三修社，2003年。
日経連『新時代の『日本的経営』―挑戦すべき方向とその具体策』日経連，1995年。
三浦和夫『派遣社員活用の実際』日本経済新聞社，1999年。
労働政策研究・研修機構編『多様な働き方の実態と課題』労働政策研究・研修機構，2007年。
労働政策研究・研修機構編『パート，契約社員等の正社員・転換制度―処遇改

善の事例調査』労働政策研究・研修機構，2007年。
労働政策研究・研修機構編『非正規就業の実態とその政策課題―非正規雇用とキャリア形成，均衡・均等処遇を中心に』労働政策研究・研修機構，2012年。
労働法規研究会編『派遣先企業のためのやさしい労働者派遣法』労働調査会，2000年。

■演習問題

I．次の文章の（　）の中に適切な言葉を書き入れなさい。
1．雇用期間の定めのない雇用契約で働いている雇用形態を（　　　）といい，期間を定めた雇用契約により，働いている雇用形態を（　　　）という。
2．契約社員には，担当業務によって専門的な知識や技能が求められる特定の業務に従事する（　　　）契約社員と正社員の補助的な定型的な仕事に従事する（　　　）契約社員の2つのタイプがある。
3．就学，就労，職業訓練のいずれも行っていない者を（　　　）といい，学校を卒業した後，正規の仕事につかず，アルバイトなどで生計を立てている若年者を（　　　）という。
4．派遣は，労働者派遣を営む（　　　）が派遣労働者を（　　　）へ派遣し，働かせる働き方である。この場合，労働者は派遣先の（　　　）に従って働く仕組みである。
5．（　　　）派遣とは，派遣先に正社員として雇用されることを前提に一定期間派遣され，（　　　）終了時に企業と本人が合意した場合，（　　　）として採用される派遣のことである。

II．次の問題を説明しなさい。
1．雇用ポートフォリオについて説明しなさい。
2．非正社員を活用するための人的資源管理上の課題について説明しなさい。

第15章

国際人的資源管理

1. 国際人的資源管理とは

　人的資源は企業の競争力を築く上での基盤となる。人材をいかに戦略的に活用するかにより，企業の競争優位が左右されるからである。そして人的資源は企業経営の中で最も各国の社会文化的な影響を受けやすく，いかに世界各国の人々を有効に活用するかが，グローバル企業にとって大きな課題である。

　国際人的資源管理（International Human Resource Management）とは，グローバル化した企業がさまざまな国籍の従業員を対象に，人材の確保，開発，報償，維持に関する体系的で計画的な管理活動であると定義づけられる。人的資源管理の管理活動には，人事計画，選抜，採用，配置，教育訓練，評価，処遇，労使関係，企業内コミュニケーションが含まれる（図表15-1）。

　国際人的資源管理も人的資源管理の管理活動という点では，国内人的資源管理と基本的に大きな違いはないといえる。

　国際人的資源管理と国内人的資源管理の違いは，国内人的資源管理はその対象が自国の従業員に対して行われるのに対して，国際人的資源管理は，一国を超えて他の国・地域でも実施され，その対象の中に外国籍を多く含むという点にある。従業員はその国籍により，本社から海外拠点へ派遣した本国人，海外拠点がある国の現地人，本国人でも現地人でもない第三国人に区分できる。また，本国人が海外拠点のある国またはそれ以外の国で勤務する人を海外派遣者といい，元の国内の勤務先に戻る人を帰任者という（白木1999）。

　国際人的資源管理は，人的資源管理の諸職能，従業員タイプ，それに企業が活動する国の3つのレベルから構成されている。したがって，国内の人的資源

図表 15-1　国際人的資源管理のモデル

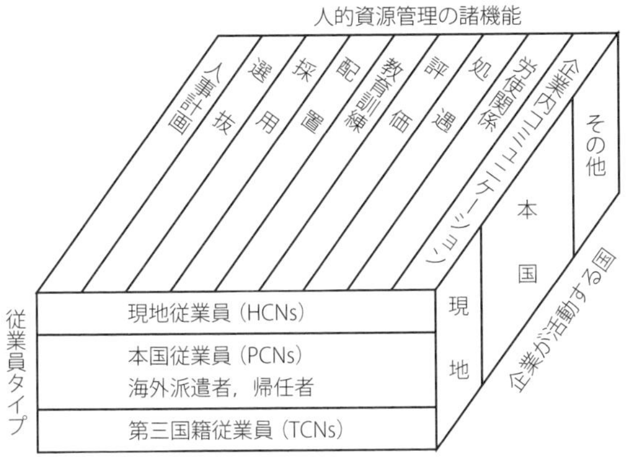

人的資源管理の諸機能：人事計画／選抜／採用／配置／教育訓練／評価／処遇／労使関係・コミュニケーション／企業／その他

従業員タイプ：
- 現地従業員（HCNs）
- 本国従業員（PCNs）海外派遣者，帰任者
- 第三国籍従業員（TCNs）

本国／現地／企業が活動する国

出所：白木三秀『日本企業の国際人的資源管理』日本労働研究機構，1999 年，p. 3。

管理に比べて複雑である。

　国際人的資源管理のためには，さまざまな要素を考慮する必要がある（図表 15-2）。まず，環境と組織分析から始まる。環境には，現地国の政治や法的条件，労働市場，文化がある。次に，国際化段階，製品や技術の性格，組織内部の人的資源に対する分析をする。そして組織内外の与件を分析した後，国際人

図表 15-2　国際人的資源管理の構成要素

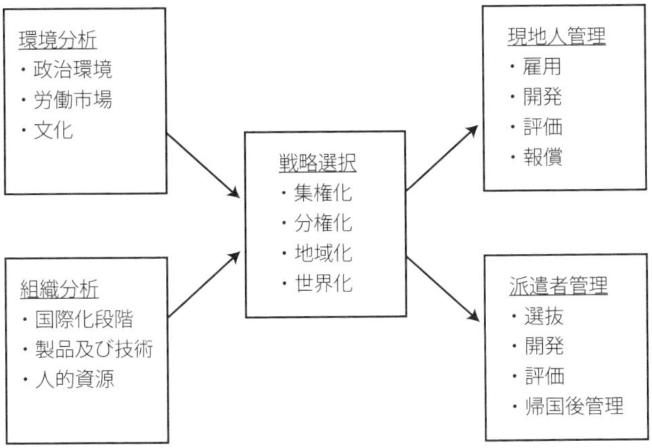

環境分析
・政治環境
・労働市場
・文化

組織分析
・国際化段階
・製品及び技術
・人的資源

戦略選択
・集権化
・分権化
・地域化
・世界化

現地人管理
・雇用
・開発
・評価
・報償

派遣者管理
・選抜
・開発
・評価
・帰国後管理

出所：筆者作成。

的資源管理の戦略，すなわち，本社と現地子会社の人的資源管理の関係をどのように設定するのか，その戦略に基づいて現地人と派遣者に対する人的資源管理が行われる。

2. 国際人的資源管理の環境要因

　国際人的資源管理において現地国の雇用関係を含めた，労使関係に対する政策と外国企業に対する政策はとても重要である。各国の労使関係と雇用関係に対する法律や政策的規制は，人的資源管理に直接的な影響を及ぼす。また，技術移転を理由に現地国が，義務的に管理者や技術人材の採用を要求する場合もある。このような場合には，集権化戦略に依存することは相応しくない。

　現地国の労働市場の事情も重要な要因である。必要な技能人材を現地で調達できない場合には，訓練費用が多くかかる。特に，経営層や専門人材が育成されていない場合には，本社の人材を派遣しなければならない。たとえば，アフリカのように経営層や技術人材の供給がかなり制限されている地域では，集権化戦略が相応しいのに対し，ヨーロッパのように経営層や技術人材に対する教育体系を整えている地域では，分権化や地域化または世界化戦略を推進することが望ましい。

　現地国の文化的特性は，国際人的資源管理において，最も重視しなければならない環境要因である。文化的特性は，国際人的資源管理の戦略を選択するのに影響を与えるだけでなく，現地人に対する人的資源管理の全体の領域に影響を及ぼす要因である。文化的差異の程度や文化によって集権化戦略を受容する程度が異なるために，国際人的資源管理戦略を立てる際には，必ず現地国の文化を考慮しなければならない（平澤・守屋 2001）。

　特に，国際人的資源管理における人の問題に関しては，それぞれの国の社会的，文化的要素が企業経営に大きく影響を及ぼすとされている。国際人的資源管理は，それぞれの地域に特有の文化的背景を知ることから始まる。たとえば，日本とアメリカとでは，「家族か会社か」「個人か集団か」「明白か曖昧か」「才能か協調性か」「実績か年功か」「トップダウンかボトムアップか」「争

図表 15-3　職場における日米の文化的背景の違い

① 人々の優先順位として,アメリカは「家族」が第 1 であるのに対して,日本は「会社」第 1 である。
② 人間関係では,アメリカが「個人主義と独立」が基本であるのに対して,日本は「グループの一員」が基本である。
③ コミュニケーションの形では,アメリカでは『明確さ』が必要であるのに対して,日本では「間接的であいまいなこと」を良しとする。
④ 職場の関係では,アメリカでは「才能,経験,積極性」が重視されるのに対して,日本では「協調性や融通性」が基本である。
⑤ 仕事上の昇進については,アメリカでは「実績,技能,粘り強さ」に基づくのに対して,日本では『年功,技能,服従』に基づいている。
⑥ 意思決定については,アメリカでは『プロセスが速くトップダウン』であるのに対して,日本では「プロセスがゆっくりでボトムアップのコンセンサス」によっている。
⑦ ものごとが対立した場合,アメリカでは『白黒をつけること』が当然であるのに対して,日本では「争い」は避けるべきとされている。
⑧ 時間の認識であるが,アメリカ人は「経済計算」で解決するが,日本人は『過去,現在,未来』を重視する。

出所：佐野陽子『はじめての人的資源マネジメント』有斐閣，2007 年，p. 224。

いに白黒つけるか争いを回避するか」「利益目コストか過去・現在・未来か」が異なる（図表 15-3）。

したがって，現地国企業の人事担当者は，現地国の文化と適合しながら同時に，本社が受容可能な人的資源管理活動を遂行しなければならない。しかしながら，二重的な要求を満たすことは容易ではない。特に，各国に支社をおいている企業の場合，多様な現地国文化に相応しい人的資源管理活動を展開することはとても複雑な課題である。

人的資源管理は，国際化段階によってその戦略が異なる。一般に，国際化初期段階では集権化戦略を取り入れ，徐々に分権化と地域化を進め，最後には世界的にネットワークを構築する段階においては世界化戦略を推進することが望ましい。

3. 国際人的資源管理の重要性

今日，グローバル化時代を迎えて国際人的資源管理は，企業の国際競争力の

確保と維持のためにとても重要である。グローバル企業の国際競争力は，全世界にわたって散在している安価な生産要素を最適に結合することによって達成される。各国が保有しているさまざまな安価な生産要素は，これまでは各国の比較優位として作用し，交易によってそのメリットが実現された。しかし，交通と通信の発達によって物流コストとコミュニケーションなどのコストも減少し，全世界的なレベルで生産要素を最適に結合するグローバル企業が国際競争の優位を占めるようになった。

このようなグローバル企業の競争力を究極的に実現させるのは，結局人的資源管理である。一国家の競争力も結局は人的資源によって左右される。グローバル企業の競争力も同じく人を通じて確保される。特に，グローバル企業の競争力はさまざまな国に散在している生産要素を最適に結合することによって達成できる。

このような異質的な資源の結合は，物理的な結合だけでなく，異なる価値観と行動様式をもつ人の最適な結合過程でもある。したがって，グローバル企業の競争力の源泉として人的資源管理の役割はとても重要である。

本社は各国に散在している海外支社の活動を調整し，統合しなければならない。国際人的資源管理は，海外支社の活動を調整し，統制するのに規範的統制または文化的統制の機能を遂行する。規範的または文化的統制とは，外部の強制的規則や経済的誘因を通じた統制ではなく，共有された価値と信念を通じて人の内部から目標とする行為を誘導することをいう。

このような機能は，本社の戦略的目標と価値に見合う現地国の経営者や従業員を採用し，育成することによって達成される。

4. 国際人的資源管理の類型

国際人的資源管理は，国際化段階によって ① 本国指向型，② 現地指向型，③ 地域指向型，④ 世界指向型に大別される（浅川 2003）。全体の傾向としては，企業の国際化は段階的に ① から ②，③ そして ④ に向かう傾向にある（永池 2011）。

(1) **本国指向型**

　本国指向型の人的資源管理は，本国で行われている管理方法をそのまま現地国に適用する管理方式である。企業が主に国際化の初期段階にあるとき，あるいは先進企業が後進国に支店を設置したとき，その国の従業員に対する人的資源管理は，本社で行われている管理方式に従うのが一般的である。したがって，子会社や支店の上位階層の人材は，本国人を派遣し，給与や処遇も本社の規定を適用し，海外勤務手当を追加支給する。そのため，派遣者に対する報償は現地人よりはるかに高い水準となる。

　派遣国が後進国であれば，本国人ほど資質と能力を備えた人を現地で探すのも難しい。また，国際化初期段階であるので本社と緊密な意思疎通を図るためにも本社から派遣された本国人従業員が統括するのが望ましい。東南アジア，中国，中南米などに進出している日本企業の子会社や海外支店は，主に本国中心の人的資源管理を行っている。

　しかし，本国中心の人的資源管理は，現地人の昇進可能性や自律性が本社によってかなり統制されるというデメリットがある。いくら優秀な現地人であっても支店長・支社長にはなれず，同じ仕事をしても本国人との報償格差が大きく不満も多い。それだけでなく本国中心の人事制度は当然，現地国の実情と慣習に合わないことが多く，頻繁なトラブルを起こし，現地国の法律によって告訴されるケースもある。

(2) **現地指向型**

　現地指向型の国際人的資源管理は，現地の社会・文化的な特性を考慮して現地国に合わせた管理方式である。現地中心の国際人的資源管理を行っている企業は，海外の支店や子会社の管理を現地人に委任し，同時に現地国の法，文化，慣習による制度を取り入れ，報償も昇進も現地の他の企業と同様に遂行する。すなわち，特殊な場合を除いては本社の干渉を避け，本社からの派遣人も必ずしも上位階層に限られておらず，上下の広範にわたっている。そして，本社との業務協調のために必ず必要な人員を除いては，すべて現地人から調達する。

　このように現地中心の人的資源管理を行うことで，現地従業員の昇進機会や

士気向上を図り，意思疎通の断絶や文化的なトラブルを避けることができる。それだけでなく本社からの派遣者が少ないだけに海外滞在費などの人件費もかなり節約できる。そして現地国への良好なイメージを与えることによって，顧客から親しまれ市場の拡大にもつながる。さらに，労働組合や政府，そして販売流通機関との友好的な関係を築くことができる。

しかしながら，現地人管理者が本国の管理者にどれほど協調してくれるのかが疑問視され，本社と支社との意思疎通，文化的差異，戦略と業務処理方式の差異を調整し，縮めていくのが難しいというデメリットがある。

(3) 地域指向型

地域指向型の人的資源管理は，国ごとに分散されている海外拠点をいくつかの地域に分けて行う地域共通の管理方式である。全世界にわたって多くの支社や支店を有している大企業の場合，すべての管理を世界共通に行うこともできないし，だからといって，すべて差別的に管理することもできない。そこで東南アジア，北米，ヨーロッパ，中東などいくつかの地域に分け，地域本部を設置し，ある程度各国の支社の自律的管理に任せているのが地域中心の人的資源管理である。

このように，地域本部は国境は超えるが，その地域の文化に適した管理を任せるのである。これを誤り本国の本社従業員を地域本部管理者に任せるとすれば地域の特性を活かすことが困難となる。また，海外支社—地域本部—本社という複雑な意思決定チャンネルを持つことになり，さらに大きな問題となる恐れがある。したがって，地域本部の管理者にはその地域の人を登用することが望ましい。なぜならば，地域専門家が本社からの派遣人より現地の事情に詳しく，現地国との協調もうまくできるからである。

(4) 世界指向型

世界指向型の人的資源管理は，全世界に統一された制度や管理方法をもって行われる世界共通の管理方式である。海外の子会社や支社がどこの国にあるか，また本国人，現地人，第三国人などの国籍とも関係なく全世界から採用し，報償，昇進などの人事政策ももっぱら1つに統一された制度によって，全

世界の支社を統合・管理するのが世界中心の人的資源管理である。これはグローバル企業が有能な国際人，最高のCEOを採用するための政策であり，海外支店間の差異による政策と戦略の衝突を避けるためのグローバル人事戦略である。

　しかし，世界的に標準化された報償水準や昇進，福祉制度を適用することになると，多くの国の事情と合わなく葛藤が生じることもある。つまり，従業員に対するすべての報償基準を先進国レベルに引き上げなければならないので，人件費や管理費用が多くなる問題もある。したがって，グローバルな世界共通の人的資源管理は，あくまでも理論的な分類に過ぎず，実際，グローバルな企業であっても現地国の事情を考慮して人的資源管理の基準を差別化するのが一般的である。

5. 現地人と海外派遣者の管理

(1) 現地人管理

　現地人の採用については，各国の労働市場に適した手続きに従う必要がある。現地国の労働法を守ることはもちろん，現地国の職業紹介所を活用しなければならないこともある。特に，社会主義国家の場合，雇用を政府が統制することが多い。採用選考においても文化的な差異を考慮しなければならない。たとえば，和を重視する文化においては，個性が強い人がチームワークと協力を阻害するものと評価されるが，欧米の基準ではこのような人物が適任者として判断される。各国の文化によって性，人種，年齢に対する差別に対する敏感度の差があるので，これについても注意が必要である。また，多様な民族から構成された国の場合，民族別に採用人員を割り当てるのが望ましい。

　後進国や開発途上国の場合，企業が必要とする技能を保有した人材を確保するのが難しく，選抜や教育訓練に多くの時間と努力を要する。教育訓練においても，本国で行われる教育訓練プログラムは，本国の文化的価値や規範によるもので，現地国の文化的価値とは合わないこともある。たとえば，東洋文化圏の場合，教師は尊敬の対象であるため，受講者は受動的な態度をとるが，欧米

の場合は受講者の参加が活発である。したがって,各国の文化的価値や規範に合った教育訓練プログラムを設計するのが重要である。

　人事評価についても評価要素と評価方法を選択する際,文化的差異を考慮しなければならない。たとえば,集団主義的な文化においては,集団の調和や協調性といったものが個人の成果と同様に重要視されるが,個人主義的な文化においては,個人の成果が最も重視される。したがって,評価要素を選定する際には,文化的な要素を考慮する必要がある。

　報償管理は,現地国の労働市場や法的規制,労働組合の影響力,そして文化的要素を考慮して決めなければならない。社会保障制度や賃金,福利厚生に関する規定は国によって異なるため,これに対する対応が必要である。労働組合の組織構造や影響力も国によって異なる。集団主義的な文化の場合,年功給や集団別インセンティブが選好されるのに対して,個人主義的な文化の場合,能力給や個人別インセンティブが選好されるかもしれない。

(2)　海外派遣者管理

　海外派遣は,さまざまな目的から実施されているが,その1つとして海外勤務を通じて派遣要員を国際経営管理や国際業務に精通したグローバルに活躍できる将来のリーダーに育成することである。海外勤務は,世界で通用するリーダーの育成,つまり技術能力,革新能力,それに情報の交換や伝達といった調整能力や管理能力を兼ね備えた国際的な人材を育成するのが目的である。

　海外派遣者の管理の主要領域は,派遣者の募集・選抜,派遣前後の研修,報償,帰任後の管理に区分される。一般的な海外派遣者の管理サイクルは〈図表15-4〉のとおりである。

1)　海外派遣者の選抜

　海外派遣者の選抜においては,まず特定の職位に現地人を採用するのか,それとも本社から派遣するかを決めなければならない。派遣の必要性について考慮しなければならない要因は,次のとおりである。

　第1に,現地国との相互作用が高い場合には,現地人を採用するのが適切である。なぜなら,現地人の人的ネットワークが企業の業績に重要な影響を及ぼ

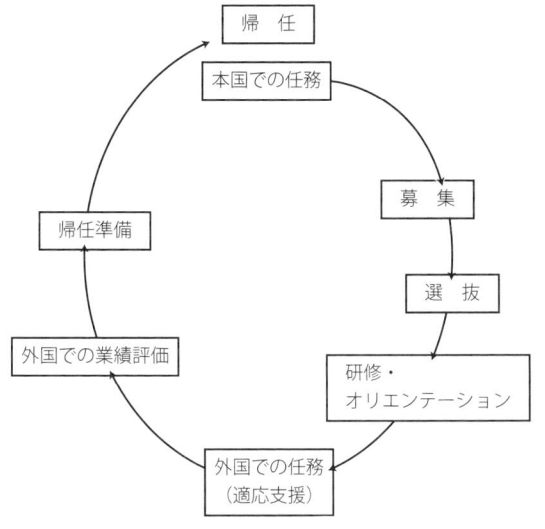

図表 15-4　海外派遣者の管理サイクル

```
          帰　任
           ↑
      本国での任務
    ↗              ↘
 帰任準備           募　集
   ↑                ↓
外国での業績評価    選　抜
   ↑                ↓
   外国での任務 ← 研修・
   （適応支援）    オリエンテーション
```

出所：中村久人「海外派遣要員の帰任適応に関する一考察―
　　　異文化マネジメントの視点から―」東洋大学『経営論集』
　　　67号，2006年，p. 103。

すからである。

　第2に，本国と現地国との文化の違いを考慮しなければならない。本国と現地国との文化にあまり大きな違いがある場合，派遣者が異文化に適応できない可能性がある。このように，費用と効果を考慮して現地人を採用するか，派遣するかを決定しなければならない。

　第3に，政治的要因を考慮しなければならない。国によっては，本国からの派遣者の数を制限する場合があり，できるだけ多くの人を現地人で確保することが望ましい。

　第4に，派遣者の活用と現地人の採用の相対的なコストを考慮しなければならない。一般に，現地人を採用した方がコストが少なくて済む。

　派遣の必要性の分析から派遣が必要であると判断されると，派遣者を選抜するが，派遣者の選抜は派遣時の管理においてとても重要な業務である。派遣者の管理者としての成功は，技術的な能力や国内でのこれまでの成功だけでなく，文化的能力にも依存するので，国内で有能な管理者であっても必ず海外で

も有能な管理者になるとは限らない。したがって，派遣者として成功するための個人的特性や能力を把握し，これを基に派遣者を選抜することが重要である。

派遣者の選抜要件としては，①海外勤務の意志，②職務遂行能力，③異文化適応力，④コミュニケーション能力，⑤対人関係能力，⑥家族の適応力などが挙げられる（日本経団連2004）。また，派遣者の選抜においては，上司推薦，会社指名，公募などさまざまなやり方がある（白木1995）。これらは一般に，教育・技術移転・管理などの派遣目的に沿って適任者の選定がなされる。

2）海外派遣前事前研修

派遣前事前研修は，派遣者に対して語学研修・安全管理・異文化対応・健康管理などのセミナー，現地習慣などに関する前任者からの体験情報の聴取，管理職未経験者のための管理職研修などさまざまなプログラムがある。特に，派遣者本人と家族が生活の基盤を確保する上で必要な教育・住居・生活・医療・安全管理など，現地事情紹介，語学研修などのプログラムを設けていることもある。一般的な派遣前研修の内容は，次のとおりである（白木1995）。

① 語学研修
② 派遣経験者との座談会
③ 現地における健康管理
④ 派遣先でのビジネスマナー
⑤ 本社の理念・海外戦略の把握
⑥ 国際経営の一般知識
⑦ 派遣先国事情

3）海外派遣者の報償

派遣者に対する報償は，優秀な人が派遣に応募するよう誘因を提供し，本社と支社そして本国の関係会社とのバランスを維持しなければならない。また，本社と支社，そして支社間の円滑な人事異動を考慮しなければならない。

日本企業は海外派遣者に対する賃金体系を国内給と海外給の二重払いをしている。海外勤務手当や家族手当，住宅手当，教育手当，生活費が別途に支給

される。これに加え，海外勤務の間には国内定期賞与も支払われる。また，引越費用，渡航費用など移動にかかる費用も支援している。このような仕組みによって，日本人海外派遣者1人当たりにかかるコストは多額にのぼるといわれている（石田編 1994）。

　派遣者の賃金は，国によって物価水準と生計費に差があるため，一律的に賃金を決定するのは困難である。「同一職位同一仕事」であっても各国の物価水準に差があり，現地人の賃金水準もまた国によって異なるので，これを本社中心にするのか，現地中心にするのか，あるいは「同一仕事同一賃金」という世界共通にするのか，さまざまな政策が考えられる。

4）帰任後の管理

　海外派遣者は，海外勤務を終えて本国に帰任するのであるが，さまざまな面において大きなカルチャー・ショックを受けるという（白木 1999）。異文化での業務遂行を成し遂げて帰国し，日本の本社の文化になじめない場合や海外の経験が職場で生かされないために離職する場合もある（日本経団連 2004）。

　また，生活環境が変わる場合があり，帰国後の新しい環境に慣れることができないといったこともある。したがって，派遣者の管理は帰任後までを考慮した長期的な計画の下で，海外派遣者の勤務経験を十分に発揮できる仕事内容，処遇などの工夫をして帰任者を最大限に活用できるようなシステムを構築することが重要である（石田編 1994；日本経団連 2004）。

　海外派遣者が成功裏に帰任を果たせば企業にとっても本人にとっても貴重な人的資源を有効に活用することができるからである。逆に，帰任に失敗した場合，本人の落胆やキャリアの挫折はいうまでもなく，企業にとっても海外派遣者にかけた多額の費用が無駄になってしまう。

6. 人材の現地化

(1) 現地化とは

　現地化とは，進出先の経営資源をできるだけ活用することである。経営資源

は，ヒト・モノ・カネそして情報の4つである。そして，この4つの経営資源のうち，最も重要な要素は人である。そのため，海外事業展開の重要な戦略課題として人材の現地化があげられる。したがって，海外拠点で，幹部に現地人を登用するなどして，本国から派遣した駐在員ではなく現地で採用した人材（現地従業員）を積極的に活用していくことが重要である。

現地化を進める上での留意点としては，①駐在員の動機づけ，②現地人管理者の選抜，③現地人の動機づけ，④現地人に対する育成機会の付与の4点が挙げられる（古沢2008）。

そして人材の現地化には，つぎのメリットが挙げられる（石田編1994）。第1に，派遣人材不足傾向への対応を可能にする。第2に，派遣人件費のコストが削減できる。第3に，優秀な現地人材の採用や定着に役立つ。第4に，現地人材の勤労意欲を高める。第5に，現地人材の知識やスキルを活用できる。

(2) 人材の現地化の実態と課題

日本企業の人材の現地化が遅れているといわれている（石田編1994）。現地化が進まない理由として，次の点が挙げられる（石田1985；労働政策・研修機構2006）。1つは，日本的といわれる終身雇用制，職務の曖昧性，遅い昇進，年功序列的な昇進・賃金制度などである。海外の日系企業では日本的な経営管理システムを導入しているために，現地の優秀な人材が定着しない。今後，日系企業が現地化を進めていくためには，日本的な経営管理システムを現地の経営管理システムに適応する形で修正していく必要がある。

2つは，日本からの海外派遣者が多いことである。幹部社員は本社社員に限定され，現地人の昇進の可能性が低いことから日本企業での就労は魅力的でない。日本人海外派遣者の多くは，海外子会社で管理職以上の職位に就いている。彼らが重要な職位に就いているということは，現地人のモチベーション低下や離職率と密接な関係がある。

欧米企業では，早くから販売力の強化を目的として現地化を積極的に進めており，優秀な現地人の幹部登用にも積極的である。

日系企業の海外派遣者数が多いのは，海外子会社で海外派遣者を通じての直接的な経営管理を行う傾向があるからである。これに対して欧米系企業では，

図表15-5　日本企業の特異性

項目	日本企業	欧米企業
従業員	日本人，同一文化	多様な人種，多様な文化
組織	一体感重視，強い帰属性	個の重視，強い独立性
職場の人間関係	緊密性，同じ価値観	独立性，多様な価値観
コミュニケーション	情報共有　阿吽（あうん）の呼吸	ドキュメントによる明確化
責任の所在	連帯責任	個人責任
採用・育成	新卒採用・企業内研修	キャリア採用
勤務期間	終身または長期間	転職によるキャリアアップ
全体のイメージ	気密・同質・均質模様	モザイク模様

出所：秋里寿正「日本企業はグローバル人材をどのように育成すべきか」『企業と人材』2008年12月，p.5.

マニュアルを通じた間接的な経営管理を行っているため，海外子会社には必要最低限の海外派遣者が存在している。

3つは，海外派遣希望者が減少していることである。その理由として，日本での資産形成が不利になること，子供の教育の問題，日本での技術や経営に関する情報についていけなくなること，などが挙げられている。

人材の現地化の遅れだけでなく，日本企業の海外進出の経験や蓄積があるにもかかわらず，人材のグローバル化が進んでいないという指摘もある（秋里2008）。人材のグローバル化が遅れている理由の1つとして，日本企業の強みである特異性がグローバル化を難しくしていることがある（図表15-5）。すなわち，同じ価値観や同質性を求める日本企業や日本人は，多様な価値観を持つ人材を受け入れることや異なる文化を持つ人材を管理することが不得手であるため，これが日本企業の弱みとなって，人材のグローバル化を遅らせている大きな要因であるとされている（秋里2008）。

産業能率大学が2010年行った「新入社員のグローバル意識調査」によると，新入社員の2人に1人が海外で「働きたいとは思わない」と回答しており，働きたくない理由をみると，「リスクが高い」，「能力に自信がない」が5割を超え，内向きの意識が著しい。グローバル化がますます増大している中，海外派遣を希望する人材不足が大きな問題となっている（図表15-6）。

図表15-6　新入社員の海外勤務に対する意識

海外で働きたいと思うか

- 働きたいとは思わない　49.0%
- どんな国・地域でも働きたい　27.0%
- 国・地域によっては働きたい　24.0%

働きたい理由（複数選択）n=204	
自分自身の視野を広げたいから	82.8%
日本ではできない経験を積みたい	77.9%
語学力を高めたいから	55.4%
外国人と一緒に仕事をしたいから	31.9%
その他	6.1%

働きたくない理由（複数選択）n=196	
海外勤務はリスクが高いから	56.1%
自分の能力に自信がないから	54.6%
海外に魅力を感じないから	44.4%
家族に負担がかかるから	28.6%
その他	6.1%

海外志向 強まる→　　二極化　　←海外志向 弱まる

年度	どんな国・地域でも働きたい	国・地域によっては働きたい	働きたいとは思わない
10年度	27.0%	24.0%	49.0%

※07年以前と10年度では調査手法が異なる

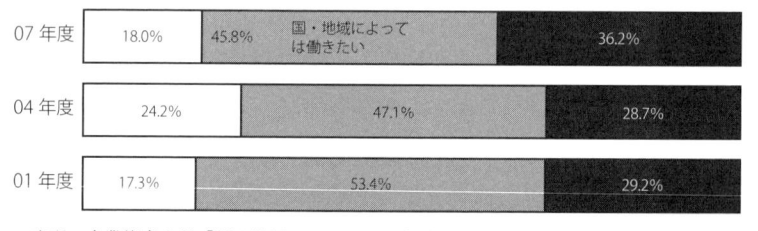

年度			
07年度	18.0%	45.8%	36.2%
04年度	24.2%	47.1%	28.7%
01年度	17.3%	53.4%	29.2%

出所：産業能率大学「新入社員のグローバル意識調査」2010年。

□引用・参考文献

秋里寿正「海外要員の選抜と育成」『人事マネジメント』ビジネスパブリッシング，2010年10月。

浅川和宏『グローバル経営入門』日本経済新聞出版社，2003年。

石田英夫『日本企業の国際人事管理』日本労働協会，1985年。

石田英夫『国際人事』中央経済社，1994年。

石田英夫『国際経営とホワイトカラー』中央経済社，1999年。

奥林康司・上林憲雄・平野光俊『入門人的資源管理』中央経済社，2010年。

佐野陽子『はじめての人的資源マネジメント』有斐閣，2007年。
白木三秀『日本企業の国際人的資源管理』日本労働研究機構，1995年。
白木三秀『国際人的資源管理の比較分析』有斐閣，2006年。
永池克明『国際企業経営の大転換』九州大学出版会，2011年。
中村久人「海外派遣要員の帰任適応に関する一考察―異文化マネジメントの視点から―」東洋大学『経営論集』67号，2006年。
日本経済団体連合会『日本人社員の海外派遣をめぐる戦略的アプローチ―海外派遣成功サイクルの構築に向けて―』日経連，2004年。
日本労働研究機構『日本企業の海外派遣者―職業と生活の実態』日本労働研究機構，2001年。
平澤克彦・守屋貴司編『国際人事管理の根本問題』八千代出版，2001年。
古沢昌之『グローバル人的資源管理論』白桃書房，2008年。
労働政策・研修機構『第4回日系グローバル企業の人材マネジメント調査結果』労働政策・研修機構，2006年。

■演習問題

1．次の文章の（　）の中に適切な言葉を書き入れなさい。
1．（　　　　）とは，グローバル化した企業がさまざまな（　　　　）の従業員を対象に，人材の確保，開発，報償，維持に関する体系的で計画的な管理活動である。
2．国際人的資源管理における従業員は，その国籍により，本社から海外拠点へ派遣した（　　　　），海外拠点がある国の（　　　　），本国人でも現地人でもない（　　　　）に区分できる。
3．国際人的資源管理は，国際化段階によって①（　　　　）指向型，②（　　　　）指向型，③（　　　　）指向型，④世界指向型に分かれる。
4．本国人が海外拠点のある国またはそれ以外の国で勤務する人を（　　　　）といい，元の国内の勤務先に戻る人を（　　　　）と呼ぶ。
5．海外で人的資源管理を実施する際，考慮しなければならない環境要因には，

政治環境, (　　　　), (　　　　) などがある。

II．次の問題を説明しなさい。
1．グローバル時代の国際人的資源管理の重要性について説明しなさい。
2．日本企業の人材の現地化の遅れの理由と対策について説明しなさい。

索　引

【数字・アルファベット】

1次評価者　174
2次評価者　174
360度評価　177
4W1H　51
7・5・3現象　85
CDP　163
e-Recruiting　73
eラーニング　160
OJT　17, 148
Off-JT　17, 148, 150
RJP　87
SPI　79
X理論　34
Y理論　34

【あ行】

愛情欲求　33
アウトソーシング　226
アウトプレースメント　144
青田買い　70
斡旋　275
アメとムチ　34
誤った選抜　74
誤った脱落　74
洗い替え方式　215
アルバイト　8, 19, 283, 288
安全の欲求　33, 34
育児・介護休業法　229
育児休業取得率　229
移籍出向　95, 95
一時帰休　142, 143

一時金　206
一律年功モデル　120
一括採用　83
一般組合　258
一般職　89
　──型契約社員　290
　──掌　47
異動　16, 92
インターネット募集　73
インターンシップ制度　86
イン・バスケット法　156
請負　295
　──契約　296
衛生要因　35
エグゼンプト　71
エコノミック・アニマル　243
エンプロイアビリティ　162
黄犬契約　262
オープン・ショップ制　259
オンキャンパス・リクルーティング　84

【か行】

海外派遣　308
解雇　131
　──権　137
　──権の濫用　82
会社都合退職　17, 130
階層別教育　150
外的報酬　111
外部昇進　122
外部募集　70, 71
解約権留保付労働契約　82
科学的管理　39

──法　21, 26, 26
　　　──法の原則　22
　　　──論　21, 39
課業　22, 25
　　　──管理　22
学歴中心の処遇　46
家族給　58
課題別教育　150
カフェテリア研修　157
カフェテリア・プラン　222
仮配属期間　94
間接差別　89
完全月給制　211
寛大化傾向　189
幹部候補生型昇進システム　119
管理階層のフラット化　45
管理職　105
　　　──コース　105
　　　──定年制　124
　　　──予備軍　46, 123
企画業務型裁量労働制　249
企業内試験制度　113
企業福祉　18, 219, 220
企業別組合　258, 264, 267
企業別交渉　270
企業連　264
疑似パート　288
偽装請負　297
期待理論　37, 38
技能給　216
希望退職　17, 130
基本給　197, 200
　　　──体系　200
　　　──体系の類型　200
期末誤差　190
逆算化傾向　190
キャリア　161
　　　──・アンカー　162
　　　──開発　161
　　　──採用　82, 161

　　　──選択制度　105
　　　──・ディベロップメント・プログラム　99
　　　──・パス　157, 161
　　　──理論　162
休暇　241
　　　──の種類　241
休憩時間　235
休日振替　241
休日労働　239
給与　192
教育訓練　17, 147, 148
　　　──給付制度　152
　　　──講座　152
　　　──投資　4, 39
　　　──の技法　155
　　　──の計画　152
　　　──の効果測定　154
強制割当法　175
業績主義　212
業績評価　171
業績連動型賞与　100
業績連動型の賞与制度　208
協調的な労使関係　267
共同交渉　270
緊急避難型のワークシェアリング　251
近接誤差　190
勤続給　58, 201
勤務延長制度　140
勤務地コース制度　106
勤務評定　169
勤労権　256
組合専従者　257
　　　──の範囲　257
クローズド・ショップ制　259
グローバル（海外転勤）社員　106
グローバル人材　84, 164, 165
　　　──採用　84
　　　──の育成　165
経営参加制度　35

経営資源　147
計画部　23
　　──制度　22
継続雇用制度　136
競馬型昇進システム　119
契約社員　19, 283, 290
ケーススタディー　80
ケース・メソッド法　156
月給制　211
月例賃金　192
厳格化傾向　189
現実的な仕事情報　87
現地化　311
現地国の文化的特性　302
現地国の労働市場　302
現地指向型の国際人的資源管理　305
現地人　300, 302
　　──材　312
　　──の採用　307
高学歴化　46
講義法　155
公共職業紹介所　72
公式組織　26
工場法　237
工職混合組合　264
高賃金　22
行動科学　32
　　──的管理　39
　　──理論　39
　　──論　32, 39
行動特性　84
高度専門能力活用型グループ　283
高度専門能力活用型人材　68
構内下請け　285
号俸表　198
公民権運動　135
公民権法　50
高齢化　46
　　──社会　137
　　──率　137

高齢社会　137
高齢者雇用安定法　138
功労報償説　207, 209
国際化段階　303
国際人的資源管理　19, 300, 303
国内人的資源管理　300
個人面接　80
コース転換制度　89
コース別雇用管理　89
固定費　68
個別的労使関係　18, 255
コミットメント効果　88
雇用可能性　100
雇用管理　67
御用組合　267
雇用形態の多様化　18, 281, 283
雇用柔軟型グループ　283
雇用柔軟型人材　68
雇用調整　142, 143
　　──助成金　142
　　──助成金制度　144
雇用のミスマッチ　86
雇用ポートフォリオ　68, 283, 283
コントロール・グループ　28
コンピテンシー　84, 178, 184
　　──給　216
　　──に基づく行動評価　187
　　──評価　171
　　──理論　185

【さ行】

再雇用制度　140
在籍出向　95, 96
採用　67
　　──選抜　74
裁量労働制　248
先昇格後昇進　49
作業研究　22, 23
作業指図票　24
　　──制度　22

作業能率　27
サクセッション・プラン　159
サボタージュ　273
差率出来高給制度　22, 25
産業別組合　258, 260
産業別連合体　264, 271
産業別労働組合　270
三種の神器　267
資格　109
　　——昇格選抜　120
　　——昇進　124
　　——制度　59, 109
自我欲求　33
時間外労働　239
　　——の割増賃金　239
　　——割増賃金　235
時間研究　23
時給制　211
事業場外みなし労働時間制　249
刺激賃金制度　21, 25
自己啓発　17, 148, 150
自己実現人モデル　32
自己実現欲求　33
自己申告制度　99, 100
自己都合退職　17, 130
仕事基準　61, 201
　　——賃金　216
仕事給　200
仕事と生活の調和　229, 245
仕事の分かち合い　250
自己評価　174
次世代育成支援対策推進法　229
自尊欲求　33
下請労働者　8
時短促進法　243
実績主義　212
支配介入　263
社員格付け制度　43
社員等級制度　43
社外異動　94

社会慣習説　207
社会的欲求　33, 34
社会福祉　220
社内異動　94
社内FA制度　102, 102
社内起業制度　104
社内公募制度　71, 99, 101
社内大学　160
社内転職　103
社内ベンチャー制度　104
週給制　211
従業員持株制度　35
就職協定　70
終身雇用　19
　　——慣行　136
　　——制　100, 267
重層型昇進構造　121
集団交渉　271
集団的出来高賃金制度　31
集団的労使関係　18, 255
集団討論面接　80
集団面接　80
出向　95
準社員　287
春闘　271
情意評価　171
生涯現役　136
紹介予定派遣　86, 294
昇格　17, 109
　　——・昇進考課　171
試用期間　82
昇給基準線　141
昇給表　198
昇給評価　171
使用者　270
　　——団体　266
小集団活動　8
昇進　17, 109
　　——格差　126
　　——基準年数　123

索　引　*321*

　　——競争モデル　120
　　——候補者数　123
　　——・昇格　17
　　——・昇格管理　112
　　——・昇格政策　112
　　——スピード競争モデル　120
　　——選抜　120
　　——選抜の類型　119
　　——速度　122
　　——の遅れ　123
　　——の多様化　125
　　——の停滞　46
承認欲求　33
照明実験　27
賞与　192, 206
　　——原資　208
　　——算定の基礎給　208
　　——制度　206
　　——の性格　207
　　——の総額　208
　　——の配分方法　208
　　——評価　171
常用型派遣　291
奨励給的手当　205
職位制度　59
職業紹介　72
　　——所　72
職業適性検査　79
職業別組合　257
職種別採用　83
職掌　47
嘱託社員　290
職能給　18, 60, 202
職能資格　47
　　——基準　47
　　——制度　43, 44, 47, 60, 124
職能組織　25
職能的職長制度　22, 24
職能別教育　150
職能要件書　45

職務　49
　　——記述書　52, 77, 98
　　——給　18, 50, 98, 201
　　——給的手当　205
　　——コース制度　105
　　——再評価　57
　　——主義　43
　　——遂行能力　60, 124
　　——中心の人的資源管理　169
　　——等級制度　43, 49, 57
　　——の相対的価値　169
　　——配置　98
　　——評価　50, 52, 169
　　——評価の方法　52
　　——不満足　36
　　——分析　50, 51, 98, 169
　　——分析の方法　52
　　——別採用　98
　　——満足　36
　　——明細書　52, 77, 98
　　——割当　98
所属欲求　33
職階制度　59
ショップ制　259
所定外賃金　193
所定休日　236
所定内賃金　193
所定労働時間　236
初任給　196
初任配属　94
ジョブ・カード制度　289
ジョブ・カフェ　289
書類選考　78
序列法　53
尻抜けユニオン　259
人員計画　68
人員削減　144
新規学卒一括採用　93
新規学卒採用　68
新規学卒者　83

人件費の増大　47
人件費の弾力化　206
人材銀行　72
人材のグローバル化　313
人材の現地化　312, 313
人材マネジメント　5
人事異動　16, 92, 93
人事管理　5
人事考課　169
人事査定　169
人事制度　42
人事評価　17, 169
　　——の活用目的　170
　　——の種類　171
　　——表　174
人事労務管理　5
新卒一括採用　99
新卒採用　82
人的資源　4, 4, 39
　　——開発　6
　　——管理　5
　　——管理論　39
人的資本理論　39
深夜労働　239
進路選択制度　106
随時異動　93
スクリーニング効果　88
ストライキ　273
スペシャリスト的キャリア形成　99
性格検査　79
成果重視の人事制度　180
成果主義　61, 100, 112, 212, 213
　　——人事制度　61
　　——賃金　60, 213
生活給的賃金体系　58
生活給的手当　205
生活保障型の賃金制度　58
生活保障説　209
生産性　4
正社員　19, 283

精神労働者　192
性別による差別　89
整理解雇　131, 132
生理的欲求　33, 34
世界指向型の人的資源管理　306
絶対評価　175
折衷方式　115
ゼネラリスト育成　77
ゼネラリスト的キャリア形成　99
全額払いの原則　260
選考　78
　　——評価　74
全国中央連合体　264
全国転勤社員　106
選択型研修　157
選択定年制　125
先任権　122, 144
専任職　105
　　——コース　105
選抜型研修　159
選抜道具　74
選抜の理論　75
専門型契約社員　290
専門業務型裁量労働制　249
専門職　105
　　——コース　105
　　——制度　125
戦略的人的資源管理　6, 39
全労協　266
全労連　266
総額年俸制　214
早期退職優遇制度　125
早期優遇退職　17, 130
総合給　201
総合職　89
　　——掌　47
相対的価値　49
相対評価　175
属職的要素　203
属人給　200

属人的要素　203
組織的怠業　21
組織内キャリア　163
組織のスリム化　45
組織のフラット化　123
卒業方式　47, 109, 115

【た行】

第1次選考　81
対角線交渉　270
代休　241
怠業　273
第三国人　300
第3次選考　81
退職　17, 130
　　——一時金　208
　　——慰労金　208
　　——金　192, 208
　　——金の算定方式　209
　　——金の性格　209
　　——金前払い制度　210
　　——手当　208
　　——年金　208
第2次選考　81
第2人事部　267
第2新卒　82, 83
対比誤差　189
タテの異動　94
多面評価　177
単一型　203
　　——体系　201
単一組合　264
単一職務給　202
段階号俸表　198
団塊の世代　46
短期人員計画　69
団結権　256
単産　264
短時間勤務制度　231
単純出来高給　25

男女雇用機会均等法　89, 118
団体交渉　267, 271
　　——権　256, 270
　　——の拒否　263
　　——の形態　269
　　——の主体　273
　　——の対象事項　268
団体行動権　256
地域限定社員　106
地域指向型の人的資源管理　306
チェック・オフ　260
知識給　216
知能検査　79
チーム制　123
中期人員計画　69
仲裁　274
中心化傾向　189
中途採用　68, 82
懲戒解雇　131, 132
長期人員計画　69
長期蓄積能力活用型グループ　283
長期蓄積能力活用型人材　68
超高齢社会　137
長時間労働　18, 236
　　——の原因　245
　　——問題　244
調整給的手当　205
調整昇給　197
調停　274
賃金　17, 192
　　——後払い説　207, 209
　　——改定　197
　　——格差　206
　　——カーブ　197
　　——形態　211
　　——決定の原則　194
　　——交渉　195
　　——水準　194, 195
　　——水準の決定基準　196
　　——体系　199

――調整　139
――の性格　193
――の世間相場　194
――引上げ　271
――表　60, 197
――表の改定　197
通年採用　82
積み上げ方式　69, 215
手当　204
――の種類　205
定額方式　209
定期異動　93
定期昇給　50, 142, 196
――額　141
――制度　196
――の停止　141
定期人事異動慣行　93
定性評価　182
定年　133
――延長　138
――制　89, 133
――退職　17, 130
テイラー・システム　21
定量評価　182
低労務費　22
適格昇給　197
適性検査　79
適正人件費　69
テスト・グループ　27
電産型賃金体系　58, 200
点数法　53
転籍　96
伝統的グレード制　57
統一交渉　270
同一職務・同一賃金　50
同一役割・同一賃金　54
同一労働・同一賃金　194, 201, 216
動機づけ・衛生理論　35
動機づけ要因　35
動機づけ理論　32

同期入社者　122
討議法　155
等級　17
――制度　14, 43
動作研究　23
同盟罷業　273
登録型派遣　291
トップ・マネジメント　11
トーナメント型昇進システム　119
トーナメント競争モデル　120

【な行】

内的報酬　111
内部昇進　122
内部募集　70, 71
ナショナルセンター　264
ナショナルユニオン　260
名ばかり管理職　239
――問題　239
成り行きまかせの管理　22
肉体労働者　192
日給月給制　211
日給制　211
ニート　289
日本型雇用システム　100
日本型年俸制　215
日本型能力主義管理　45
日本経団連　266
日本的経営　281
日本電気産業労働組合協議会　58
日本の人事制度　59
入学方式　47, 109, 115
人間関係　30
――管理　39
――論　26, 32, 39
年間総実労働時間　243
年功　18
――型賃金　46
――給　18
――誤差　190

索引 *325*

——主義 212, 213
——序列 46
——序列型人事制度 59
——序列型の賃金体系 212
——序列主義 112
——序列昇進 123
——序列制 267
——序列制度 100
——賃金 19, 140
——賃金体系 139
——的処遇管理 46
年次有給休暇 242
年平均実労働時間 243
年俸改定方式 215
年俸制 18, 60, 211, 214
年齢給 58, 201
年齢差別 89, 134
——禁止法 89
年齢制限 134
——の禁止 89
能率給 21
能率増進運動 21
能力開発 147
能力主義 43, 112, 212, 213
——管理 59
能力適性検査 79
能力評価 171
ノルマ管理 179
ノンエグゼンプト 71

【は行】

配置 16, 92
——・異動 16, 92
——転換 16, 92
ハイブリッド型等級制度 54
ハイブリッド型の昇進・昇格 112
派遣 291
——者 302
——社員 10, 19, 283
——社員の活用 292

——者に対する報償 310
——前事前研修 310
——労働者 8
パターン交渉 270
抜擢人事 126
パート 8, 19
——社員 287
——タイマー 10, 283
——タイム 142
——タイム労働 287
——タイム労働法 287
バリュー評価 171
ハロー効果 188
ハローワーク 72
範囲職務給 202
ピケッティング 273
非公式組織 26, 31
非指示的面接 30
ビジネス・キャリア検定制度 164
ビジネス・キャリア制度 164
ビジネス・ゲーム法 156
非正規社員 284
非正規労働者 244, 284
非正社員 19, 283, 285
非典型雇用者 284
人基準 61, 201
——賃金 216
被評価者 174
ヒューマン・アセスメント 110
評価誤差 188
評価者 174
評価者訓練 187
評価制度 14
評価要素 172
——の選択 172
標準化 24
標準作業量 25
ビラ貼り 273
ファミリー・フレンドリー 230
フォードシステム 26

複数賃率表　199
複線型昇進制度　125
複線型人事制度　104
福利厚生　18, 219
　　──のアウトソーシング化　226
　　──の成果主義化　228
　　──費　226
普通解雇　131, 131
不当労働行為　261, 268
　　──救済制度　261
　　──の類型　261
部分年俸制　215
部門間の異動　94
部門内の異動　94
フリーター　288
フリンジ・ベネフィット　219
ブルーカラー　5, 122
フルタイム　142
　　──労働者　287
プレゼンテーション面接　80
フレックスタイム制　231, 248
ブレーン・ストーミング法　157
プロセスの評価　185
プロセス評価　61
ブロック内の転勤社員　106
ブロードバンド制度　57, 58
分布制限法　175
分類法　53
併存型　203
　　──体系　201
ベースアップ　142, 197, 271
ヘッドハンティング会社　72
ベルトコンベヤーシステム　26
変形労働時間制　18, 246
変動費　68
ボイコット　273
ポイント制退職金制度　210
俸給　192
報酬制度　14
法定　235
　　──外休日　241
　　──外福利厚生　18, 220
　　──外福利の統廃合　226
　　──外福利費　221
　　──休日　241
　　──時間外労働　240
　　──手当　205
　　──福利厚生　18, 220
　　──福利費　221
　　──労働時間　235, 240
報復的不利益取り扱い　263
募集　67, 70
ホーソン工場　26
ホーソン実験　27
ポテンシャル採用　84
ボーナス　206
ホワイトカラー　5
本国指向型の人的資源管理　305
本国人　300
本採用　82
本人給　58
本音採用　87

【ま行】

マクロ的アプローチ　69
ミクロ的アプローチ　69
みなし労働時間制　248
みなし労働制　18
身分上の差別　5
民間職業紹介所　72
民主的リーダーシップ　26
面接　79
　　──試験　79
　　──制度　26
　　──調査　30
目標管理　179
　　──制度　61, 178
　　──による業績評価　180
　　──の運用　182
目標設定　179, 182

目標達成度の評価　179
モチベーション　36, 38
　　——理論　32
モラールサーベイ　26

【や・ゆ・よ】

役職　17, 109
　　——昇進　49
　　——昇進スピード　127
　　——昇進選抜　120
　　——制度　109, 124
　　——定年制　124
　　——任期制　124
　　——ポスト　46
　　——ポスト不足　123
役割　54
　　——演技法　156
　　——基準書　54
　　——給　204
　　——主義　43
　　——等級　55, 56
　　——等級基準　56
　　——等級制度　43, 54
　　——評価　56
　　——明確化効果　88
有期雇用契約　140
有給休暇消化率　229
有料職業紹介　72
諭旨解雇　132
ユニオン・ショップ制　259
要員計画　68, 69
要素比較法　53
横並びの賃上げ　271
ヨコの異動　94
予測的評価　76
欲求5段階説　33

【ら行】

ライン・アンド・スタッフ組織　25
ライン組織　24

ラインの管理・監督者　11
利益配分説　207
リボン闘争　273
臨時給与　206
臨時社員　287
レイオフ　123, 143, 144
連合　266
労使関係　18, 255
　　——管理　255
労使間のコミュニケーション　268
労使協議　267
　　——機関　272
　　——制　272
　　——制度　35
　　——制の付議事項　272
労使協定　269, 269
労使交渉　208
労働委員会　263, 274
労働関係調整法　256
労働基準法　237
労働協約　268, 269
労働組合　257
　　——運動　275
　　——組織率　275
　　——の執行委員　267
　　——の設立条件　261
　　——の組織形態　257
　　——法　256
　　——連合体　264
労働3権　256
労働時間　18, 235
　　——短縮　243
　　——の柔軟化　245
　　——の短縮　243
　　——の適用除外者　238
労働者派遣　291
労働者福祉　220
労働条件　267
労働生活の質　8
労働争議　273

――の形態　273
　　　――の調整方法　274
労務管理　5
労務部　5
ローカルユニオン　260
ロックアウト　274
ローテーション　16
論理的誤差　189

【わ】

ワークシェアリング　142, 250

　　　――の類型　251
　　　――問題　251
ワクチン効果　87
ワーク・ライフ・バランス　229, 231
割増賃金　239
　　　――率　243

著者紹介

安　熙卓（あん　ひたく）
- 1959 年　韓国慶尚北道生まれ。
- 1983 年　韓国・中央大学校卒業
- 1986 年　慶應義塾大学大学院商学研究科修士課程修了（商学修士）
- 1989 年　慶應義塾大学大学院商学研究科博士課程修了（商学博士）
- 1990-2000 年　韓国経営者総協会労働経済研究院研究員
- 2000-2001 年　広島安芸女子大学経営学部助教授
- 2002 年　九州産業大学経営学部教授
- 2006-2007 年　イギリス Bristol 大学客員研究員
- 2012-2013 年　韓国経営者総協会附設労働経済研究院客員研究員
- 現在　九州産業大学商学部教授

主要著書

（日本語）
- 『企業経営と労使関係の日韓比較』泉文堂，1991 年（共著）
- 『労務管理の日韓比較』有斐閣，1993 年（共著）
- 『アジア企業の人材開発』学文社，2008 年（共著）
- 『韓国企業の人的資源管理―その特質と変容―』文眞堂，2011 年
- 『グローバル人材を育てます』学文社，2014 年（共著）
- 『労使関係の日韓比較』文眞堂，2020 年

（韓国語）
- 『年俸制 Q&A』韓国人事管理協会，2000 年
- 『世界の労使関係変化と展望』韓国国際労働財団，2003 年（共著）
- 『日本企業の賃金制度改革事例研究』韓国労働研究院，2007 年（共著）
- 『日本企業の人事制度革新事例研究』韓国経営者総協会，2009 年
- 『日本の複数労組と労組専従者に関する研究』韓国経営者総協会，2010 年
- 『定年 60 歳時代の人事管理』デジタルメディア，2014 年（共著）
- 『高齢化及び定年延長に伴う日本の賃金体系の改編対応と示唆点』韓国経営者総協会，2016 年
- 『日本の仕事と生活の調和（WLB）に関する研究』韓国経営者総協会，2016 年

人的資源管理入門

2014 年 3 月 31 日　第 1 版第 1 刷発行　　　　検印省略
2025 年 4 月 1 日　第 1 版第 8 刷発行

著　者　安　　熙　卓
発行者　前　野　　隆
発行所　株式会社　文　眞　堂
東京都新宿区早稲田鶴巻町 533
電話　03（3202）8480
FAX　03（3203）2638
http://www.bunshin-do.co.jp/
〒162-0041 振替00120-2-96437

製作・モリモト印刷
©2014
定価はカバー裏に表示してあります
ISBN978-4-8309-4814-5 C3034